全国校本教研与校本课程数字出版平台
中国校本教研网 www.schooledu.com.cn
◎特别推荐◎

陕西省中小学教学能手
优秀教学设计集

SHANXISHENG ZHONGXIAOXUE JIAOXUE NENGSHOU
YOUXIU JIAOXUE SHEJIJI

（初中卷）

白珍 编著

江苏教育出版社

图书在版编目（CIP）数据

陕西省中小学教学能手优秀教学设计集（初中卷）/白珍编著.
—南京：江苏教育出版社，2014.5

ISBN 978-7-5499-4016-5

Ⅰ.①陕…　Ⅱ.①白…　Ⅲ.①初中—教学设计　Ⅳ.①G632.0

中国版本图书馆CIP数据核字（2014）第079857号

书　　名	陕西省中小学教学能手优秀教学设计集（初中卷）
作　　者	白　珍
责任编辑	午新生　雷利军　唐彩云
出版发行	凤凰出版传媒股份有限公司
	江苏教育出版社（南京市湖南路1号A楼　邮编210009）
苏教网址	http：//www.1088.com.cn
照　　排	润星之源文化有限公司
印　　刷	九洲财鑫印刷有限公司
厂　　址	河北省三河市灵山大口
开　　本	787毫米×1092毫米　1/16
印　　张	22.5
字　　数	380千字
版　　次	2014年5月第1版　2014年5月第1次印刷
书　　号	ISBN 978-7-5499-4016-5
定　　价	30.00元
网店地址	http：//jsfhjy.taobao.com
邮购电话	025-85406265,85400774　短信　02585420909
E - mail	jsep@vip.163.com
盗版举报	025-83658579

编委会

序　言

从2011年9月至今，陕西省中小学“名师大篷车”送教活动先后在延安、渭南、咸阳、宝鸡、榆林、汉中、西安和安康等市的23个县区举行，这一活动受到了基层中小学教师的一致好评，听课教师达3万多人。然而美中不足的是，观摩教师未能见到相关的教学设计，很难深入理解执教者的设计意图，领悟其教学理念。同时，由于各方面条件的限制，省内众多的中小学教师不能亲临现场观摩学习。为此，我们编写了这本《陕西省中小学教学能手优秀教学设计集（初中卷）》，以期将“创新教学大课堂”活动深入、持久、广泛地开展下去，引领教师的教育教学，推进课程改革。

这本书的编写过程是严谨而缜密的。首先，我们从2012—2013年省级优秀教学能手中选拔出中学相关学科的前三名作为“送教下乡”活动的作课教师，经过培训、设计、试教、改进、送教后，每位教学能手和学科专家都进行了深入反思、细致修改，教学设计才最终定稿。因此，本书具有以下特点。

创新性。创新教学已写入各学科新修订的课程标准中，其核心是理念创新、课程创新、模式创新和教法创新。教学创新是推进课程改革的有力抓手，对减轻学生的课业负担，促进教师的专业成长具有十分重要的意义。该书中的教学设计异彩纷呈，评课角度多种多样，既有专家的精彩点评，又有教学能手们的现身说法，这对于广大教师来说是很有启发性的。其中，教学设计均以创新的理念为指导思想，无论是教学思路还是教学方法，都给人耳目一新的感觉。

示范性。2011—2013年评选出的陕西省中小学教学能手，是从全省40万名教师中经过校、县（区）、市、省逐层评选出来的优秀教学能手。他们的教学设计无论是教学理念、教学手段、教学方法，还是学科知识结构、组织教学技巧、课堂表现能力都具有较强的示范性。无疑，这些优秀的教学设计对于广大一线教师的教学工作有着示范和指导作用，特别是教学设计中所体现出来的理念、方法、手段的创新，更具示范性。

实用性。省级教学能手所撰写的语文、数学、英语、物理、化学、生物、政治、历史、地理、体育、音乐、美术、信息技术、综合实践活动等多节精彩示范课的教学设计，代表了不同地区、不同学科的创新教学特点，是一场聚焦课堂，推进新课程改革的盛宴。同时，本书不仅学科覆盖面广，而且很多学科也收集了多篇教学设计，因而极具参考价值和实用价值。教学能手们面对同样的学生，采用同样的教材、同样的器材，仅仅因为教学理念和方法的不同，使得教学效果大不相同。对于听课教师来说，能够看到相关教学设计，感受会更深刻，收获会更大。对全省学校的广大普通教师，尤其是农村学校教师而言，这些教学设计看得见，摸得着，学得会，用得上，非常实用。

在此，我们高兴地将此书介绍给各位教师及教育工作者，希望此书能对广大教师的课堂教学和专业发展有所帮助。

编　者

2014 年元月

目 录

语文学科

数学学科

英语学科

物理学科

化学学科

生物学科

政治学科

历史学科

地理学科

体育学科

音乐学科

美术学科

信息技术学科

综合实践活动学科

语文学科

《背影》教学设计

宝鸡高新中学 田 玲

教材分析

《背影》选自《朱自清散文集》，是朱自清早期的散文代表作，这篇叙事性散文被选入人教版和苏教版语文教材。作者选取“背影”这个独特的视角，用朴素真挚的语言、细腻传神的细节描写和白描手法，客观真实地再现了父亲浦口送别儿子的情景，把父亲对儿子的关爱之情表现得淋漓尽致。文章重点描写了父亲为我买橘子的场景，让“背影”定格，成为永恒的经典。

教材选择这篇经典散文作为教学文本，是符合《义务教育语文课程标准(2011年版)》（以下简称语文新课标）第四阶段的教学目标的。我主要通过探究、交流的形式，让学生从本文朴素的语言中学习细节描写的方法，感悟父子之间浓浓的深情，从而触动学生的心灵，使学生体察到身边的亲情。综上所述，既能体现语言文字运用的综合性、实践性、工具性、人文性统一的语文课程特质，又能在情感态度与价值观上对学生熏陶渐染，是这篇课文教学价值之所在。

学情分析

对于八年级的学生而言，他们学过的记叙性散文并不多，对散文的理解能力不足，加上当代中学生多是独生子女，他们对从日常生活细节中渗透出来的爱，常常熟视无睹。因此，抓住文章的线索，引导学生走进文本，激起学生的情感共鸣，引发他们对爱的思索，是很有必要的。

这篇文章是表现父子亲情的，这是学生熟悉的主题，而且学生有这方面的生活体验，理解起来应该没有难度，教师加以适当引导就行。文章语言简练自然、朴素无华，学生读起来没有多少障碍，易产生阅读成功的愉悦感。本堂课的教学目标重在通过课堂学习，让学生掌握抓住线索阅读散文的基本方法，学会通过品味语言来体会文章所表达的思想感情，学会通过生动感人的细节描写来刻画人物，从而提高学生的语文综合素养。

资源利用

教材、教师、学生以及课堂中所用到的资料等都是语文教学的资源。这节课充分利用教师、学生和教材等资源，调动学生学习的积极性，通过引导学生讨论、探究、交流，让学生阅读文本，领悟文本。同时，教学中还利用多媒体课件辅助教学。

教学目标

1. 学习文章抓住细节描写刻画人物形象的写法。
2. 学习使用旁批的方法，从文章朴素自然的语言中感受父子之间的浓浓亲情，体会父爱的深沉。

教学重难点

重点：引导学生品味语言，深入体会情感，感受父子之间的浓浓亲情。
难点：触动学生心灵，让他们感悟身边的爱。

教学过程

一、画面导入

师：今天，老师先请同学们欣赏一幅代表了一个时代艺术理想的油画作品《父亲》，（课件出示作品）它曾经获得“中国青年美术作品展览”一等奖。这幅画的面部特写极具震撼力，同学们从画面中看到了一位什么样的父亲？

预设：艰辛的父亲、饱经沧桑的父亲等。

师：从哪里看出来的？

预设：皱纹、眼神等。

师：今天，我们再来欣赏一个用文字勾勒出来的有关父亲的特写镜头——背影，看看大家能从中读出什么。（课件出示课文题目）

预设：这是一个肥胖的父亲、这位父亲在艰难地爬月台、这是一个衣着朴素的父亲等。

师：从哪里读出来的？

预设：衣着、动作。

师：大家分析得颇有道理。这一画面到底是在什么情况下出现的？还有

哪些我们没有读出的东西？现在就让我们一起走进朱自清的散文《背影》。（板书课文题目）

【设计意图】用美术作品导入，由形象的画面到生动的文字，有助于激发学生阅读、探究的兴趣。

二、美读赏析，聚焦“背影”

让学生阅读课文，理清文章思路，找出作品描写的重点，进行初步赏析，然后回答问题。

1. 文章的题目是《背影》，文中几次写到了父亲的背影？“背影”在全文中起什么作用？

预设：共四次写到了父亲的背影，“背影”是全文的线索，起贯穿全文的作用。

2. 你认为最感人的是哪一次？

预设：最感人的是第二次具体描写的背影。

3. 文中描写普普通通的背影，为什么会如此感人？描写背影时主要刻画了哪些细节？（引导学生理解细节描写的作用）现在，再读读这段文字，想象它所描绘的画面，你又读出了哪些刚才你没读出的内容？

预设：刻画了穿戴、动作等细节。文章通过细节描写，把父亲最本质、最真诚的内心情感鲜明而又逼真地呈现在读者面前，增强了作品的真实性和艺术感染力，从中我们读出了深沉的父爱。是爱，让“背影”定格在作者心中，在读者心中成为永恒。

教师板书：永恒、爱。与此同时，课件出示文字：永恒的背影，深沉的父爱。

【设计意图】初读课文，能让学生对全文有基本的感知，理清文章的思路，明白全文的中心，理解细节描写的作用。再强调第二次关于背影的描写，有助于突出重点，聚焦“背影”，让学生体会到父爱的深沉，也为后面品味语言和体会情感做好铺垫。

三、做好旁批，体会情感

师：这爱，让作者潸然泪下，也让我们感动至极。为了更好地体悟文章的情感，今天我们再学习一种阅读的方法——旁批法。

1. 什么是旁批法呢？

顾名思义，旁批就是在文章旁边写批语。批语可以是赏析式的，也可以是感悟式的，还可以是拓展式的。

赏析式旁批示例：

原　文	旁　批
他戴着黑布小帽，穿着黑布大马褂，深青布棉袍，蹒跚地走到铁道边，慢慢探身下去，尚不大难。可是他穿过铁道，要爬上那边月台，就不容易了。他用两手攀着上面，两脚再向上缩；他肥胖的身子向左微倾，显出努力的样子。	“攀”“缩”“微倾”，连用三个动词，生动地表现了父亲爬月台时的吃力和艰难，也和“父亲是一个胖子”相对应。同时，如此艰难，父亲也毫不在意，更能突出父亲心中深深的爱子之情，生动形象，极具表现力。

感悟式旁批示例：

原　文	旁　批
他戴着黑布小帽，穿着黑布大马褂，深青布棉袍，蹒跚地走到铁道边，慢慢探身下去，尚不大难。可是他穿过铁道，要爬上那边月台，就不容易了。他用两手攀着上面，两脚再向上缩；他肥胖的身子向左微倾，显出努力的样子。	我看到了一个为了儿子不辞辛劳的父亲。 我看到了一个艰难行走、凝聚着爱的深情背影。

拓展式旁批示例：

原　文	旁　批
他戴着黑布小帽，穿着黑布大马褂，深青布棉袍，蹒跚地走到铁道边，慢慢探身下去，尚不大难。可是他穿过铁道，要爬上那边月台，就不容易了。他用两手攀着上面，两脚再向上缩；他肥胖的身子向左微倾，显出努力的样子。	我想起了母亲在巷口等我回家时被路灯拉长的身影，那被晚风掠起的衣襟，母亲看到我时高高扬起的手臂，以及母亲拉着我的手回家的温暖感觉。读了这段文字，我终于明白，那等待里饱含着母亲深沉的爱。

2. 学生默读课文，做旁批。

师：看看文中几次写了作者流泪，选择你感受深刻的内容做旁批，可以使用一种旁批方式，也可以几种方式杂糅在一起使用。

预设：先让学生进行旁批，然后全班交流，师生共同点评。

写作者流泪的句子	旁　批
到徐州见着父亲，看见满院狼藉的东西，又想起祖母，不禁簌簌地流下眼泪。	见到父亲，目睹破落家境，又想起祖母——这是难过之泪！

（续表）

写作者流泪的句子	旁　批
这时我看见他的背影，我的泪很快地流下来了。	看见父亲为自己买橘子时艰难的背影——这是感动之泪！
等他的背影混入来来往往的人里，再找不着了，我便进来坐下，我的眼泪又来了。	看不见送别的父亲的背影了——这是惜别的惆怅之泪！
我读到此处，在晶莹的泪光中，又看见那肥胖的、青布棉袍黑布马褂的背影。	读父亲的信，再现父亲的背影——这是思念之泪！

3. 你阅读时还在哪些令你感动的地方做了旁批？让我们来分享你的体会。

预设：指导学生分组采用旁批的形式，品味语言，体会其中所表达的思想感情。让学生通过自主阅读、做旁批、合作交流研讨等方式，体会作者的情感。

4. 作者表达了如此深沉的情感，有没有用华丽的辞藻？有没有使用大量的修辞？本文的语言有什么特点？你是通过什么方法品味到情感的？

预设：没有用华丽的辞藻和大量的修辞。本文语言朴素、自然。

【设计意图】这是教学重点，亦是教学难点，旨在引导学生学会使用旁批的读书方法。在做旁批的过程中，引导学生重点抓住描写作者四次流泪的句子，品味文本的语言特点，体会作品所表现的思想感情，使学生既能领悟文本的思想内容，又能赏析本文的语言特色。

四、迁移延伸，布置作业

播放黄磊演唱的《背影》这首歌，让学生在聆听中回忆生活中那些令人感动的细节。

师：母亲掠起遮住我们眼睛的刘海，为我们整理衣领，递上一杯牛奶；没有汽车的父亲骑着摩托车或自行车在校门口守候，接过我们沉甸甸的书包……只要你善于观察，拥有感动，就能写出美文。今天，请同学们仔细回顾一下父亲或母亲在生活中还有哪些令你怦然心动的细节，请用朴素自然的语言，把这些细节描述出来。

【设计意图】语文课程是一门学习语言文字运用的综合性、实践性课程。所以，在学习本文的基础上，我让学生进行一次练笔，运用自然朴素的语言进行生动的细节描写，将阅读与写作有效地整合起来，重点体现“学习语言文字运用”“综合性”“实践性”的语文课程特点。

板书设计

背　影

朱自清

父背影　　　细节

子眼泪　　　情感

　　　　　　爱

教学反思

《背影》是一篇经典散文，许多名师曾选择这篇课文上公开课，好的教学设计不胜枚举。那么，如何在新课标理念下推陈出新，实现突破呢？

几经研究，我选取了第二次描写父亲的背影的内容作为切入点，选择了教学生用做旁批的方式来体会文章所表达的情感。我首先让学生阅读课文，聚焦“背影”，抓住细节描写走进文本，感受深沉的父爱。继而在指导学生做旁批时依旧以这段文字为例，进一步从细节处凸显父爱，顺势引导学生联系生活中的细节，体会身边的亲情。在此基础上，我借助旁批引导学生重点赏析作者四次流泪的细节描写，力图关联父子情感，同时也给予学生一定的选择权和自由度，引导学生深入理解课文。

从课堂教学效果来看，学生活跃的思想和表达让我觉得这确实是一次有益的尝试。反思整个教学过程，我有以下几点体会。

第一，做旁批确实是读书的一种好方法。古人说“不动笔墨不读书”，在阅读时写旁批、做札记是行之有效的传统良方。我先示范，抛砖引玉，再让学生演练，练习运用。一节课下来，学生收获颇丰。当然，什么样的旁批才是好旁批，我还应该进一步给予学生指导。比如，应告诉学生有思考价值、语言凝练优美、让大家感动之余有所收获的旁批才是好旁批。

第二，做旁批有助于提高学生的发现能力和探究能力。学生在作旁批的过程中，语言赏析能力无形中得到了提高。交流时师生恰到好处的点评，让思考探究在审美层面上又有所延伸和拓展。

第三，锻炼了学生的语言组织能力。在课堂上，我发现有些学生会有意识地修改语句，思考如何让自己的旁批生动感人，这其实也锻炼了学生的语言组织能力。

第四，激发了学生的阅读热情。我在教学时跳出了以往分析人物、语言、写法的固有框架，学生对此兴趣盎然。

当然，课堂教学总是有遗憾的。作为一篇经典散文，我让学生朗读的次数还是有些少，只是在交流旁批时要求学生先朗读再交流。再者，引导学生做旁批时，学生的关注点只放在自己感兴趣的局部，在对课文的整体把握上也有欠缺。如何处理好这些关系，我还得在教学中进一步研究提升。

个人简介

田玲，中学一级教师，陕西省宝鸡高新中学语文教师，宝鸡市中学语文兼职教研员，曾获得“宝鸡市教学能手”“陕西省教学能手”等称号。

专家点评

《背影》是一篇经典课文。如何在新课改理念的指导下，既紧扣教学重点，顺利达成教学目标，又能不落窠臼，教出新意，对设计者来说是一个挑战。

令人欣喜的是，我们看到了本教学设计在许多方面的突破。一是选取了准确的教学切入点。本堂课由文章中对父亲背影的第二处描写进入教学，然后关联其他三处，紧紧扣住了文章的核心。之后，教师又引导学生由此展开对父亲情感的体会和对父亲形象的把握，一切都变得顺理成章。二是教学设计的结构简洁、清晰，整体感强。本教学设计由新课导入、聚焦四处背影描写和旁批训练三部分构成，三部分之间相互关联，互为补充。其中，借助旁批引导学生重点赏析“我”四次流泪描写的设计，与之前师生重点关注并研读四处背影描写的做法相得益彰。第二次旁批训练设计可谓用心良苦，既起到了串联前后教学环节的作用，又达到了引导学生深入理解课文的目的。三是以指导做旁批的方式教学，有创意而且有效。这种教学策略既符合文本特点，又能多方面训练学生的语文能力。另外，教师适时恰当的学法指导和点拨亦很到位，让学生收获颇多。教师提供的旁批范例简单明了，示范性、指导性强。具体训练时，教师充分考虑到了八年级学生的实际，给学生一定的选择权和自由度。这虽然增加了教学的不确定性和难度，但是这种生成性的教学设计必然会唤起学生真切的情感体验，激发出学生无限的创造力。扎实的旁批训练与开放的教学方式相结合，一定会让这节散文赏析课变得扎实有效又不失灵动。四是导入方式的设计很巧妙，这种导入方式既有激趣作用，又能达到引导和提示的效果。由经典美术作品到经典文学作品，由画中的父亲到文字中的父亲，由欣赏油画到欣赏语言，由“具象”到“抽象”，这种过渡方式很自然，很精巧，而且意味深远。

面对这样一篇经典的文学作品，教学时不可不读。朗读对于诗歌和散文的教学而言，不仅仅是形式和手段，也是重要的教学内容。“读书百遍，其义自见”，朗读本身就是理解和赏析的过程。当然，对《背影》这篇文字相对较多的文章来说，采用何种方式读，如何读才有效，还需要设计者费些心思。

本次教学的核心是旁批的指导和拟写，学生要在此过程中完成阅读学习的任务。那么，学生做旁批的情况、教师的有效指导及学生展示和交流旁批的方式，就成了本次教学中不能忽视的几个方面。建议教师在具体实施教学的时候，可以尝试一下信息技术与学科整合的语文教学。如果本节课能通过计算机技术手段将所有学生做旁批的情况进行动态展示，或充分利用多媒体和实物投影技术，就可以较全面地展示学生的思维水平、语言能力，同时也便于教师指导。如果真能如此，生生之间、师生之间的思想碰撞、语言交流也更容易形成。

陕西省教育科学研究所　薛翰铭

《苏州园林》教学设计

西安高新第二学校　杨　涛

教材分析

《苏州园林》是人教版语文八年级上册第三单元的一篇具有文艺色彩的说明文，文章说明了苏州近二百处园林的共同特点和给人的整体印象——“务必使游览者无论站在哪个点上，眼前总是一幅完美的图画”。本文先总体概括苏州园林的整体特点，再从不同侧面分别加以说明。尽管文中没有提到具体园林的名字，但读者能从中了解苏州园林的总体特征，同时也从中获得了愉悦的审美体验。采用总分结构，突出了事物的特点，结构清晰。本文语言通俗易懂，用词优美，堪称说明文中的范文。语文新课标中提出了“阅读新闻和说明性文章，能把握文章的基本观点，获取主要信息”的要求。因此，教好《苏州园林》一课，不但在本单元教学中能起到开篇和引领作用，更能在说明文教学中起到提纲挈领的作用。

学情分析

虽然这不是八年级的学生初次接触说明文，但是学生对于“说明文究竟应该学什么、怎么学”还需要一个感知、建构的过程。学生对于说明文的阅读经验不足，加之北方学生对于具有南方地域特点的苏州园林的感性认识较少，因此，需要教师引导学生在搜集、查阅有关苏州园林的图片的基础上仔细研读文本，借鉴以往的学习经验，调动生活积累，揣摩文本语言，采用多种手法突破教学难点。

资源利用

1. 课前让学生利用网络搜集、观看关于苏州园林的图片和音像资料。
2. 利用多媒体教学设备辅助教学。

教学目标

1. 明确说明中心。
2. 理清课文的结构特点。
3. 掌握提取课文段落信息的一般方法，积累阅读经验。
4. 欣赏苏州园林的艺术之美，在阅读中形成良好的审美体验。

教学重难点

重点：明确说明中心；理清课文结构特点，先总体概括苏州园林的特点，再从不同侧面分别加以说明。

难点：掌握提取课文段落信息的一般方法，积累阅读经验。

教学过程

一、导入新课

导语设计：请大家先看一张图片，猜一猜，这是哪里？你是根据什么判断出来的？（师生对话，引导点拨：介绍一个地方一定要抓住主要特征，这样才能让人一下子记住这个地方）今天，就让我们走进叶圣陶先生的《苏州园林》，领略苏州园林之美。（板书课文题目）

【设计意图】 用一张《意大利人眼中的苏州》的图片引起学生的阅读兴趣，进而对苏州园林应该具有怎样的特点展开思考和讨论。教师相机引导点拨，使学生把关注点放在苏州园林的总体特点上，为下面的教学活动做铺垫。兴趣是最好的老师，所以在阅读的开始阶段，引起学生的阅读兴趣，调动他们深入文本进行探究的积极性是最重要的。

二、快速阅读课文，领略全文及各段主旨

任务一：快速默读课文，选一个词语，说说你对苏州园林的总体印象。

学生可能会选取的词语：安静闲适、别具匠心、讲究、标本、因地制宜、完美的图画、不对称、画意、繁华和欢悦、照片等。

【设计意图】 此环节是要通过师生的互动交流，让学生对课文形成整体印象，达到整体感知课文的目的。这一环节是阅读的起点，不强求统一答案，只要学生能整体感知、说出自己的感悟即可。师生交流时，教师要跟上学生的思路，引导学生说出选择某个词语的理由，相机点拨。点拨时要注意引导学生对文本进行整体感知，对苏州园林进行整体风格的概括，不可以点代面。

任务二：阅读课文，从每一段各选取一个最能概括本段主旨的句子。

学生可能会选取以下句子。

第 1 段："谁如果要鉴赏我国的园林，苏州园林就不该错过。"

第 2 段："似乎设计者和匠师们一致追求的是：务必使游览者无论站在哪个点上，眼前总是一幅完美的图画。"

第 3 段：苏州园林可绝不讲究对称，好像故意避免似的。"

第 4 段："假山的堆叠，可以说是一项艺术而不仅是技术。""至于池沼，大多引用活水。"

第 5 段："苏州园林栽种和修剪树木也着眼在画意。"

第 6 段："游览苏州园林必然会注意到花墙和廊子。"

第 7 段："苏州园林在每一个角落都注意图画美。"

第 8 段："苏州园林里的门和窗，图案设计和雕镂琢磨功夫都是工艺美术的上品。"

第 9 段："苏州园林与北京的园林不同，极少使用彩绘。"

【设计意图】 这是学生深入理解文本的重要一步，是学生通过学习实践活动准确给文本把脉的过程。此环节的目的在于让学生通过"发现—分析—选取"的过程，找出最能概括本段主旨的句子，明确说明内容，理清课文的结构；让学生通过对说明层次的把握，达到理清课文结构特点的目的。教学过程中，教师应根据学生的实际情况适当调整本环节的教学时间。教学时，教师要认真听取学生所选的句子和陈述的理由，根据相应语段结构特点指导学生发现或者概括出中心句。在点拨时，教师要注意指导学生找中心句的一般方法，建议学生关注段首句、段尾句、抒情句、议论句、总结句、带有明显语言标志的句子。对于中心句不太明显的个别段落，教师要引导学生理清句与句之间的关系，必要时也可以通过理清层次的办法概括出段落中心句。

三、认真阅读课文，选一个角度品一品

角度一：为了准确地说明苏州园林的特点，作者常常喜欢打一个比方，或拿两个事物来比较，或举一个例子，请你找出这样的例子并分析其特点。

角度二：为了更清楚地说明事物，作者常常喜欢用一些看似模糊却又很准确的词语，请你找出这样的词语并分析其作用。

【设计意图】此环节意在让学生在整体把握说明对象和课文结构的基础上，深入理解课文，把关注点落到文中的词句上，让学生通过具体语句来了解说明文常用的说明方法，以及这些说明方法有什么特征，如何运用，有何作用等。教学中，学生需要经历一个“感知—理解—内化—运用”的过程，所以教师要让学生在找出具体实例的过程中，获得对说明方法的感性认识，再在适当的时机加以强化。另外，教师还应该引导学生关注说明文语言的特点，关注一些看似模糊却又很准确的词语，让学生感受本文语言准确、生动的特点，让学生借助语言品析的手段加深对说明中心的认知，提高学生的语言感知和运用能力。

角度一预设：

(1)“我觉得苏州园林是我国各地园林的标本。”(运用了打比方的说明方法)

(2)“我国的建筑，从古代的宫殿到近代的一般住房，绝大部分是对称的，左边怎么样，右边也怎么样。苏州园林可绝不讲究对称，好像故意避免似的。”(运用了做比较的说明方法)

(3)“水面假如成河道模样，往往安排桥梁。假如安排两座以上的桥梁，那就一座一个样，决不雷同。”(运用了举例子的说明方法)

教师要注重引导学生感知、体味这些语句的含义和作用，可采用换词、删词、换序等方式加深学生对句中关键词语的理解。对于说明方法及其作用，不必刻意强调，可根据学情恰当处理，教学重点应放在让学生揣摩、体会这些句子及其所采用的说明方法上。

角度二预设：

第 1 段“我觉得苏州园林是我国各地园林的标本，各地园林或多或少都受到苏州园林的影响”中的“或多或少”；

第 3 段中的“绝大部分”和“绝不”；

第 4 段中的“假如”和“往往”，“假如”和“绝不”……

教师可先选取一组例子，分析给学生看，让学生仿照例子进行品析。例如，第 3 段中的“绝大部分”和“绝不”就可以这样分析：“绝大部分”的说明对象是宫殿和一般住房，说的是普遍现象；“绝不”的说明对象是苏州园林，说的是苏州园林这一特定园林建筑的“普遍现象”。两者看起来说的都是“普遍现象”，但意思却相差甚远。作者用“绝大部分”一词表明中国古建筑里的宫殿和房屋一般是这样的，不排除有“特殊”的建筑存在，这时的用词是相对模糊的；但说明苏州园林在对称方面的特点时，用词变成了“绝不”这个很绝对化的词语，这恰恰是作者对苏州园林这一特点的准确说明，这体现了说明文语言的准确性。

四、再读课文，选一个任务说一说、写一写

任务一：围绕“苏州园林之美”和“《苏州园林》之美”这两个话题说话。

任务二：从课文中选一组词语或句子，组合起来，为苏州园林的宣传片配写一段解说词。（学生准备，教师播放介绍苏州园林的视频，配合学生展示）

【设计意图】这个环节是对课文整体的再次把握，是对前面学习内容的深化。围绕“苏州园林之美”说话的目的是让学生感受到文章内容之美，以完成对说明对象及其特点的把握；围绕“《苏州园林》之美”说话的目的是让学生感受文章结构、语言等形式之美，积累写作的相关经验。从课文中选一组词语或句子，组合起来，为苏州园林的宣传片配写一段解说词，是对本节课学习内容与学习过程的总结和升华。学生需要回顾本节课的教学过程和主要内容，把学习中掌握的信息加工、整合成相对简洁又重点突出的介绍性（说明性）文字。这是对学生概括能力和信息处理能力的综合训练，也是对学生学习情况的综合检验。实际教学中，教师应根据学情适当进行方法指导，并合理分配教学时间。

任务预设：

苏州园林之美，美在它是中国园林的标本；美在它务必使游览者无论站在哪个点上，眼前总是一幅完美的图画；美在讲究亭台轩榭的布局，讲究假山池沼的配合，讲究花草树木的映衬，讲究近景远景的层次；美在花墙和廊子；美在每一个角落都注重图画美……这样的“寻美”是指向说明内容的，是对学生是否掌握文章中心的检验。学生大多会找出课文原话来回答，教师可根据课堂生成适时调控教学时间和发言学生的数量，也可采用“开火车”的形式，让更多的学生参与课堂活动。

《苏州园林》之美，美在写景时先总写后分写；美在运用比喻的手法来写；美在喜欢用一些看似模糊却又十分准确的词来写；美在每个段落中都有中心句来提示读者，让读者更容易读懂；美在用巧妙的形式和优美的文字把苏州园林的美呈现给读者……这样的“寻美”是指向写作形式的，是对学生是否理解本文形式与内容之间关系的检验，需要学生在总结学习过程的基础上进行理性的思考和提炼才能做出答案，这是教学的难点。实际教学中，教师要根据课堂生成进行调控，适时点拨。对于学习基础比较薄弱的学生，教师也可只让他们进行第一层面的寻美。

任务二是任务一的升华，也是对本节课学生学习情况的总体检验。在学生准备的过程中，教师应巡视课堂，及时发现问题并帮助学生解决。在写作要求上，教师可根据学生的个体差异进行调整。教师应尽可能多地展示各个层次学生提炼的材料，尽可能对每个层次的学生都有所指导，帮助学生提升。对于基础较好的学生，教师可提高要求，让学生抛开课本，看着画面现场口述解说词。

学生撰写的解说词示例：

“上有天堂，下有苏杭。”苏州是一座名副其实的园林城，园林数量多、艺术造诣高，乃天下罕见。苏州园林是我国各地园林的标本。

苏州园林的共同点是，务必使游览者无论站在哪个点上，眼前总是一幅完美的图画。苏州园林不讲究对称，如同一幅美术画，因为美术画要求自然之趣，是不讲究对称的。苏州园林里有用艺术手法堆叠的重峦叠嶂的假山，有形式各样的池沼，有各种砖砌的镂空图案的花墙，有点缀着白墙的芭蕉，苏州园林在每一个角落都注意图画美，目的就是让游览者即使就极小范围的局部看，也能得到美的享受。苏州园林里的门和窗，图案设计和雕镂琢磨功夫都是工艺美术的上品。苏州园林极少使用彩绘。

行在苏州园林，如在图画中。谁如果要鉴赏我国的园林，苏州园林就不该错过。苏州欢迎您！

五、小结、布置作业

1. 积累本课出现的生字、词语。

2. 把课文缩写成一篇 200 字左右的解说词。

板书设计

苏州园林

选词　苏州园林的整体印象——标本

选句　务必使游览者……完美的图画

赏析　说明方法　说明语言

练笔　苏州园林之美　缩写解说词

教学反思

说明文可以教什么？说明文应该教什么？这两个问题看似简单，其实不然。我们在说明文教学中习惯于“抓特征、理顺序、明方法、讲语言”。于是，说明文教学就形成了这样一种状况：把了解文体知识作为教学目标，把每篇说明文肢解为相同的几个要素，没有了每篇说明文特有的个性，把说明文只当“说明文”教。

我认为，说明文阅读教学应该让学生读得明白、读得有趣、读得有效。但这些必须以选择正确的教学内容为前提。

我们常说，教材无非就是一个例子。华东师范大学王荣生教授也认为，教材就是“例文”“样本”。问题的关键在于，《苏州园林》到底是一个什么样的例子？是学生学习哪种知识的例子？众所周知，说明文因其具有知识性、科学性、客观性、实用性和庞杂性的特点，所以教学内容不好选择，但是作为教师，我们必须有所选择！

《苏州园林》是学生学习“序言”的例子吗？当然不是。根据单元说明和课后思考与练习，我们不难找出如下教学信息：（1）学习说明文要抓住特征——可以作为寻找课文中心句或分析、概括课文中心意思的例文；（2）了解说明文的基本结构方式和顺序——可以作为学习说明文总分结构形式的例文；（3）掌握基本的说明方法——可以作为了解说明方法、说明顺序的例文；（4）体会说明文语言的特点——可以作为学习用生动形象的语言介绍事物的例文。究竟选取哪一点作为教学内容呢?

语文新课标明确提出:"阅读新闻和说明性文章,能把握文章的基本观点,获取主要信息。"所以我认为对《苏州园林》的教学,必须以引导学生整体感知课文,迅速理清说明的中心、结构为重点。

全国著名特级教师余映潮也曾说过,在语文教学实践中,教师要引导学生学会从整体上把握教材,从局部选择突破点,从而以点带面,带动全局。所以说,《苏州园林》的教学重点在精心选择教学的"点",要选择能让学生静下来思考的"点",选择能让学生充分活动的"点",选择能让学生通过实践成功获得学习体验的"点",选择能有效提高学生语文素养的"点",选择能为学生未来学习做铺垫的"点",选择能让学生轻松地学习并获得最大收获的"点"……于是就有了这样的教学设计。

从课堂教学的实际效果来看,这节课达到了预设的目标,学生在教师的帮助下完成既定的学习任务。但是在达成目标的过程中,也存在环节之间过渡不畅,特别是"选句"到"赏析"环节过渡不畅的问题。其原因主要有这些:平时教学中较少有学生主动的学习活动或者以学生为中心的教学活动;教师在学情把握上存在不足,特别是对学生已有的学习能力把握不足;学生还没有了解和掌握赏析的方法。因此,教师在课堂上应扎实、严谨地开展语文教学活动,用一句老话来说就是"功夫在课内"。

个人简介

杨涛,中学一级教师,陕西省西安高新第二学校语文教师,获得"陕西省教学能手""西安市骨干教师"等称号。

专家点评

本说明文教学设计十分独到。说其独到,就要先谈谈说明文教学的现状。相对于其他文体的教学而言,当前的说明文教学显得重复、无序、程式化和低效;教与学双方在面对说明文时,总感到厌倦、痛苦和无奈。究其根本,就在于教师不明白为什么教,学生不明白为什么学;教师不知道教什么,学生不知道学什么;教师不清楚怎样教,学生不清楚怎样学。正因为如此,很多教师在7~9年级的说明文教学中,机械地重复着"理顺序、明方法、讲语言"的套路。而且,在实际的教学中,很少有教师真正关注说明文的说明顺序、方法、语言与说明中心(说明的对象及其特征)之间的关系,于是原本动态、复杂、丰富的教学内容变成了凝固、机械、简单的识记性文体知识。我们是为“记”而教和学，是为“写”而教和学，还是为“读”而教和学，抑或是同时为这三者？当深入思考这一问题的时候，我们又不得不面对语文教学的其他问题：文选式的教材以及主题单元的编写方式，阅读教学同时承担着听、说、读、写的训练任务。没有明确教学目标的教学必然是无序和重复的，丧失了独立性的阅读教学也必然是无标准和低效的。这就是目前中学语文阅读教学必须面对的尴尬和无奈，只不过这种尴尬和无奈在中学说明文教学中表现得更为突出和明显罢了。

中学说明文教学究竟该为什么而教和学？说明文的教学价值和核心任务究竟是什么呢？如果我们引用语文新课标的表述来加以说明，那就是“阅读新闻和说明性文章，能把握文章的基本观点，获取主要信息”。换言之，说明文教学的主要任务就是要培养学生准确地筛选、提取信息的能力。实际上，说明文教学的核心就是要解决“读懂”和“找准”的问题，这是现代社会要求的人们必须具备的阅读能力，而其他能力的培养和训练则都是附带的。杨老师执教的这堂课就很好地回答了说明文“为什么教”和“教什么”的问题。其教学内容是准确和全面的，教学目标、教学重难点的定位也是合理和有序的，这是本教学设计的独到之处。本堂课的另一独到之处是对说明文教学的方法进行了有益的探索：一是教师在充分考虑并尊重学生的知识储备、生活经验、阅读习惯和思维特点的基础上设计教学；二是能力训练由易到难、由点到面，梯度明显，层次鲜明，覆盖全面。更可贵的是，教学设计仅仅只是一个预案，教师对实际教学过程中学生可能出现的各种情况进行了充分准备并提出了解决方案。

新课改要求教师将课堂还给学生，让课堂真正成为学生学习的阵地。教师这样做需要面对多方面的挑战，如学生长期养成的被动的学习习惯和教师自身能力的限制。教师需要有极高的教学素养、熟练的教学技巧、出色的应变能力和优秀的调控能力，同时，还要有足够的知识储备并对学情有准确的把握。如果能够在实际教学中真正实现这种设计理想，那么教学过程必然是鲜活的、动态的、可塑的。这种由师生共同构建的教学过程充满了可能性，令人期待。

就这堂课的教学设计本身而言，快速默读课文，让学生选一个词语来谈谈对苏州园林的总体印象这个环节似乎有些绕圈子。此环节虽然能起到承上启下的作用，可是由于问题设置过于宽泛，目标并不明确，极有可能将学生引向茫然无措、思维混乱的学习状态。虽然教师做了较充分的准备，但其教学效率和效果还有待商榷。另外，对于涉及说明方法和语言的内容，在教学中如何做到既不肢解分析又不机械归类，这一点也值得我们关注。

陕西省教育科学研究所　薛翰铭

《苏州园林》教学设计

西安爱知中学　朱宝军

教材分析

《苏州园林》是人教版语文八年级上册第三单元中的课文，本单元是说明文单元，几篇课文都与建筑艺术有关。

语文新课标要求，在通读课文的基础上，理清思路，理解、分析主要内容，体味和推敲重要词句在语言环境中的意义和作用；阅读说明性文章，能把握文章的基本观点，获取主要信息；随文学习基本的词汇、语法知识，用来帮助理解课文中的语言难点。

对照语文新课标的要求，引导学生了解、掌握说明文的相关知识及学习方法，就显得尤为重要。《苏州园林》是一篇很规范的说明文，学生有前两课（《中国石拱桥》《桥之美》）的学习基础，应该说在理清文章思路、了解说明对象及把握其特点、学习说明方法、欣赏说明文的语言等方面有了一定的感性认识，但引导学生掌握学习说明文的基本方法，以及随文学习语法，仍然任重而道远。本课计划用 2 课时完成。

学情分析

八年级学生经过多年的语文学习，已初步具备对记叙文及一般文学作品进行词句理解、要点概括、文意把握、作品感受、内容探究的能力。但在说明文的学习中，把握说明对象的特点、理解说明方法、品味说明文语言等的能力还不足，学生在这些方面无章可循，很盲目。另外，此阶段也是学生随文学习语法知识的最佳时期，八年级学生的身体和心理急剧发展，因此，如何利用学生强烈的求知欲与好奇心，引导学生阅读和学习较为枯燥的说明文，是教师应格外关注的问题。在学生自主学习的基础上，教给学生阅读说明文的方法，目的在于让学生立足课内，放眼课外，充分开发课本资源，多阅读、多思考、多积累、多探究，帮助学生丰富知识，开阔眼界，激发他们学习祖国文化的自豪感和责任感。

资源利用

本次授课面对的是陌生的学校和陌生的学生，所以课前的主要准备是把握学情。如提前10分钟到教室，和学生沟通交流语文学习情况，了解第一手的资料；翻阅学生的课本，留意学生课本上的圈、点、勾、画，浏览学生的预习作业等；观察学生的学习状态和精神面貌，了解学生是否带《新华字典》，课前准备是否到位等。这些都是决定这节课成败的重要因素。

教学目标

1. 积累并理解“轩榭”“败笔”“丘壑”“嶙峋”“镂空”“蔷薇”“明艳”“因地制宜”“重峦叠嶂”等词语。

2. 理清说明顺序，把握苏州园林的整体特点。

3. 掌握本文所用的说明方法，并理解其作用。

4. 揣摩文中准确、简洁、生动的语言，体会文章的语言美。

5. 了解我国园林建筑的特点，激发爱国之情。

教学重难点

重点：了解文章严谨的结构层次，理清说明顺序，整体把握苏州园林的特点。

难点：(1) 掌握本文所用的说明方法，并理解其作用；(2) 揣摩文中准确、简洁、生动的语言，体会文章的语言美。

教学过程

一、导入新课

教师结合课前了解的有关学情导入新课，如表扬学生的课前预习情况或课前准备情况，然后引入本课的学习。(用时1分钟)

师：我们都预习了《苏州园林》，有少部分同学可能也欣赏过苏州园林，老师和大多数同学一样，没有去过苏州园林，但是知道苏州园林很美，是不是呢？

师：苏州园林的确很美。如此美的园林该如何向别人说明和介绍呢？这真是一件难事。今天我们就学习叶圣陶先生的《苏州园林》，看看他是如何向别人介绍苏州园林的。

二、作者及文体简介

用课件显示内容，或者让学生汇报此方面的预习成果，语言一定要简洁。

三、预习检测

师：大家都预习课文了吧？那好，我们现在就文中字词进行检测。

教师请一名学生在黑板上听写，其他学生在笔记本上听写。教师报生字词，学生听写。听写结束后，教师请学生说说词语“轩榭”“丘壑”“因地制宜”“重峦叠嶂”的意思。

四、感受文章的结构之美、顺序之美

师：前面我们学习了《中国石拱桥》《桥之美》，也了解了学习说明文的方法，哪位同学能给大家说说应该怎样学习说明文？

学生回答后，教师板书：说明对象（特点）、说明顺序及结构、说明方法、说明语言等。

师：显然，通过《苏州园林》这一题目，我们会立刻明白本文的说明对象就是苏州园林。那么，苏州园林的特点是什么呢？作者又是如何说明这个特点呢？接下来，我们要认真阅读全文，请大家拿起笔，先给每段标注序号，然后找每段的中心句、核心词或短语，并概括每段的段意，从而理清文章的结构及说明顺序。

学生阅读文本 10 分钟，概括段意，教师巡视指导，同时注意发现典型问题，便于后期指导。教师请一位学生上讲台板书，其他学生写在稿纸上。之后，师生讨论板书内容，修改完善。

教师提醒学生在理清层次、概括段意的基础上，练习制作思维导图，以便加深学生对文本结构和内容的理解。就本课而言，“图画美”显然是核心，那么学生可以以“图画美”为中心，制作一幅辐射性的思维导图。

教师小结：阅读说明文，理清文章的思路是极为重要的一步，必须扎扎实实地进行。

五、学习简洁、生动的语言

师：请大家思考，文中的 4 个“讲究”是并列关系吗？

学生思考并作答，大部分学生认为是并列关系。教师可在此基础上追问：“既然是并列关系，那它们的顺序完全可以调整，对不对？”学生认为不可以，这样就会引起学生深入思考。如有个别学生认为是由大到小的关系或程度上递减的关系，那么教师要及时追问，如果学生回答有困难，教师应进行引导。

师：请大家找出 4 个“讲究”句中的核心词（提示：两个字）。

大部分学生都能很快找出“布局”“配合”“映衬”“层次”这几个词。

师：请大家结合上下文，认真揣摩“布局”的内在含义。

这里需要较长时间，一定要给学生足够的时间思考、推敲、比较、斟酌等。

教师明确“布局”就是对事物的全面规划和安排。

师：知道了“布局”的意思，我们就不难发现，4 个“讲究”绝不是并列关系。由此可见，揣摩语言，一定要抓住句子中的核心词、关键词。

师：你还能从文中找出相关的实例，并做简析吗？

学生可能有以下答案。

（1）倘若要我说说总的印象，我觉得苏州园林是我国各地园林的标本。

（学生谈到“标本”一词时，及时为学生渗透做比较的说明方法，因为说苏州园林是“标本”是建立在其他园林和苏州园林相比较的基础上的。）

（2）谁如果要鉴赏我国的园林，苏州园林就不该错过。

（3）假山的堆叠，可以说是一项艺术而不仅是技术。

（4）游览苏州园林必然会注意到花墙和廊子。

（5）可是墙壁上有砖砌的各式镂空图案，廊子大多是两边无所依傍的，实际是隔而不隔，界而未界，因而更增加了景致的深度。

在学生回答完后，教师在一些词下加上着重点。

师：大家都能结合上下文揣摩词或短语的内在含义，这很好！现在，让我们接着想一想，这些词或短语在词性上有什么特点？

学生大多会说它们是动词或名词，但不一定能谈到这些词或短语表示动作行为或表示人、事物等的特点。

教师板书：动词、名词等核心词，表示实在意义。

师：学习词或短语的相关知识非常重要，如学习实词和虚词、短语的类型及特点等知识，有助于我们深入挖掘文本。现在我们接着研读文本。请大家认真读一下第 2 段中说明苏州园林总体特点的句子——“务必使游览者无论站在哪个点上，眼前总是一幅完美的图画”。句子中的“务必”“总是”能否删去？为什么？

学生谈自己的理解，多数学生都能理解，但语言表述可能不规范，教师应给予指导。

师：这两个词都是副词，起强调作用，强调了苏州园林的“图画美”这一特点，加强了语气，如果删去，语意减弱。此种用法在文中有很多，大家不妨找一找，谈谈自己的理解。

学生可能找到的词语有“据说”“不该”“绝不”“都”“也”“往往”“很少”“必然会”“大多”“几乎”“大致”“一律”“有些”“极少”“当然”等。

师：那么，这些词语有什么特点？

学生谈自己的理解，如词语起修饰作用、缺少了句意有变化等。

师：副词属于虚词，不表示实在意义，只表示语法意义。如副词常限制、修饰动词和形容词，表示程度、范围、时间等意义。用在说明文里，体现出说明文语言的准确性。

教师板书：副词，起限制、修饰作用，表示语法意义。

师：研读说明文的语言，紧抓动词、名词、副词，是非常重要的一种方法。叶圣陶先生有“优秀的语言艺术家”之称。就本文而言，除我们上面研究的动词、名词、副词之外，还有一些表示事物的性质、状态和特征的形容词或形容词性短语。请大家试着找一找，并体会其作用。

教师板书：形容词，表示性质、状态、特征。

学生可能找到的词语有“重峦叠嶂”“高低屈曲”“寂寞”“玲珑”“欢悦”“盘曲嶙峋”“珠光宝气”“称心满意”等。

师：这些词语有什么作用呢？

学生很可能答出“形象生动”的特点及表达效果。

师：形容词的运用，体现了说明文语言的生动性，能给读者留下深刻的印象。当然，文章的语言之美绝不止这些，如果我们继续深挖的话，会有新的发现。如文章用了亲切自然的词语“我觉得”“似乎设计者”“好像故意避免什么似的”等，显得委婉而有分寸；第 3、4、5、6 自然段的首句，同中有异，等等。由于时间关系，我们不再深入探讨。如果大家有兴趣的话，可以自己研究，然后就文本的语言写一篇小论文，题目可以叫《浅谈〈苏州园林〉的语言之美》。

此时，教师应注意观察学生的情绪。

师：不知道大家还记得吗？再开始学习新课时，我问大家，如此美的苏州园林该如何向别人说明和介绍，叶圣陶先生是如何向别人介绍苏州园林的，现在我们学习了此篇课文，大家说说叶圣陶先生是怎样介绍苏州园林的。

学生会谈到“语言美”，其他方面不一定能谈到。

师：老师个人认为，叶圣陶先生的这篇文章具有结构美、顺序美、方法美、语言美。大家可以读读叶圣陶先生的其他文章，或者对比阅读一下其他名家的作品，看看有什么异同之处！

教学反思

本节课的亮点有三个方面：一是教学目标明确而易于操作，即理清文章思路和学习本文简洁生动的语言，所有教学内容均围绕这两个重要目标进行，同时渗透其他教学目标；二是符合新课改理念，凸显语文新课标的精神实质，如让学生领会圈点勾画、学做批注的学习方式，以学生自身对字、词、句的思考与感悟代替教师的繁琐讲析等；三是引导学生在随文了解基本的语法知识的基础上，深入体会文章简洁而生动的语言。

本节课的不足与困惑：一是教学时间紧张，学生课堂学习的时间不充足，思考不够深入，没有修改完善课堂作业的时间，影响了学生良好学习习惯的培养，需要研究和改进；二是在有限的课堂教学时间里，不能关注、检查到每一位学生的课堂作业完成情况、情绪状态等，尤其是面对大班教学时，更显得力不从心。

个人简介

朱宝军，中学高级教师，陕西省西安爱知中学语文教师，全国优秀少先队辅导员，获“陕西省教学能手”称号。

专家点评

《苏州园林》是叶圣陶先生为一本摄影集写的序文，这本摄影集的名称也叫《苏州园林》。本文先总括苏州园林从整体上呈现出的特点，再从各个方面分别加以说明。尽管文中没有提到任何一个园林的名字，没有描述某一处具体的景色，但读者获得的关于苏州园林的知识是全面而明确的。同时，读者也从中学到了一些欣赏中国园林的方法。朱宝军老师的《苏州园林》教学设计无论是教学目标，还是教学重难点，都体现了单元学习要求，突出了说明文的特点，使教学有方向，有目标。

1. 依纲定标，依生定教。

朱老师在认真研读语文新课标、教材单元要求，了解学生实际的基础上，制订清晰、明了的教学目标，确立教学重点与难点，渗透教法与学法，使教学取得了良好的效果。因为新课标与教材就是教学的纲要与指南，学生的实际学情就是选择教法的根本与依据。

2. 重视基础，强调能力。

一方面，重视语文基础知识的教学，引导学生以多种方式掌握字词。如听写词语、找每段的中心句及核心词、辨析词语及词性等，有助于学生理解字词，是学生解读文本的一把钥匙。另一方面，注重学生阅读能力的培养与提升，注重教给学生阅读的方法与技巧，有助于学生深入理解课文内容，提高能力。如阅读说明文时，可以借助关键词语把握段意，明确说明对象及其特征；通过核心词语的比较，能明确说明文语言的准确性与生动性，从而更好地体会苏州园林的风格。整个教学设计将语文学科的工具性与人文性相结合的特点体现得比较到位。

3. 找准入口，解读文本。

介绍苏州园林的文章，或从建筑学角度来写，或从园林历史来写，或从导游角度来写，各尽其妙。叶圣陶先生的《苏州园林》从欣赏者的角度，抓住苏州园林的艺术特点，条分缕析地做了全面、深入的介绍。叶圣陶曾说："大凡读一篇文章，摸清作者的思路是最要紧的事，按作者的思路去理解，理解才能透彻。"读他的文章，自然可以从抓思路着手。朱宝军老师在第一课时就将"了解文章严谨的结构层次，理清说明顺序，整体把握苏州园林的特点"作为教学重点，在引导学生掌握关键词语、概括段意的基础上，以练习制作思维导图的形式理解本文的结构与内容，并以"图画美"为核心，理清文章的思路。这样的教学方式找准了教学的切入点，有助于一步步引导学生学习全文内容。学生把握住了全文的结构和思路，就容易理解全文说明了事物的什么特征或说明了什么事理。

4. 平等对话，彰显个性。

从设计中可以看出，课堂上教师与学生的地位是平等的，师生关系融洽；教学始终以鼓励、引导为主，充分发挥了学生的主动性与积极性，使学生敢想、敢说、敢写、敢质疑。

对于本课教学的几点建议。

第一，作业布置应针对本节课所学的知识而定，旨在考查学生对知识的掌握程度，起巩固、强化作用，为教师有针对性地进行再指导提供依据。第一课时中并未涉及说明方法的教学，因而教师给学生布置的思考课后第三题的作业不太合适。

第二，第二课时引导学生体会说明文语言时，尽管教师在此处渗透了举例子的说明方法，但不够深入，也没有突破本节课的学习重点“掌握本文所用的说明方法，并理解其作用”。说明方法的教学是学习说明文不可缺少的一个内容，因此，在各个教学环节的推进中应强调说明方法，并结合具体内容引导学生体会其作用，不断提高学生对说明方法的判断能力与对其作用的理解能力。

西安市长安区教育局教学研究室　刘艳艳

《苏州园林》教学设计

延安市延川县延远中学　吕红梅

教材分析

《苏州园林》是人教版语文八年级上册第三单元中的教学内容。它是一篇介绍建筑艺术的说明文，文章在准确抓住特征、合理安排顺序、科学运用语言等方面都独具匠心。苏州园林作为我国园林的瑰宝，承载了上千年的祖国传统文化。语文新课标提出了“阅读说明性文章，能抓住要点，了解文章的基本说明方法”“在阅读中了解叙述、描写、说明、议论、抒情等表达方式”的要求。这些要求比《九年义务教育全日制初级中学语文教学大纲》的“根据不同的表达方式和体裁的特点阅读课文”更具体、更明确、更有针对性，也更具操作性。语文八年级上册要求学生重点了解记叙文和说明文两种文体，相应地了解记叙与说明两种表达方式。《苏州园林》在本册教材中占有重要的地位，同时也是说明文中的典范。

学情分析

八年级学生对说明文的知识已经有一定的了解，能很好掌握一些简单的说明顺序和说明方法，但要明白说明语言的特点及说明方法的作用，还需进一步引导。因此，教师应在自主、合作、探究的学习方式上多花一些时间，不能离开阅读实践而只就知识讲知识。教学中，教师要有意识地开发跨学科的教学资源，引导学生联系自己的生活实践，拓展和延伸学习内容，开阔眼界，提高语文实践能力。

资源利用

在教学过程中，我运用了多媒体课件，以增强教学内容的直观性、趣味性，并在展示苏州园林的图片时以《高山流水》为背景音乐，为课堂营造了轻松愉悦的氛围。为支持学生的学，我营造了小组化的学习环境，把全班学生分为 6 个小组，让学生自主合作，增强自主性、实效性。

教学目标

1. 明白说明事物要抓住特征。

2. 体会说明文语言要准确、简明、周密。

3. 明白说明事物要采用恰当的说明方法。

4. 通过整体感知课文、把握文章结构，分析并归纳文章的内容，理解作者是怎样说明苏州园林的主要特征的。

5. 通过品味文章的语言，了解说明文的语言特点。

6. 通过欣赏图片、理清结构和品味语言，感受苏州园林的美，激发学生探索中国园林美的奥秘的兴趣，开阔眼界，培养健康而高尚的审美情操。

教学重难点

重点：(1) 理解作者是如何抓住苏州园林的特征，并突出这个特征的；(2) 赏析本文准确、生动、富有表现力的语言，同时加强语言训练，提高学生的语言表达能力。

难点：赏析本文准确、生动、富有表现力的语言，提高学生的语言表达能力。

教学过程

活动一：观赏图片，表达感受。

教师出示有关苏州园林的风景图片，然后请学生谈观后感，若有学生游览过苏州园林，可请其结合亲身感受来谈。教师要善于捕捉学生发言中与课文内容紧密相关的亮点，及时点拨，引入下一环节的学习。

活动二：整体感知，提炼中心。

紧接上一活动环节，请学生快速浏览课文，看看作者是在哪一段，用哪一句话概括苏州园林总的特点的。

【设计意图】 教师要激发、调动学生的阅读热情，帮助学生整体感知全文，快速找出全文的中心句，还可以让学生提炼中心词，然后引入下一环节的学习。

活动三：细读课文，理清顺序。

提出问题：为体现苏州园林这种“如在画图中”的共同点，设计者是从哪几个方面进行设计的？让学生细读课文，边读边画出相关句子。

【设计意图】 此环节应关注学生活动中的生成性因素。教师要及时评价，相机点拨，帮助学生进一步理解“先总后分”的说明顺序，以及段落与语句之间或并列、或分主次、或明因果的逻辑关系，并进行适当的方法与技能指导，同时强化语言与思维训练。教学中，应让学生带着美的享受，把握苏州园林“完美的图画”这一总体特征，然后在朗读课文的基础上圈点评注，找出苏州园林“散落在文中的美”。

活动四：美文品读，对话赏析。

让学生美文美读，合作探究，读出自己最欣赏的一处来，说说欣赏的理由。

【设计意图】 此环节主要引导学生从词语的选用、句式的选择、修辞手法和说明方法的运用等方面来赏析本文语言准确、严密而又生动的特点。这也是一个以开放式、生成性为主的教学环节，要充分尊重学生阅读的个性化特点，教师须巧妙点拨。

学生可能会找到以下句子或词语：

(1) 倘若要我说说总的印象，我觉得苏州园林是我国各地园林的标本。

(“标本”原指实物原样或经过整理、供学习研究时参考用的动物、植物、矿物。这里是典范、样本的意思。文中用这个词非常简练地说明了苏州园林在各地园林中的重要地位及其对各地园林的广泛影响。)

(2) 总之，一切都要为构成完美的图画而存在，决不容许有欠美伤美的败笔。

(“一切”“决不”表示十分肯定的意思，强调了苏州园林的总特点。)

(3) 假山的堆叠，可以说是一项艺术而不仅是技术。

(“艺术”与“技术”有什么区别？“艺术”是强调个人独创性的活动，其成果能给人以审美愉悦，并且无法被复制；“技术”，意味着有固定的程序和手法，其成果是具有实际效用的东西，一般可以大量复制。)

(4) 水面假如成河道模样，往往安排桥梁。

（去掉“往往”好不好？去掉“往往”，使表达失去了分寸。原句强调“大多是这样，但又不全是”这一层意思。）

(5) 有几个园里有古老的藤萝，盘曲嶙峋的枝干就是一幅好画。

（这个描写的句子有什么作用？这个句子写出了藤萝争春的情景，烘托出园林的繁华气氛，生机盎然，沁人耳目。）

(6) 可是墙壁上有砖砌的各式镂空图案，廊子大多是两边无所依傍的，实际是隔而不隔，界而未界，因而更增加了景致的深度。

（句中“隔而不隔，界而未界”是什么意思？“隔而不隔，界而未界”的意思是，尽管乍一看去花墙和廊子把景致分开了，但因为墙壁是镂空的，廊子两边无所依傍，所以景致并没有真正隔开，只是缓冲了一下视线，使得景物不是一览无余地呈现在游览者跟前，而是渐次展开，给人“山重水复疑无路，柳暗花明又一村”的感觉。）

【设计意图】此活动紧扣对苏州园林“图画美”的鉴赏和准确、精练、生动的语言的品评这两个重点，创设情境，引导学生自主学习、思考、探索，分组合作研究，共同交流评价，从而帮助学生构建新知，掌握研究说明文的一般方法，增加审美体验，丰富个人情感体验。

总结：本文是一篇文质兼美的说明文，将苏州园林的“图画美”与准确、严密而又不失生动的语言有机地融为一体，说明了苏州近二百处园林的共同特点和给人的整体印象，即“务必使游览者无论站在哪个点上，眼前总是一幅完美的图画”。其实，苏州园林中值得介绍的景物还有很多，文中介绍的只是一些方面，希望大家的慧眼能发现苏州园林更多的美。

板书设计

总说：务必使游览者无论站在哪个点上，眼前总是一幅完美的图画。

分说：布局——自然之趣
配合——自然美　（大处讲究）
映衬——图画美
层次——景致美
每个角落——图画美
门和窗——图案美　（细部注意）
屋室装饰——色彩美

教学反思

在这节课中，我通过引导学生整体感知课文、把握文章结构，使学生学会了分析归纳文章的内容，准确找出文章的中心句，理解作者是怎样说明苏州园林的主要特征的。通过引导学生品味文章的语言，使学生了解了说明文的语言特点。我充分利用多媒体教学手段，在图文并茂中突出了一个“美”字，利用每一张幻灯片柔和的色彩、流畅的画面，努力创设一种美的意境，旨在让学生不仅学到知识，还能学会发现美、享受美，进而去创造美。教学中，我将抽象的知识通过丰富、生动的课件具体化、直观化，对学生体悟苏州园林的艺术美、语言美起到了很好的辅助作用。

个人简介

吕红梅，中学一级教师，陕西省延安市延川县延远中学语文教师，曾获“延安市教学能手”“陕西省教学能手”等称号。

专家点评

本文是从欣赏者的角度来写苏州园林的，教学中除了要引导学生认识说明对象及其特征、了解说明方法外，更要明确本文在语言上的特点及说明中糅合记叙与议论的写作方式，培养学生按照事物本身的规律组织材料、有条理说明事物的能力。吕红梅老师的教学设计能遵循文章特点及学生的学习实际，确定教学目标与重难点，设计教学方法，将“领悟苏州园林之美”贯穿于整个教学环节。

1. 导入新课有趣，具有铺垫作用。

教师利用苏州园林的风景图片导入新课，帮助学生增加感性认识。在学生谈感受的基础上，自然过渡到第二个环节的学习，即引导学生整体感知课文，并围绕“美”这一关键词找出能概括苏州园林总的特点的句子，明确中心词为“完美的图画”。

2. 理清顺序有方，具有统摄作用。

理清本文“先总后分”的说明顺序是读懂文章、深刻体会苏州园林特点的前提。因此，吕老师巧妙地引领学生走进文本，围绕“为体现苏州园林这种‘如在画图中’的共同点，设计者是从哪几个方面进行设计的”这一问题边读边画出相关句子，旨在培养学生提炼、整合关键信息的能力，使学生明确说明顺序，理解主要内容，从而达成教学目标。

3. 品读赏析有味，具有引领作用。

吕老师以品读、赏析美文美句的形式引导学生领悟说明文语言准确、严密、生动的特点，同时注重教给学生赏析的方法，有利于学生形成赏析能力。

4. 生成资源有效，具有促进作用。

在每个环节中，吕老师都将“学生的生成性资源”作为一个重要的教学内容，这既是对学生学习效果的一种考量与评估，也是对教师个人素养的一种考验与提高。备课时，吕老师能结合学生实际，该想的都想到了，所以能较好地应对学生可能提出的诸多问题。特别在“美文品读，对话赏析”环节，更需要教师具有随机应变的能力，科学而恰当地对学生的学习成果进行评定，以便顺利完成教学任务，既促教、促研，又促学、促思。

对于本课教学的几点建议。

第一，应把握说明文的特点，对于说明方法及其作用等知识，要在教学过程中予以渗透和引导。

第二，对于既是重点也是难点的“加强语言训练，提高学生的语言表达能力”落实不到位，起码从教学设计中没有充分体现出来。如，怎么引导，怎么训练，有没有具体的例子与方法，教学设计中没有提及。

第三，个别环节相对来说有点简单。如“细读课文，理清顺序”环节，其实可以根据学生的实际，预设几个例子，然后引导学生深入分析，这样教学效果会更好。

西安市长安区教育局教学研究室　刘艳艳

《望岳》教学设计

铜川市第五中学　闫　妍

教材分析

《望岳》是人教版语文八年级上册第五单元《杜甫诗三首》的第一首。语文新课标对初中生的古诗文学习提出了诵读古代诗词，有意识地在积累、感悟和运用中，提高自己的欣赏品位和审美情趣的要求。本单元所选的诗文，意在引导学生在反复诵读中领会古诗文丰富的内涵和精美的语言，并积累一些常用的文言词。《望岳》描写了泰山高大雄伟的气势和神奇秀丽的景色，体现了诗人决心攀登人生顶峰的凌云壮志，是“咏泰山的绝唱”。在教学中，教师应引导学生了解诗歌的特点，理解作者精巧的构思和寓情于景、情景交融的写法，培养学生朗读和欣赏诗歌的能力。

学情分析

八年级学生在语文学习活动中，对古诗文有了初步的认识，也具备了基本的鉴赏能力，他们特别渴望自主学习，独立解读，但在具体方法上还需要教师引导。教师应抓住学生的学习愿望，利用学生已有的经验设置教学情境，引导学生由表及里，探究文章主旨，赏析诗词语言，理解作者情感。

资源利用

通过网络、书籍查找资料，了解杜甫的生平及其诗作风格。充分利用教师、教材、学生资源，在民主、和谐的教学环境中，通过诵读、交流、感悟，品味诗词的丰富内涵，获得审美体验，提升学习能力。

教学目标

1. 通过正确、流利、有感情地诵读诗文，积累词语、理解诗意、体会意境，感悟诗人蓬勃的朝气和远大的抱负。

2. 通过讨论交流、分析总结等方式学习赏析古诗文的方法。

3. 通过拓展阅读、理解运用，感悟“会当凌绝顶，一览众山小”的文化内涵。

教学重难点

重点：提高朗读水平，理解重点词语，体味作者的思想感情和作品的深层意蕴。

难点：领悟诗歌中融情于景的表现手法，感悟诗歌的意境美。

教学过程

一、导入新课

师：在中华民族几千年的文化历史长河中，泰山已成为中华民族的象征，其知名度可与长城媲美。你知道关于泰山的名言警句吗？

学生讨论交流。

师：在历代吟咏泰山的佳作中，有一首诗成为描写泰山的佳篇，被人们广泛传诵。今天，让我们一起来走近杜甫笔下的《望岳》。（教师板书课文题目）

【设计意图】教师以泰山及其象征意义激发学生的学习兴趣，以问题活跃课堂气氛，拉近师生心理距离，开门见山，引出课题。

二、初读，走近杜甫

学生默读第五单元的单元提示、课前阅读提示及课下注释。

1. 教师请学生谈谈在默读中获得了哪些信息，引导学生学会运用课本中的相关资源作为解读诗歌的工具。

2. 教师补充作者介绍及诗歌创作的背景知识。

【设计意图】在学生了解作者生平、思想及诗歌创作背景的基础上，指导学生通过默读初步感知诗歌，调动已有经验和课本资源作为解读诗歌的工具。与此同时，教师补充相关内容，为学生赏读、感悟诗歌打好基础。

三、再读，走近《望岳》

师：要想把这首五言古诗读好，我们该怎样来读？

学生根据已有经验提出朗读建议，教师在学生回答的基础上总结。

1. 读准字音。

（1）一位学生试读，其他学生纠正字音。如“夫”读 fú，“曾”读“céng”。教师要强调“眦”的读音和写法。

（2）学生齐读，教师指导学生读准音调。

（3）学生自由读，齐声读，轮流读。

2. 读出节奏。

（1）教师提示：读诗歌要讲究停顿，有节奏，诗歌的节奏犹如音乐的节拍，朗读时注意节奏可以更好地表情达意。古诗的节奏可按音节划分，也可按意义划分。

（2）学生自由读诗，根据诗句的意思划分句子的朗读节奏。

（3）教师强调五言古诗的读法：五言古诗可按二二一、二一二或二三的节奏来朗读。学生练习划分节奏，自由朗读。

3. 读出重音。

（1）教师提示：《望岳》写于唐朝“开元盛世”时期，是杜甫的早期作品，诗歌通过赞美泰山，表露了诗人的远大抱负，因此要通过读出重音的处理，读出诗歌激昂豪迈的特点。

(2) 学生个性朗读，并说明自己是如何处理重音的。教师在学生充分讨论的基础上，引导学生体会诗歌的风格。

(3) 学生齐读，要读出激昂豪迈的气势。

【设计意图】在这个教学环节中，教师通过引导学生默读、自由读等形式，读出节奏、读出重音等环节，帮助学生由诗外走入诗内。在读中理解诗歌，在读中联系学生已有的知识积累，在读中体味经典，感受杜甫笔下壮丽的泰山景色，从而拉近了学生与古典诗歌的心理距离。

四、赏读，走进《望岳》

师：杜甫"为人性僻耽佳句，语不惊人死不休"。请同学们找一找这首诗中哪些词用得好，体会诗人炼字的技巧。

1. 删一删。设置情境，启发学生用删一删的方法赏析。

师："夫"字作为虚词无意义，可否删掉?

在学生对比朗读后，教师明确，"夫"虽是虚词，但去掉后，诗句就缺少了感叹惊讶的感情色彩。以此为例，学生读诗、讨论，并展示自己的发现。

2. 替一替。引导学生找一找哪些词用得好，用找词替换的方法，体会诗人炼字的技巧。

比如，"割"字形象贴切，给参天矗立的山姿赋予了生命力；"钟"字将大自然写得有情有义。只要学生言之有理，说出自己的独特体会，教师就应鼓励。

3. 寻一寻。让学生寻找诗中优美的句子，想象诗句描绘的美景。

学生画出诗中优美的句子，在读一读、品一品中描绘、想象诗中的画面。如"造化钟神秀，阴阳割昏晓"两句，写了近望泰山所见的神奇秀丽的景色和巍峨高大的形象，是上句"青未了"的注脚。

4. 演一演。请学生想象，如果自己是杜甫，在吟咏"会当凌绝顶，一览众山小"一句时，会有哪些动作?

学生互相交流，模拟演示。演示的学生结合动作，解释诗歌的含义。

总结：杜甫由久慕其名到远望和近观，再到决意登山，诗人不仅是在用眼望，更是在用心"望"，望的不仅是"岳"，更是不怕困难、敢于攀登绝顶、俯视一切的气概。

【设计意图】通过让学生删、替、寻、演，进一步引导学生赏析、品味、理解诗歌，在读中品、读中赏、读中悟。从字到词，再到句子，层层诵读，层层赏析。教师引导学生在想象诗歌中描绘的具体形象的同时，体会诗歌中蕴含的感情，品味诗歌的深层意蕴。

五、拓展，感悟《望岳》

1. 诗人写诗时年仅 24 岁，科举失意，但《望岳》全诗却意气风发，毫无颓废之感。读过这首诗后，你对杜甫有怎样的认识？你能找到他取得伟大成就的原因吗？

2. 小练笔：围绕“会当凌绝顶，一览众山小”写一段话，表达你读诗后的感受。

【设计意图】教师通过拓展延伸，深入诗歌主旨，让学生体会“会当凌绝顶，一览众山小”的文化内涵；引导学生联系生活实际，达到学以致用的学习效果。总之，只有做到“朗读—感悟—点拨”三位一体，反复进行，教学才能适应语文新课标的要求。

3. 小结：让学生谈谈对于古诗学习方法的收获。

教师在学生总结的基础上强调，要学会利用课本资源进行预习，朗读时要注意节奏、重音、感情，学会利用删、替、寻、演的方法赏析等。

六、作业

杜甫一生写过三首《望岳》，虽然题目一样，但是描写对象、背景、旨趣、体裁、风格均各有不同。这三首诗分别写于杜甫 25 岁、47 岁和 58 岁时，请学生阅读这三首诗并进行比较。

【设计意图】教师的任务就是传授读诗词、析诗词、品诗词的方法，逐步培养学生对古诗词的兴趣，提升学生鉴赏古诗词的能力，让学生在课内学习的基础上学会举一反三，在课外继续鉴赏诗歌，将古诗词的学习由课内引到课外。

板书设计

远			色
近	望	岳	势
细			景
极			情

教学反思

《望岳》是五言古体诗的典范，《唐宋诗醇》评价它说：“四十字气势，欲与岱岳争雄。”在教学活动中，我从泰山文化导入新课，再通过“初读，走近杜甫”“再读，走近《望岳》”“赏读，走进《望岳》”“拓展，感悟《望岳》”几个教学环节，引导学生理解诗歌内涵。学生在想象诗歌具体形象的同时体验诗歌情感，品味诗歌的深层意蕴，深度参与学习，达成了教学目标。回顾教学过程，我有以下几点体会。

语文特级教师钱梦龙让学生学一些吟咏之法，认为许多意境深邃的诗句，非吟不足以入其境，得其趣，领略其韵味。可见，诵读古诗词对加强感悟有着不可估量的作用。在教学中，我采用“读为主体，引为主导，情为主线”的教学方法，带领学生梦回唐朝，感受诗歌。读的形式从默读、齐读、自由读，到赏读、演读，力图体现由浅到深、由易到难的层次性，以期符合学生由简单到复杂的认知规律。读的内容从读准字音、读通句子到读懂诗句、理解诗意，从感受诗人笔下的壮丽景色到感悟诗人“致君尧舜上，再使风俗淳”的人生理想和“会当凌绝顶，一览众山小”的英雄气概，使学生在读的过程中逐渐进入意境，体会情感，理解主旨，领会手法。特别是通过演读的方式，让学生和诗人对话，产生情感共鸣。学生在诵读中充分感知诗歌，想象诗中描绘的美景，在交流中逐步品味诗歌的深层意蕴。

《望岳》创作于唐朝开元盛世时期，杜甫的那句“致君尧舜上，再使风俗淳”正是当时士人心态的典型概括。因此，杜甫即使在科举不第时，还写出了“会当凌绝顶，一览众山小”这样的句子，这种磅礴而强大的气势之所以一直激荡在杜甫的心中，与整个时代背景密不可分。为此，我补充背景资料，设置学习情境，让学生走进诗人所处的时代，由对诗人的仰视变成了与之平等交流，由个体思考变成了思维的碰撞，从而让学生产生独特的心理体验，赋予古诗文新的生命力。

古人曾经说过：“授之以鱼，不如授之以渔。”掌握一种行之有效的学习方法，会使学生受用一生。我在反复阅读教材后找到了切入点，那就是帮助学生利用教材资源学习古诗，在阅读注释的过程中加深对诗文内涵的理解。因此，在每个教学环节中，我都要指导学生阅读注释，将其作为帮助学生叩开诗歌大门的钥匙。在教学中，一是引导学生默读单元提示，领会古诗学法；二是带领学生划读课文阅读提示，了解诗歌的写作背景；三是让学生读注释，理解诗歌含义；四是让学生读诗句及注释，想象诗句画面；五是在研读拓展环节之前，让学生齐读课本中教授的古诗文背诵方法。当学生会读、会背、有所感悟之后，我及时引导学生对前面的学习过程进行简要回顾和小结，培养学生运用学习古诗方法的自觉性。

回顾整堂课的教学过程，虽然我力图采用多种形式的“读”，引导学生读出诗情，读出自我，读出厚重与深刻，但在诵读和品析的环节中，由于过于拘泥于教学环节的完整，并没有真正发展学生对于诗歌的独特感知和创新体悟，相反，在一定程度上，还影响了学生的个性体验。特别是在学生想说却又无法说出的时候，我没有及时引导和帮助。而教师在课堂上每讲一句话，乃至每用一个词都要“出言谨慎，反复推敲，不仅要加大含金量，准确、深刻，更要有哲理情趣”。我深切地感受到语文教师要营造诗意的语文课堂，就要通过入情入境的品读和学习情境的营造，以及恰到好处的学法指导，让学生体会诗词学习的趣味！这也是我今后不断努力的方向。

个人简介

闫妍，中学高级教师，陕西省铜川市第五中学语文教师，先后获“陕西省教学能手”“陕西省三八红旗手”“铜川市教学能手”“铜川市教育教学课题研究工作先进个人”等称号。

专家点评

如果说明文的学习是“为了生存的语文学习”，那么散文、诗歌的学习则是“为了生活的语文学习”。前者培养的是筛选和提取信息的能力，注重的是实用性；后者培养的是文学初步欣赏能力，关注的是文学性。而文学欣赏是需要情感参与的，是需要体味和感悟的。有人说，诗歌很容易讲。当然，讲诗歌、解读诗歌、分析诗歌对语文教师而言，并没有多大难度，且大部分语文教师乐此不疲。但这是否就是中学诗歌教学的正道呢？当然不是。对学生诗歌欣赏能力的培养和提高主要有赖于他们自己的实践和体验，而非教师简单的示范性解读和分析。讲授诗歌知识、教授鉴赏方法、验证固定结论、进行分析示范等隔靴搔痒式诗歌教学方法，对学生诗歌欣赏能力的提高并没有太大的帮助。相反，这些做法有时会僵化学生的情感，束缚学生的思维，扼杀学生的想象力，同时也会贬低或否定语文教师的专业性。其实，中学诗歌教学是很难的，难在教师如何引导学生真正做到进诗、入境、体味、感悟，也难在教师如何做到示范有效、引领适度、点拨到位、评价准确，更难在教师如何做到既能帮助学生领悟诗歌的基本意蕴，又能让学生生发合理而独特的理解。如何化解种种困难呢？一要靠教师先进的教学理念，二要靠巧妙的教学设计，三要靠实用而有效的教学策略。这些都能反映出一位语文教师的专业水准。

综合来看，这堂课的设计者很专业，主要表现在以下几个方面：第一，设计者对教材的把握和理解全面准确，对重难点的确定符合教学要求和学生实际；第二，设计者既遵循着诗歌欣赏“知人论世”的原则，同时又注重引导学生进行整体感知；第三，能依据诗歌教学的要求和特点，有效进行诵读指导和训练，并注意借助诵读教学培养学生的诗歌欣赏能力；第四，采用了巧妙的教学方法，使用“删、替、寻、演”等教学策略，引导学生进诗、入境、体味、感悟；第五，注意发挥教师的示范和指导作用，认真落实读、赏、译等环节，使诗歌教学目标的达成扎实有效。

需要指出的是，本次教学设计过于注重教学环节的完整和教学步骤的清晰，甚至将原本生动、鲜活、完整的赏析过程割裂开来，人为地划入不同的环节和步骤，这样做就难以贯彻“以读促悟”“以读促析”的设计宗旨，教学效果也会大打折扣。同时，导语设计只注意到了激趣的作用，却忽视了本应该具有的启发引导功效，如果用孔子的“登东山而小鲁，登泰山而小天下”导入新课，可能更有助于学生理解诗意。另外，教学设计中的拓展延伸环节似乎是刻意为之，与其进行这种无意义的拓展，不如在完成基本教学任务之后让学生再多读几遍诗歌。

任何教学设计都不是完美的。正是因为有缺憾，我们才会不断追求、探索和超越。通过这一教学设计案例我欣喜地看到，教学设计者正处于蜕变和超越的过程中。

陕西省教育科学研究所　薛翰铭

《记承天寺夜游》教学设计

宝鸡市新建路中学　毛　洁

教材分析

《记承天寺夜游》是人教版语文八年级上册第六单元的第二篇课文，本单元所选课文全是描绘自然山水的优秀篇目，本文是苏轼的一篇小品文，写于苏轼被贬黄州期间。文章起笔交代了夜游承天寺的缘由，中间写游览时所见到的美景，结尾处抒发内心感慨。文中的写景名句“庭下如积水空明，水中藻荇交横，盖竹柏影也”中写月光月影却不出现“月光月影”这些字眼，形象生动，巧用比喻化无形为有形，既写出了月光月影的形态——交错纵横的样子，也写出了月光月影的情态——像积水那样空明。结尾句“何夜无月？何处无竹柏？但少闲人如吾两人者耳”中连用两个疑问句，分别从时间和空间两个角度来概括了“闲人少”这层意思。本句中的“闲”字，是本文文眼，既表明自己有闲情雅致，又暗含自己被贬黄州后官职清闲之意，有“一箭双雕”之巧。全文仅80余字，却运用记叙、描写、抒情等多种表达方式，创造了一个皎洁清冷、宁静清幽的艺术世界，在叙事写景之后还传达了作者当时复杂微妙的情感，以及直面挫折的豁达心境。本文语言朴素典雅、意味深长，可谓写景抒情文中的精品。

语文新课标中指出：“诵读古代诗词，阅读浅易文言文，能借助注释和工具书理解基本内容。注重积累、感悟和运用，提高自己的欣赏品位。”根据这一要求，本课教学以诵读为主，旨在让学生在诵读中积累常见的文言词语，夯实基础；在反复诵读和练笔中深入理解文本内容，体会作者的心境，陶冶情操。本课教学主要体现了重在培养学生诵读文言文的良好习惯的教学价值，也体现了以综合性、实践性为主的重在学习语言运用的语文课程的特点。

学情分析

八年级的学生经过一段时间的文言文学习后，能初步积累一些常见的文言字词，对于文言文的阅读与学习有了一定的了解，但还未形成系统和有效的学习方法。本文篇幅短小，语言朴素，经过有针对性的反复朗读，就能充分感知课文的内容。但是由于学生和作者的时代背景、生活经历的差距较大，学生对文言文的理解可能不够深入，所以学生在感悟作者情感时需要突破重重的认知和经验障碍，另外，情景交融、借景抒怀的写法也是本文中学生理解的难点。

根据以上学情分析，在教学中应注重突出诵读和感悟，让学生通过反复朗读直至背诵，促使学生积累相关文言文的基础知识，初步品味文章的语言特色；通过诵读、引导、讨论，帮助学生在了解作者人生经历的基础上体会文章字里行间所表达的复杂心境，感受古人含蓄内敛的情怀，提高品味和欣赏山水小品文的能力。

资源利用

教材、教师、学生、环境、网络等，都是语文教学中可以利用的有效资源。在充分利用教材、教师、学生等资源的同时，利用文本文献和网络资源，了解作者概况及写作背景，了解与文本有关的资料。同时，利用多媒体资源制作课件以辅助教学。

教学目标

1. 反复朗读，熟读成诵。
2. 积累重点字、词和句子。
3. 品味语言特色，体会作者的心境。

教学重难点

重点：通过反复诵读，积累文言知识。
难点：品味语言特色，体会作者的心境。

教学过程

一、导入新课

师：今天我们一起来学习苏轼的佳作《记承天寺夜游》。（板书课题）

【设计意图】 开门见山，引导学生直接关注文本。

二、初读感知

1. 出示幻灯片，引导学生初步了解作者。

苏轼（1037—1101），字子瞻，号东坡居士，四川眉州人，北宋著名文学家、书画家、词人、诗人、美食家、豪放派词风开创者，“唐宋八大家”之首。其诗、词、赋、散文，成就均极高，且善于书法和绘画，被誉为“千古第一文人”，是中国文学艺术史上罕见的全才，也是中国数千年历史上公认的文学艺术造诣最杰出的大家之一。

元丰二年，苏轼由于和当时主张变法的王安石政见不同，被诬陷为作诗讽刺新法，后被捕下狱。出狱后，他被贬为黄州团练副使，这是一个有职无权的闲差。于是，苏轼在郡城旧营地的东面开荒种地，游乐于山水间，咏唱江山，感怀英雄，抒发郁闷心情。此文写于元丰六年，是苏轼的代表作之一。

师：让我们一起走进文本，看看处于流放中的苏轼有怎样独特的体验。

2. 学生默读课文，读准字音。

【设计意图】介绍相关的历史背景和人物经历，引导学生关注作者。通过默读，以声正字，让学生读准每一个字的字音，为学生解读文本扫除障碍。

三、解读记叙

1. 学生朗读课文，关注表达方式的不同，寻找记叙句中的信息。

教师提示：记叙句交代了时间、地点、事件、人物和夜游的原因。

2. 齐读记叙句，解决疑难字词，了解作者的情绪变化。

教师提示：要读出宁静的氛围，语气要舒缓些；“欣然”“亦”要读得快乐一点；“念”要拖长，语气要稍显低沉；阅读时要注意把握合理的断句和节奏。

【设计意图】本文篇幅短小，前三句浅显易懂，引导学生了解表达方式，在朗读中把握相关内容和情感，为后面的品读和悟读蓄势。

四、品读美景

1. 学生自由读写景的句子，疏通文义，体会心境。

教师提示：注意理解句意，读出宁静感，“盖”字要拉长一些。

2. 引导学生分析本文写景的妙处。

教师提示：可以从修辞的角度分析其妙处，也可以比较其写法的与众不同。

示例：这一句运用比喻的修辞手法，把月光比喻成积水空明，写出了月光的清澈透明；把竹柏比喻成藻荇交横，写出了竹柏倒影的清丽淡雅。这句话的意思是，月光好像积水一样清澈透明，水中藻、荇交错，原来是竹子和柏树枝叶的影子。作者笔下的月光有如一池春水那样静谧、透明、澄澈，令人神往。人在这样的月色下散步，是多么有情趣，多么超凡脱俗！这就是作者写景的妙处。写法上，全句无一个“月”字，却使人感到月光无处不在，有动有静，动中愈见静，点染出一个空明澄澈、疏影摇曳、亦真亦幻的美妙境界，难怪古人惊叹这是“仙笔也”。在这静静的月夜之中，人与自然渐渐融为一体。

3. 创设情境，让学生先闭目想象，然后描绘承天寺的月夜景色。

教师提示：结合理解，合理想象。从动静、明暗、点面、线条等角度，调动多种感官进行想象。

示例：在皓月的照耀下，庭院里就像洒满了透明清澈的水。而在清风的吹拂下，竹子和柏树的影子，如同水藻、荇菜参差错落，漂浮游荡。树影婆姿、月光澄澈、竹影斑驳，庭院恍如美妙仙境。

【设计意图】 以声达意，让学生通过诵读进入文章语境，走近作者，真正融入文本，从而深入理解文章内容，体会写景文字的妙处，初步体会景物描写中透露出来的作者心境。

五、悟读情怀

1. 学生朗读抒情议论句。要求：读准语气，读出情感。

2. 质疑学生对问句的理解，学生分组讨论并进行全班交流。

教师归纳：月光虽非夜夜明，竹柏亦非处处有，但大自然的美景却时时能觅，处处可见。只要心胸开阔，淡泊名利，无论在哪里，都能在美好的大自然中享受到无穷的乐趣。作者在此借“何夜”“何处”点明这一真谛，这也正是作者能在逆境中保持乐观进取精神的真正缘由。

资料助读：

（1）松柏的象征意义：松柏象征坚贞。松枝傲骨峥嵘，柏树庄重肃穆，且四季常青，经历严冬而不衰。《论语》赞曰：“岁寒然后知松柏之后凋也。”松与竹、梅一起，素有“岁寒三友”之称。文艺作品中，常用松柏来象征坚贞不屈的英雄气概。

（2）竹的象征意义：竹象征气节。竹子挺拔秀丽，岁寒不凋，自古以来，受到人们的普遍喜爱。古人常以“玉可碎而不改其白，竹可焚而不毁其节”来比喻人的气节。苏轼的《于潜僧绿筠轩》一诗中有这样的句子：“宁可食无肉，不可居无竹。无肉使人瘦，无竹令人俗。人瘦尚可肥，士俗不可医。”

3. “闲人”为何重读，你读出了什么？

学生畅谈感受，教师及时点拨和引导。

教师提示：由于作者贬官谪居，自然不像在京城时那样公务缠身，“闲”是相对于“忙”来说的。它饱含着作者的感慨和愤懑：眼前景色虽美，自己却壮志难酬，无心欣赏。这其中有贬谪的悲凉、失意的落寞，也有自我排遣的达观、闲时赏月的欣喜、漫步的悠闲，种种微妙复杂的感情尽在其中。当时苏轼被贬为黄州团练副使，不得“签书公事”，近乎流放，但他从大自然的美景中寻找到了精神上的寄托，字里行间透露出作者潇洒乐观的态度，以及旷达处世的胸襟。

【设计意图】 让学生以声传情，在理解文章内涵的基础上，领悟文本中蕴含的思想情感，并用语音重现作者微妙复杂的思想情感，以此感染听众。

通过反复诵读，难点语句共同赏析，教师对积学不多的学生及时帮扶，让学生慢慢走进文本。引导学生积累词语，感悟文本，知人论世，教会学生联系作者的人生经历阅读文章，能帮助学生更好地理解文章内容和思想，体会作者的独特心境，提高其欣赏文言文的能力。品悟文眼，如本文中的“闲”字，通过深入理解这个字，把握作者在文中寄托的思想情感——悠闲、赋闲、失意，同时也了解竹柏在中国文化中特有的意义，提高品味和欣赏能力。

六、熟读成诵

通过自由读、竞赛、展示等方式，激励学生在理解的基础上声情并茂地背诵课文，进一步体会、把握和传达作者的情感。

【设计意图】对文言文熟读成诵，增加学生对文言词语和句子的积累，不断提高学生诵读文言文的水平，逐步培养学生品味文言文的能力。

七、作业设计

1. 推荐阅读《水调歌头》。

2. 推荐学生在课外阅读林语堂的《苏东坡传》或余秋雨的《东坡突围》。

【设计意图】推荐阅读相关文本，做好与八年级下册知识的衔接。阅读人物传记，有助于开阔学生的阅读视野，帮助学生积累文体知识。

板书设计

记承天寺夜游

苏轼

月夜出游	寻友赏月
月夜赏景	空灵清澈
月夜感慨	乐观心态
闲人雅致	豁达之风

教学反思

语文新课标中要求学生“诵读古代诗词，有意识地在积累、感悟和运用中，提高自己的欣赏品味和审美情趣”。“积累”“感悟”都是极为个性化的阅读方式，而“诵读”则更需要品味意蕴及投入感情，这就要求文言文教学必须重视语文的熏陶作用，尊重学生在学习过程中的独特体验。因此，在教学中应让学生通过反复诵读了解文本内容、增强文言文语感、体验作品内涵、感受作者旷达的情怀，为有效地落实教学目标打好基础。任何一堂课，最精彩之处往往不是课前预设，而是教学过程中的课堂生成。例如，"品读美景"时学生的练笔可能不够成熟，"悟读情怀"时学生的感悟可能比较浮浅，但这也恰恰是一种更宝贵的教学资源。对于学生的回答，教师在做出欣赏性评价的同时，也要进行有机调整及恰当利用。这挑战的是教师的教育机智，它虽然是未知的，但也是可以预料的。在学生思考时，教师一定要抓住启发时机，或类比，或举例，搭桥铺路，举例疏导，充分发挥教师的主导作用，引导学生自主走进文本，充分地感悟文本内容，从而拥有准确、深入、个性化的阅读体验，获得自主学习文言文的方法。

个人简介

毛洁，陕西省宝鸡市新建路中学语文教师，曾获"宝鸡市教学能手""陕西省教学能手"等称号。

专家点评

《记承天寺夜游》一文虽然篇幅短小、语言浅近，但其情感复杂、思想深邃，加之又综合运用了记叙、描写、抒情等多种表达方式，因此，教学是有一定难度的。教学时既要完成文言文词语教学的任务，又要引导学生重点体会蕴含在文章之中的思想和情感。设计者如果想突破常规有所创新，就必须在教学设计上下一番功夫。

本教学设计对教材的把握全面透彻，教学目标的定位恰当适切，教学重难点突出，教学步骤清晰有序，板书设计简洁规范，遵循了"中学文言文教学应言文并重、知人论世、重视诵读感悟"的基本原则，熟练运用了文言文教学的一般方法，较好地体现了中学文言文教学的特点。第一，教师重视文言基础知识和词语的积累，达到了疏通文义、把握内涵的目的，同时也为学生深入理解文意、领会作者思想和情感奠定了基础。第二，教师在充分了解学情的基础上，借助作者及写作背景简介突破了学生对文本的认知局限和理解障碍，顺利化解了教学的难点，并在文言文阅读方法上给予了学生恰当的指导。第三，教师重视诵读在文言文教学中的作用，利用形式多样且层次分明的诵读，帮助学生获得了对文本的真切体验，加深了学生对文章思想情感的感悟。第四，教师积极尝试运用教学策略，突出教学重点，突破教学难点，达成教学目标，赏析指导中运用了以读促品、入境想象和描述画面等方法，引导学生深入理解写景抒情文字的意蕴。总的来说，本教学设计在继承文言文教学优秀传统，借鉴成功做法和先进经验的基础上，又在一些具体的教学方法上实现了突破和创新。

当然，从更高的要求来看，本教学设计还有一些需要改进和完善的地方。一是本教学设计呈现出的仅仅是一个教学流程，而这一教学流程基本上是教师预设的，希望教师能更多地关注学生的学习习惯、学习状态和学习心理；二是本教学设计还缺少精巧的构思，建议教师利用“记”这一文体特点，自然切分文章，并采用不同的教学方法指导学生分别达成文章中记叙和写景抒情两部分的学习目标；三是新课导入方式略显直白，还可以重新构思设计。最后要说的是，学生能够独立完成的，教师不必过多介入，使一切关注根植于学生的学习实际，才是教学设计的出发点和归宿。

陕西省教育科学研究所　薛翰铭

数学学科

“探寻神奇的幻方”教学设计

西安交通大学附属中学　董婉君

教材分析

本节课是北师大版七年级上册中的一节综合实践活动课，是在学习了有理数的运算、整式的加减运算、一元一次方程等内容后进行的，是对这些知识的综合运用，也是培养学生分析能力的极好的素材。教学共分为两个课时，本节课为第一课时。《义务教育数学课程标准（2011 年版）》（以下简称数学新课标）要求，通过本节课的学习使学生具有一定的观察、分析和归纳能力，并且培养其初步的探索和实践能力。

学情分析

目前，学生已经具有进行有理数的运算、整式的加减运算以及解一元一次方程的能力，但是综合运用以上三种运算方法解决实际问题的经验还不够。当问题中出现多个未知量的时候，学生还不能想到设其中一个为未知数，从而表示出其他未知量的方法。

资源利用

本节课采用了北师大版数学七年级上册教材中的内容，课型是活动实践课。我根据课程需要制作了相关的 PPT 辅助教学，以增加教学内容的直观性和趣味性，提高时间的利用率。

教学重难点

重点：探索三阶幻方的基本规律。

难点：引导学生研究制作三阶幻方的方法；通过创设情境、设问质疑、探究尝试、反思归纳、拓展创新等环节营造立体化的课堂氛围，引导学生在经历观察、猜想、归纳、类比等活动后逐步积累分析问题、解决问题的经验和方法。

教学目标

1. 能够通过观察，发现几种简单的三阶幻方的内在规律。

2. 通过对三阶幻方基本规律的探索过程，形成初步的研究体验，获得一些发现问题、研究问题的经验，提高解决问题的能力。

3. 感受三阶幻方丰富的人文历史背景，在学习中体会数学对于生活的巨大影响。

教学过程

一、创设情境，引入新课

据说夏禹治水时，在黄河支流洛水中浮现出一只大乌龟，它的背上有一个很奇怪的图案。古人认为这是一种祥瑞，预示着洪水将被夏禹彻底制服。后人称之为洛书，即现在的三阶幻方。（展示图片）

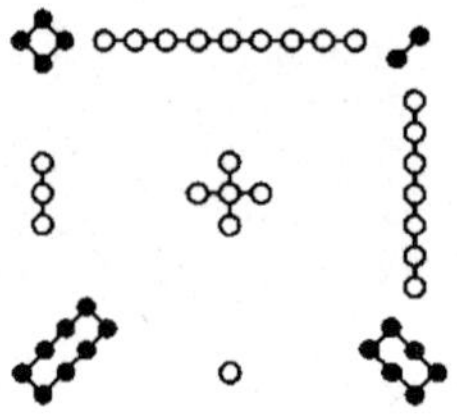

洛书

4	9	2
3	5	7
8	1	6

三阶幻方

古今中外出现了不少益智游戏，幻方就是其中引人注目的一颗“珍珠”。三阶幻方，史称“神农幻方”，它是世界上最早发现的一个幻方，是中国人在数学领域上的又一个伟大创造。三阶幻方出现之后，古今中外的许多大数学家，如欧拉、富兰克林等都对其产生了研究兴趣，并且逐步研究出了不少独特的构造方法。

师：一些同学可能对三阶幻方已经有了一定的了解，现在，让我们一起来学习，看看大家能发现三阶幻方的哪些规律。

【设计意图】了解三阶幻方的人文历史背景，激发学生的学习兴趣，培养民族自豪感。

二、探究三阶幻方

1. 三阶幻方有哪些规律？

【设计意图】让学生从各个角度去观察三阶幻方的特点，培养学生解决问题之前先观察问题的习惯，引导学生寻找规律，为制作三阶幻方打好基础。

2. 每一横行、每一竖行、每一斜对角上的 3 个数之和都等于 15，这是三阶幻方的显著特征。如果把和相等的每一组数分别连线，会构成一个怎样的图形？得到的图形有什么特点？

【设计意图】明确三阶幻方的定义。

3. 你能否改变三阶幻方中数字的位置，使它们仍然满足你发现的那些相等关系？

【设计意图】一是引导学生认识到三阶幻方的填法不止一种，而是共有八种情况，这八种情况之间有着紧密的内在联系；二是让学生在探索中发现核心数字只能是 5。

4. 在你构造的三阶幻方中，最核心的位置上是什么数？你能说明理由吗？

【设计意图】意在引导学生说出核心数字是 5 的道理，可以用字母表示这 9 个数，列出关于中心数的四个等式，通过变形求得结果为 5。

5. 你能总结出填写规律吗？

【设计意图】引导学生对三阶幻方进行深入的观察分析，体会其中蕴含的图形方面的变换，帮助学生初步认识最古老的三阶幻方，引发其思索和质疑。

三、制作三阶幻方

1. 上面是用 1～9 这 9 个数字组成的三阶幻方，那么用其他 9 个数字能组成三阶幻方吗？

(1) 将 2，3，4，5，6，7，8，9，10 填入 3×3 的方格中，可以使得每行、每列和斜对角的 3 个数之和相等吗？如果可以，该怎样填写呢？方法是唯一的吗？

(2) −2，−1，0，1，2，3，4，5，6 呢？

【设计意图】激发学生思考这 9 个数与以前的 9 个数有什么关系，从而进一步探索三阶幻方的内在规律。

(3) 小组合作：请每个小组再改变数字，构造几个三阶幻方。

2. 在原来三阶幻方中的每个数上分别增加任意一个相同的数，还能构成一个三阶幻方吗？说说你的理由。

3. 如果每个数同时扩大相同的倍数呢？

4. 如果先扩大相同的倍数，再同时增加另一个数呢？

四、反思与小结

思考 1：你认为怎样的 9 个数可以满足三阶幻方的要求？应怎样把这 9 个数填入三阶幻方中？说说你的理由。

思考 2：存在二阶幻方吗？为什么？

【设计意图】 通过思考题引导学生思考，使他们拓展思路，开阔视野。

五、布置作业

1. 自行选取一组数，构造一个三阶幻方，使得每一行、每一列和对角线上的 3 个数之和都等于 60。

2. 课堂上给出的数，从小到大排列，都是等距的。请思考：不“等距”的 9 个数能否构成三阶幻方呢？

3. 你能制作一个四阶幻方吗？如果能，请填写；如果不能，请说明理由。

教学反思

这是一节令人难忘的综合实践课，以前我在教授这种课的时候，分寸把握得不是很好，要么过于突出实践活动，课堂上学生很活跃，但是教学内容的数学味不够浓厚；要么就是过于突出了理论知识，没有达到让学生动手、动脑的目的。此次教学的一大目标是实现以上两个方面的和谐统一。从教学设计来看，这节课有突出的亮点，但也存在着一些问题。

本节课较好地达成了教学目标，特别是在方法培养和情感态度的培养方面比较突出，遗憾的是，课堂小结和反思环节比较仓促，特别是关于二阶幻方存在的可能性的思考没有展开，这反映出前半部分教学时间安排不够合理的问题，其症结在于问题设计提炼不够，细节设计不够严谨。“课堂提问的有效性”正好是我的研究课题，借助这个平台，我会在这方面进行充分的实践，提高学生提问的水平和有效性。

我认为，热爱数学，研究数学，运用数学的眼光来看世界才是学习数学的最高境界。我将自己的教育教学理念深深地融入了课堂，如在课前的情境预设上下足了功夫，引发了学生强烈的好奇心和学习热情，课堂气氛热烈，学生积极参与讨论，并勇敢地上讲台进行板演。

另外，在平时的教学中，我非常注重对学生发散性思维的培养，在观察三阶幻方的规律时，我让学生充分发言，学生从各个角度去观察三阶幻方，自己也归纳出了不少内在规律。

这次教研活动带给我最大的收获是，让我进一步明确了综合实践课的教学目标，在专家的引领下探索出一种具有数学特色的实践课的教学模式，领悟到综合实践课不但要使学生会运用数学方法思考问题和解决问题，还应让学生懂得互相沟通和协作。感谢这次特殊的教学经历！

个人简介

董婉君，西安交通大学附属中学数学教师，曾荣获“陕西省优秀教师”“陕西省教学能手”等称号。

专家点评

本堂课旨在引导学生探索和发现三阶幻方的内在规律，课堂气氛轻松、和谐、民主，学生通过发现、猜想、判断、质疑、探讨等活动，不但学到了关于三阶幻方的知识，掌握了幻方构造的基本规律，更重要的是，他们通过对幻方的探索，学会了观察、猜想、归纳等解决问题的基本方法，明确了合作学习是解决问题的有效途径之一，师生在这一过程中获得了共同成长。

这节课分为创设情境、设问质疑、探究尝试、反思归纳、拓展创新等环节，每个问题的预设都落在学生认知的节点上，恰到好处。教师先运用多媒体展示乌龟背上的神奇图案，让学生产生兴趣，再通过对龟背图案的观察和分析，抽象出了三阶幻方，并在其中填上了阿拉伯数字，这样就将问题由图形的直观呈现转化成了表格呈现，通过对这 9 个数字从不同角度的分析和研究，引出三阶幻方的概念，进而研究它存在的唯一性和多样性，使问题进一步深入。整节课节奏把握得当，语言细致入微、亲切自然，引导设问恰如其分，教师的聪明才智得到了很好的发挥，教学效果非常显著。

教学建议：一是教师在教学过程中可以进一步挖掘教材的内涵，在考虑大多数学生能力发展的基础上，关注对优秀学生的能力提升，培养出更多的数学方面的人才，二是继续不断地学习和交流、兼收并蓄，让自己的教学风格逐渐凸显出来，在教育教学上做出更大的贡献。

陕西省教育科学研究所　马亚军

“探寻神奇的幻方”教学设计

西安市长庆第八中学　游海燕

教材分析

“探寻神奇的幻方”是北师大版数学七年级上册中的教学内容，共分为两个课时，本节课为第一课时。本节课以探寻三阶幻方的本质特征为载体，帮助学生感受图形的对称性，提高学生用字母表示数的技能和探索规律的能力，培养学生言之有据的习惯，发展学生正确使用数学语言进行表达和交流的能力，同时要让学生在探索的过程中从多角度尝试，以良好的情感态度主动参与合作交流，积累丰富的数学活动经验。

学情分析

认知基础：学生此前已完成了“有理数及其运算”与“整式及其加减”的学习，部分学生对三阶幻方有了初步的感性认识。学生的认知基础决定了本节课主要立足于丰富学生的数学活动经验，帮助学生在问题串的引导下综合运用知识解决问题，对解决问题的方法和经验进行反思，感受以自主探究为特色的学习方式。

活动经验基础：“探寻神奇的幻方”是学生在初中阶段接触的第一个综合与实践内容。学生在日常生活及前面的学习中，通过观察、猜想、归纳、类比等活动，获得了初步的数学活动经验和体验，培养了良好的情感态度，具备了一定的主动参与、合作意识和初步的观察、分析、概括的能力。

资源利用

教具：多媒体课件、三角板或直尺、关于幻方的古老传说的资料和我国古代流传最早的夏禹时代的“洛书”图案。

学具：通过互联网等方式查阅到的有关幻方的资料、3×3 方格纸、铅笔、橡皮、三角板。

教学目标

1. 探索三阶幻方的基本规律。

2. 经历观察、猜想、归纳、类比等活动，初步积累构造三阶幻方的经验；在对幻方规律的发现、幻方之间关系的探索过程中，获得一些发现问题、研究问题的经验，提高解决问题的能力。

3. 借助幻方的史料，感受中国文化的博大精深，激发学生学习数学的兴趣和学好数学的信心；引导学生初步感受数学的美，进一步体验自主探究和合作交流的学习方式。

教学重难点

重点：探索三阶幻方中最核心位置的数字该如何填。

难点：构造符合条件的三阶幻方。

教学过程

一、创设情境，结识三阶幻方

传说夏禹治水时，在黄河支流洛水中浮现出一只大乌龟，它的背上有一个很奇怪的图案，古人认为这是一种祥瑞，预示着洪水将被夏禹彻底制服。后人称这个图案为“洛书”，即现在的三阶幻方。

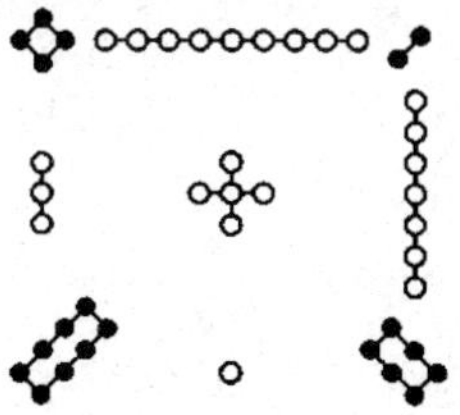

洛书

4	9	2
3	5	7
8	1	6

三阶幻方

【设计意图】 通过有关幻方的奇闻趣事，增强学生的民族自豪感，激发学生对幻方的研究兴趣，引入课题。

二、合作交流，探索新知

1. 研究三阶幻方。

教师要求学生仔细观察多媒体课件上的洛书和三阶幻方，提问：

(1) 你发现了什么？

(2) 如果把和相等的每一组数分别连线，这些线段会构成一个怎样的图形？得到的图形有什么特点？

(3) 你能否改变上述幻方中数字的位置，使它们仍然满足你发现的那些相等关系？

【设计意图】借助于对“洛书”的深入观察和分析，体会其中蕴含的图形上的变换，帮助学生初步认识最古老的三阶幻方，引发思索和质疑，为进一步的探究埋下伏笔。

(4) 教师让学生自己构造三阶幻方，提问：

① 最核心位置是哪里？有没有“成对”的数？

② 为什么 5 必须放在正中间位置？你能说说理由吗？

③ 为什么 4 个角上的数都是偶数，其余都是奇数？这是一般规律吗？你能说说理由吗？

④ 每行、每列、每条对角线上的 3 个数之和是多少？如果设中间的数是 x，你能得到哪些关于 x 的式子？

【设计意图】对于这些问题，不同能力层次的学生可能有不同层次水平的答案。帮助学生借助用字母表示数、探索规律的活动把对三阶幻方的感性认识过渡到理性经验的层面。

(5) 你还有什么新的发现和疑问？

【设计意图】旨在培养学生的问题意识，使学生学会思考和提问。

预设效果：

对于问题 (1) 和 (2)，学生很容易发现三阶幻方中每行、每列及每条对角线上的 3 个数之和是 15；和相等的每一组连线构成的图形均衡对称。

对于问题 (3)，将数字同时进行下列位置变化，它们仍将满足发现的那些相等关系：4 和 6 互换，9 和 1 互换，2 和 8 互换，7 和 3 互换。这一变化相当于将原先的幻方绕中心旋转和翻转。三阶幻方共有下列 8 种情况：

4	9	2
3	5	7
8	1	6

8	3	4
1	5	9
6	7	2

6	1	8
7	5	3
2	9	4

2	7	6
9	5	1
4	3	8

4	3	8
9	5	1
2	7	6

2	9	4
7	5	3
6	1	8

6	7	2
1	5	9
8	3	4

8	1	6
3	5	7
4	9	2

在三阶幻方中，最核心位置是正中间那一格，有4对“成对”的数：4和6，9和1，2和8，7和3。我们把每一对和为10的数叫作一对“互补数”。

对于“5为何必须放在正中间位置?”这个问题，有的学生可能会借助小学学过的简易方程给出解释：由于每列、每条对角线上的3个数之和都是15，所以两条对角线的和与第二列的和相加得45，其中x出现3次，第一、三行的数均各出现1次，所以，$3x+2\times15=3\times15$，$x=5$。

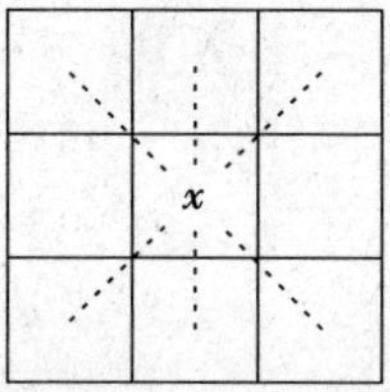

对于“为什么4个角上的数都是偶数，其余都是奇数?”这个问题，有的学生可能借助所填数字的奇偶性做出解释：因为奇数＋奇数＝偶数，奇数＋偶数＝奇数，偶数＋偶数＝偶数，如果5不在中间位置将无法满足题意。进一步来说，当把5填入中间格时，如果4个角上填奇数，则其他4格填偶数，我们可以看到第一行、第三行、第一列、第三列的和都得偶数，而根据题目所求，3个数之和为15，15是奇数，所以与题意不符。如果4个角上填1对奇数1对偶数，则剩下的4个格中也应该为1对奇数1对偶数，此时第一行、第三行的和都为偶数，同样与题意不符。如果4个角上都填偶数，剩下的4个格填奇数则符合题意。

奇数	偶数	奇数
偶数	5	偶数
奇数	偶数	奇数

奇数	奇数	偶数
偶数	5	偶数
偶数	奇数	奇数

偶数	奇数	偶数
奇数	5	奇数
偶数	奇数	偶数

2. 构造三阶幻方。

活动内容：

(1) 试将2，3，4，5，6，7，8，9，10填入3×3的方格中，使得每行、每列、每条对角线上的3个数之和相等。

(2) 试将−2，−1，0，1，2，3，4，5，6填入3×3的方格中，使得每行、每列、每条对角线上的3个数之和相等。

思考：

(1) 这两道题中的9个数与三阶幻方中的9个数有什么关系？

(2) 三阶幻方中的每个数分别增加任意一个相同的数，还能构成一个三阶幻方吗？说说你的理由。如果每个数同时扩大相同的倍数呢？如果先扩大相同的倍数，再同时增加另一个数呢？

【设计意图】 设置多角度的问题，对三阶幻方进行拓展变式，帮助学生在实践中形成对三阶幻方的感性认识，不断感悟和发现，从而增长知识。

(3) 将1，3，5，7，9，11，13，15，17填入3×3的方格中，使得每行、每列、每条对角线上的3个数之和都相等。

【设计意图】 帮助学生认识不连续的9个数如何构成三阶幻方，进一步积累构造三阶幻方的经验，从而突破本节课教学的难点。

三、巩固提高，熟练技能

活动内容：你能列举出9个数，构造一个三阶幻方吗？

【设计意图】 实践演练，巩固新知，同时培养学生利用所学知识解决问题的能力。

四、积累与总结

活动内容：

问题1：三阶幻方有什么性质？

问题2：你认为怎样的9个数可以满足三阶幻方的要求？应怎样把这9个数填入三阶幻方？说说你的理由。

问题3：你还有什么新的猜想？

【设计意图】 以课堂提问的方式对本节课进行小结，结合学生的回答，教师重申本节课教学的重点及难点。

五、布置作业

1. 自行选取一组数构造一个三阶幻方，使得每行、每列和每条对角线上的3个数之和都等于60。

2. 用25个数构造一个五阶幻方。

3. 本课时给出的数，按从小到大排列，都是等距的。不“等距”的9个数能否构成三阶幻方？

【设计意图】 第1题旨在引导学生巩固本节课所学知识，第2、3题是为下节课的教学做准备。

板书设计

探寻神奇的幻方

一、认识三阶幻方

4	9	2
3	5	7
8	1	6

特点：三阶幻方每行、每列以及每条对角线上的3个数之和都相等。

二、构造三阶幻方

教学反思

本节课以三阶幻方为载体，帮助学生借助用字母表示数来探索规律，把对三阶幻方的感性认识过渡到理性经验的层面，使学生能感知并解释几种简单的三阶幻方的数学模型，能对相应的探究方法进行反思，达成教学目标。

课堂上，教师给学生提供了充足的探索数量关系并符号化的时间，鼓励学生在探索的过程中多角度尝试，多思考，多讨论，而不是教师包办代替。本节课始终以问题的提出和问题的解决为主线，采用自主探究、合作交流的研讨式学习方式，使学生由浅入深、由易到难、循序渐进地探索规律，掌握新知。

本节课的亮点是，根据学生探索三阶幻方得到的结论，引入了“互补数”的概念。如果正中间核心位置处填没有互补数的那个数，进而多角度尝试每对“互补数”的位置，就可得到三阶幻方。这样创造性地挖掘教材，为学生能自主构造三阶幻方奠定了一定的方法和经验基础，从而突破了本节课教学的难点。找到4对“互补数”是构造三阶幻方的关键。

由于有的学生的知识水平较低，他们在课堂上能得到4对“互补数”，但不会放置每对“互补数”的位置；有的学生发现不了变式练习中的9个数与洛书中的9个数之间的关联；有的学生的探索止于对数量关系的感知，做不到把所进行的探索符号化。面对学生的这些困难，教师既不能简单地直接告诉，又不能放手不管，一定要依据学生的学习水平加以引导，如可以将问题表达得清晰些，节奏放慢些，让学生能够在探索的过程中，感受发现的快乐，学习解决问题的方法。我在这方面还需要改进。

个人简介

游海燕，陕西省西安市长庆第八中学教师，陕西省石油普通教育管理移交中心骨干教师、学科带头人。曾获“陕西省石油普通教育管理移交中心优秀教师”“未央区优秀班主任”“陕西省教学能手”等称号。

专家点评

这堂课在目标的确定上准确到位，教师将认识幻方和探索幻方规律设计为这节课的核心目标，同时将获取知识和解决问题过程中所运用的观察、猜想、归纳、类比等方法作为教学目标，有利于学生在学习过程中获得学习经验及处理问题的方式方法；将关于“洛书”的数学史料中蕴含的文化内涵细化为情感与态度目标，更显现出教师对教材及课程的深入理解。

教学过程中，通过情境设计且有规律地运用连接的空心点和实心点来表示不同位置上的图案，神奇美观，让人遐想，使学生想要弄清究竟。学生经过认真观察、分析、抽象，概括出了三阶幻方的一些规律，在此基础上，教师让学生进一步探索符合条件的其他的三阶幻方的数字分布规律，使学生学习的自主性和探究性、合作性得到了极大的发挥和发展。学生在此过程中经历了认识、感悟、成长的心智发展过程，游老师抓住这一契机，趁热打铁，替换要填的9个数字，引导学生尝试构造三阶幻方，激发学生进一步弄清楚三阶幻方的基本规律，弄明白什么样的9个数字才能构成三阶幻方，至此，这节课的教学目标就基本实现了。教学中，教师熟练运用多媒体教学设备进行有序和科学的引导，让学生在认识三阶幻方的过程中，不但掌握了三阶幻方的相关知识，也学会了如何分析问题和解决问题，认识事物的水平也得到了提升。

我的教学建议有这样一些。一是希望游老师能够在今后的设计和教学中更加细致，如可引导学生探究是否是任意9个数都可以构成一个三阶幻方，这样就彻底地解决了学生仍无法理解的问题。二是希望游老师在教学过程中放开手脚，让学生多思考、多合作、多解决问题。

陕西省教育科学研究所　马熙莹

“探寻神奇的幻方”教学设计

宝鸡市第一中学　费红刚

教材分析

本节课是北师大版数学七年级上册教材中“探寻神奇的幻方”的第一课时。这是北师大版数学教材首次引入幻方知识，也是学生初中阶段接触到的第一次综合与实践活动内容。数学新课标中要求学生以探寻三阶幻方的本质特征为中心，体验综合运用数学知识解决问题的过程，培养学生运用数学知识解决问题的能力，让学生感受数学之美。本节课是应用代数和几何知识解决问题的一节综合课，也是体现数形结合思想的一节课，在本册书中有着举足轻重的地位。

学情分析

学生此前已完成“有理数及其运算”与“整式及其加减”的学习，部分学生已经会用1～9填三阶幻方，在方法上有了初步的感性认识。学生的认知条件决定了这节课应立足于丰富学生的数学活动经验，让学生应用已学知识解决实际问题，并在此过程中感悟数学思想。然而，学生目前面临的最主要的问题是，从哪里入手以及从哪些角度学习三阶幻方的相关知识。这决定了这节课需要以自主探究和小组交流为主要的学习方式，需要以课本问题串引导学生思考，以探寻幻方的实质为重点。

学生首先要做的是在问题串的引导下综合运用已学知识，逐一解决问题，学习方法，积累经验。其次是利用充足的探究时间，通过各种途径，从多个角度进行尝试，自主地去探究三阶幻方的本质特征。

根据以上分析，本节课的教法和学法如下。

教法：情境体验法、引导发现法。具体地说，教师首先应通过神话故事引入三阶幻方，让学生感受三阶幻方的对称美，然后设计一系列开放性的问题串引导学生独立思考、大胆质疑、交流合作，使学生借助有理数的相关运算及代数式、轴对称和旋转等知识，揭示简单的三阶幻方的本质特征，最后让学生应用这些本质特征，尝试构造满足要求的三阶幻方，初步获取构造三阶幻方的经验。

学法：小组讨论、自主探究、合作交流。

资源利用

充分利用教材中的基本教学资源，设计了“连一连”“看一看”“想一想”“议一议”等丰富的活动，使学生能运用不同的方式学习数学。采用了学生投影展示、白板操作与多媒体课件演示三种辅助性教学方式，增加学生感性思维与理性思维的结合度，增大课堂容量。

教学目标

1. 通过综合运用有理数混合运算、用字母表示数及其运算等知识，探索三阶幻方的本质特征。

2. 经历观察、猜想、归纳、类比等活动，初步积累构造三阶幻方的经验。

3. 通过自主探究、合作交流的学习方式，充分感悟数学思想、体验数学之美。

教学重难点

重点：探索三阶幻方的本质特征。

难点：构造符合要求的三阶幻方。

教学过程

一、巧设情境，引入新课

师：大家都知道语文中有许多古诗，其实，数学中也有许多美妙的古诗，今天老师就给大家带来一首数学中的古诗。

（出示投影）

四海三山八仙洞，九龙王子一枝莲。

二七六郎赏月半，周围十五月团圆。

学生先随着教师默读这首诗，再齐声读这首诗。

师：为了理解这首诗的意思，我们先看看这首诗的来历吧。相传三千多年前大禹治水的时候，有一只神龟出自洛水，龟背上刻有神奇的图案。（出示投影：龟背图）

师：这个图案很特别，被称为“洛书”，如果仔细观察可以发现，图中将黑白圈用线连接了起来。你能分别说出它们有几个黑白圈吗？

学生单独回答。

师：仔细观察，图案还有什么特点？

生：白色的图是单数的，黑色的图是双数的。

师：如果把这幅图抽象成数学表格，它实际上是一个三阶幻方。（出示投影：三阶幻方）由于“洛书”是由 9 个数字组成的，故称为“九宫”。我国的少数民族如藏族和纳西族都流传着九宫图，这首诗就是古人赞美九宫图的。九宫图还有很多好听的名字，如宋朝数学家杨辉曾给它起名“纵横图”，后来它传到外国，有人称它为“幻方”，意思是变幻莫测的方块。外国人研究幻方比我们的祖先晚了两千多年。今天我们就来探寻一下神奇的幻方。（板书课题）

【设计意图】用一首古诗引入新课，可以激发学生强烈的求知欲；介绍神话故事和幻方的历史，使学生对幻方的相关知识有简单的了解，不仅有利于学生在课余时间对幻方进行深入探究，还能培养学生的民族自豪感；观察“洛书”，意在让学生经历由形到数、由具体到抽象的过程。

二、明确任务，小组探究

师：请同学们仔细观察幻方，然后回答问题。

在如图的三阶幻方中：

（1）你能发现哪些相等的关系？每行、每列、每条对角线上的 3 个数之和分别是多少？

教师顺势给出三阶幻方的概念：每一行、每一列及每一条对角线上的数字的和都相等。

（2）如果把和相等的每一组数分别连线，这些线段会构成一个怎样的图形？得到的图形有什么特点？

（3）你能否改变幻方中数字的位置，使它们仍然满足你刚才发现的那些相等关系？你有几种不同的填法？

（4）在你构造的幻方中，最核心的位置是哪里？有没有“成对”的数？

（5）你还有什么新的发现？

活动预设：对于（1）和（2）两个问题，学生可以经过独立思考得到答案；对于问题（3），可以先让学生个别回答，如果学生回答不全，可以调动学习小组集体的力量来获取更多的答案，为发现第（4）题的规律做准备；第（5）题也要求学生通过小组讨论，发现新规律。

【设计意图】让学生根据教师布置的学习任务，通过独立思考、小组讨论、合作探究等形式，基本掌握三阶幻方的特点和构造三阶幻方的方法，为下一步探究埋下伏笔。

三、展示交流，适时点拨

师：请学习小组的代表到黑板上展示第3题的思考结果，哪一个小组的同学愿意来试试？

生：我是把4和6互换，9和1互换，2和8互换，3和7互换构造的。

生：我是以“5”为旋转中心顺时针或逆时针旋转90度得到的。

师：你说得非常好！你能在黑板上画出来吗？

一位学生到黑板上画幻方，其他学生观察、思考、计算幻方是否符合条件。

归纳：以“5”为旋转中心，可以得到4种不同的填法。

生：可以这样画图，“5”在中间，4个角上的数是偶数，其他位置上的数是奇数。

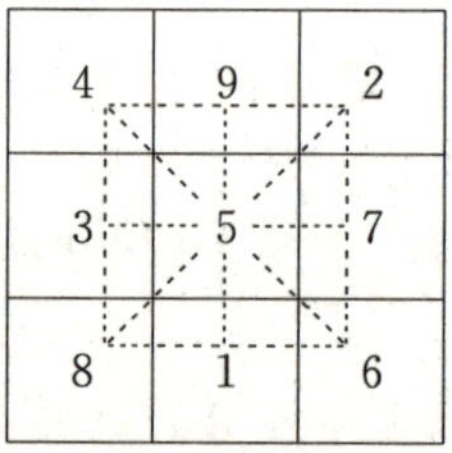

师：为什么4个角上的数必须是偶数呢？能不能为奇数？为什么？

学生回答。

师：仔细观察这些不同填法的幻方，你发现了什么？

生：相当于外边的数绕“5”转圈圈。

师：很好，哪个小组的同学说一说第4题的答案呀？

生：最核心的位置是正中间的那一个，有4对成对的数出现：4和6，3和7，2和8，1和9。

师：4和6，3和7，2和8，1和9成对的原因是什么？

生：和为10。

师："和为 10"是从"量"的角度来说的。谁能从"形"的角度来说呢？

生：轴对称。

师：非常棒！那么从轴对称的角度来分析，还有几种填法？

学生共同交流。

师：为什么"5"要在正中间的位置呢？

（因为大部分学生没有认真思考过这个问题，所以教师要引导学生从"数"和"形"两个方面思考。）

方法一：

观察"米"字格，"5"所在的位置是"米"字格的"关键"位置，通过的线重复次数达 4 次。4 个角上的数有 3 条线经过，重要性位居其次。

方法二：

观察 3 个数的和等于 15 的算式有哪些。

$2+5+8=15$　　$3+5+7=15$　　$4+5+6=15$　　$1+5+9=15$

$1+6+8=15$　　$2+6+7=15$　　$2+4+9=15$　　$3+4+8=15$

这些算式中，"5"在 4 个算式中出现，它出现的次数最多，而中间位置的数字与 4 条线段关联，因此最中间的数字必定是"5"。

方法三：

可以用字母表示数来解决这个问题，设这些数分别是 a、b、c、d、e、f、g、h、i。

a	b	c
d	e	f
g	h	i

因为每行、每列、每条对角线上 3 个数的和都等于 15，所以可以写出算式：

$a+b+c=15$　　$d+e+f=15$　　$g+h+i=15$　　$a+d+g=15$

$b+e+h=15$　　$c+f+i=15$　　$a+e+i=15$　　$c+e+g=15$

师：我们最关心的数是中间位置上的"e"，可以把含有"e"的算式找出来，然后相加。

$d+e+f=15$，$b+e+h=15$，$a+e+i=15$，$c+e+g=15$

四式相加得：$d+e+f+b+e+h+a+e+i+c+e+g=15+15+15+15$

即：$(a+b+c+d+e+f+g+h+i)+3e=60$

$$3e=60-45$$

$$e=5$$

因此，最中间位置的数是5。

说明：教师可以根据学生的情况适当地点拨和板演推理。

师：最中间的位置很重要，所以诗中称之为“王子”位。现在你能解释刚开始上课时出示的那首诗的意思了吗？

学生解释古诗的意思。

师：你还有什么新的发现？

教师让学生大胆发言，自己则根据教学情况加以引导。当学生没有新的发现时，教师可以引导学生将每行、每列上的3个数看成一个三位数来引出新的发现。比如，492＋357＋816＝294＋753＋618，951＋159＝357＋753＝456＋654＝258＋852。

【设计意图】让学生体验综合利用数学知识（有理数的运算和用字母表示数）分析、抽象出幻方的特征的过程，感受数学知识的内在联系，体现从感性认识到理性推理的思维过程，进一步加深学生对三阶幻方本质特征的理解和掌握，适时归纳出三阶幻方的本质特征。

四、构造幻方，方法共享

活动一：三阶幻方的构造

（1）试将2，3，4，5，6，7，8，9，10填入3×3的方格中，使之成为三阶幻方。

（2）试将−2，−1，0，1，2，3，4，5，6填入3×3的方格中，使之成为三阶幻方。

（3）将2，4，6，8，10，12，14，16，18填入3×3的方格中，使之成为三阶幻方。

【设计意图】让学生构造三阶幻方是为了让学生通过实践来掌握规律，教学中应鼓励学生又快又对地完成。

活动二：交流构造三阶幻方的方法

教师投影出学生完成的作业，以及“想一想”中的内容，然后让学生共同交流构造三阶幻方的方法。

想一想：

（1）你是怎样解决上述问题的？

（2）你认为填入怎样的9个数可以满足三阶幻方？应怎样把9个数填入三阶幻方？说说你的理由。

（3）你还有什么新的猜想？

生：第（1）题中，先在方格中心填入“6”，再填4个角的数字“3”“5”“7”“9”，然后根据“方格中几个数的和为18”调整其他4个数字的位置。

生：第（2）题中，最中间的位置应填入2，其余的8个数分成4组：－2和6，－1和5，0和4，1和3。第1组数和第3组数应该填在中间，其余两组数填在4个对角。

生：连线的9个数可以满足三阶幻方，等差数列的9个数可以满足三阶幻方。

对于这两个问题，教师要鼓励学生大胆发言，让更多的学生参与讨论和交流，以便共享方法、推广经验。填数时，最简单的办法是把新的数列按由小到大的顺序，在3×3的方格中的对应位置填写。

【设计意图】 让学生分享自己构造三阶幻方的方法，培养学生良好的学习习惯，同时应注意对其进行数学思想方法的渗透。

活动三：构造方法介绍

师：同学们，我国宋代数学家杨辉是世界上第一个对幻方进行详细研究的学者，他总结出了幻方的构造方法。（出示投影）

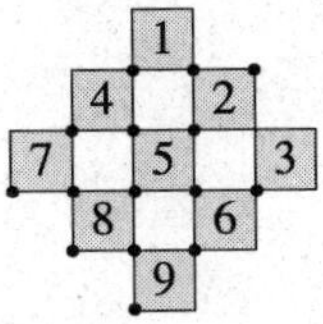

九子斜排

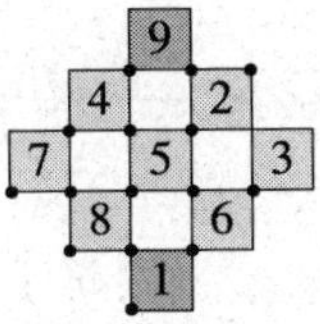

上下对易

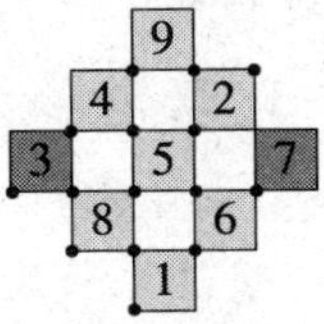

左右相更

四维挺出

学生自学方法，教师简单做解释。

师：法国数学家梅齐利亚克创造了一种构造奇数幻方的方法——阶梯法。口诀为“画格辅助，九子斜排，送子回家，清除辅助”。（出示投影）即先画出辅助格，再斜着顺次填入1，2，3，4，5，6，7，8，9。也可以变换数字的位置，把“1”填在“5”的下面，把“9”填在“5”的上面，把“3”填在“5”的左面，把“7”填在“5”的右面。

【设计意图】介绍这两种方法，不是增加学生的负担，而是为了激发学生研究幻方的兴趣，加深学生对构造幻方方法的理解，此环节中教师不可用时过多，只供学有余力的学生了解即可。

五、总结概括，整理知识

1. 本节课主要学习了什么知识？你有哪些收获？

学生回顾本课所学知识：

(1) 幻方的特点。

(2) 构造幻方的方法。

2. 这节课给你带来什么启发？你觉得今后还应怎样努力？

学生谈谈本节课学会了哪些方面，还有哪些不足之处，今后如何改正这些错误。

【设计意图】让学生梳理所学知识点，培养学生的归纳概括能力和语言表达能力。反思自己的学习过程，有利于学生明确自己今后努力的方向，同时也有助于对学生良好学习习惯的培养。

六、布置作业

1. (必做题) 自行选取一组数字构造一个三阶幻方，使得每行、每列、每条对角线上的 3 个数之和都等于 60。

2. (选做题) 用 1～16 这 16 个数字构造一个四阶幻方。

【设计意图】分层次设置作业，为学生搭建不同高度的学习平台，满足不同层次学生学习数学的需要，鼓励学有余力的学生在课外进行自主探究。

板书设计

探寻神奇的幻方

一、幻方的概念　　二、幻方的特点　　三、幻方的构造

教学反思

上完这节课，我感觉有得有失，现总结整理如下。

首先，教学目标全部实现。其次，教学理念和教学设计基本得到了落实。比如，我在课堂上让学生把和相等的每一组数分别连线，通过观察归纳，得出构成的图形为“米字格”。之后，我追问“米字格”有什么特点，并带领学生寻找答案，最后得出：“米”字格既是中心对称图形，也是轴对称图形。这个过程体现了“数形结合”的思想，也为探索不同填法做好了铺

垫。这得益于我创造性地使用了教材并且对教材内容进行了挖掘。课堂上，我恰当地利用多媒体和前后两个黑板进行有效的展示，把预设的内容在多媒体中进行演示，把学生补充的和课堂即兴生成的在黑板上进行展示，体现了教学设计和课堂实施的完美结合。

遗憾的是，一上完课，我就感觉到自己的教学思路被学生牵着走了，没有很好地发挥教师的主导作用。教师在教学时应该以问题的解决为主线，把学生的思路引导到所问的问题上来，即使学生回答时偏题了，也应该通过重复和纠正来引起其他学生更有针对性的回答。比如，我提问“你构造的幻方中，最核心的位置是哪里?”“为什么是5?”时，学生有了一些自己的分析，说出了“这组数的平均数是5”“这组数的中间位置的数是5”等，但我没有从“设中间数为 x—列方程—解出中间数是5”这个角度板书出推导过程，给学生以理性的证明，而只是停留在感性认识的层面上，缺乏理性的推理和计算。

针对这个问题，我在认真反思后认为，以后上课时应在学生学习过程中，引导学生从感性认识上升到理性层面，这才是数学教学的关键!

总之，经过了自己精心的准备和专家悉心的指导，我对综合与实践课有了全新的认识，主要是知识结构更清晰了，讲课方法更加符合学生的实际情况了，对课本中的问题认识得更深刻了，从知识的理解和掌握到思想方法的渗透和应用都有了透彻的领悟。教师在备课时，不但要站在教情和学情的角度来备课，而且还要站在知识和方法的高度来看待这一节课。我至今还记得教学专家马亚军老师对我说的话“你要通过教学让学生感到自己很聪明”“在课堂要让学生成长”。这些话将鼓励我以后上好每一节课!

个人简介

费红刚，陕西省宝鸡市第一中学数学教师，曾获“陕西省教学能手”“宝鸡市教学能手”等称号。

专家点评

“探索神奇的幻方”的设计及教学，从不同角度对幻方进行了研究，教学定位比较准确，可见执教者对课程内容及学情都有了一定的认识，也经过了认真的准备及策划。这节课基本达到了预期的效果，产生了良好的反响。

在本节课的教学过程中，教师关注了课程内容与学生学习间的关系，在挖掘教材内容的同时，将神奇的幻方所产生的数学魅力及数形结合的美浸润了学生的心田。幻方作为探究活动的载体，蕴含着丰富的文化内涵，要解决幻方问题，学生需要综合运用代数知识和几何知识，经历观察、分析、猜测、推理等过程。学生要弄明白为什么方格中心位置的数必须是中间数，而且 9 个数中除中间数外，其他数字的位置还可以有不同的变化，其位置具有一定的对称性，实属不易。但正是这来源的神秘、思辨过程的复杂、结论的开放赋予了幻方神奇的魅力，激发学生带着强烈的求知欲进行探究实践活动。在解决问题的过程中，学生的才干得以增长，学生与学生、教师与学生间的友谊不断增进，学生的学习积极性及创造力得以充分发挥。

教学建议：一是要更新教学观念，将课程与教学的关系处理好，树立课程为教学服务的观念，不断挖掘和优化课程的育人功能，让学习与评价和谐统一；二是情感与态度目标要明晰准确，忌笼统化；三是注意在探索幻方的不同填法时，放开束缚，让学生大胆尝试和发现，促进学生思维的发展；四是在教学中，一定要充分体现学生的主体作用和教师的主导作用，这样的教学效果会更好。

陕西省教育科学研究所　马亚军

“探寻神奇的幻方”教学设计

宝鸡市长岭中学　车芳文

教材分析

“探寻神奇的幻方”是北师大版数学七年级上册综合与实践中的内容。根据数学新课标的要求，通过本节课的教学，应让学生能够结合实际情境，经历设计解决具体问题的方案的过程；要求学生参与活动的全过程，学会反思，并能进行交流，进一步获得数学活动经验；能通过对有关知识的探讨，了解所学知识之间的关联，发展应用意识和能力。因此，本节课的设计以“有理数及其运算”与“整式及其加减”的知识为基础，以探寻三阶幻方的本质特征为载体，帮助学生进一步提高用字母表示数的技能和探索规律的能力，体验数形结合的思想，感受图形的对称性。教学时，教师要为学生提供充足的探索数量关系并使其符号化的时间，培养学生言之有据的习惯，发展学生正确使用数学语言进行表达和交流的能力，同时要鼓励学生在探索的过程中进行多角度尝试，不要以教师的讲解代替学生的思考、讨论。

学情分析

“探寻神奇的幻方”是学生初中阶段接触的第一次综合与实践课，学生此前已完成了“有理数及其运算”与“整式及其加减”的学习，部分学生对三阶幻方有了初步的感性认识。学生的认知条件决定了本节课应立足于丰富学生的数学活动经验，帮助学生在问题串的引导下综合运用所学知识解决问题，并对解决问题的方法和经验进行反思和总结。在学习过程中，学生将用到一种全新的以自主探究为主的学习方式。

资源利用

1. 教学环境的准备：学生课前通过查阅资料、上网学习等方式，对三阶幻方及其构造有了初步的了解；在教学过程中，教师努力营造平等和谐的教学气氛。

2. 教学用具的准备：教科书和幻灯片、投影仪等多媒体设备。

教学目标

1. 综合运用有理数混合运算、用字母表示数及其运算等方面的知识，探索三阶幻方的本质特征。

2. 经历观察、猜想、归纳、类比等活动，初步积累构造三阶幻方的经验。

3. 通过对蕴含在具体事物中的规律性结论进行分析和解释，初步获得“由特殊到一般”的探究问题的方法和经验。

4. 进一步体验合作交流、自主探究的学习方式。

教学重难点

重点：探索三阶幻方的基本规律及本质特征。

难点：探讨“在一个三阶幻方中，为什么5在中间位置?”这一问题。

教学过程

一、巧设情境，引入新课

师：在语文课上我们学过很多古诗，其实，在数学中也有许多美妙的古

诗，今天老师就给大家带来一首，请看——（出示投影）

四海三山八仙洞，九龙王子一枝莲。

二七六郎赏月半，周围十五月团圆。

师：同学们想知道这首诗的来历吗？据说夏禹治水时，在黄河支流洛水中浮现出一只大乌龟，龟背上有一个很奇怪的图案，古人认为这是一种祥瑞，预示着洪水将被夏禹彻底治服。后人称这个图案为“洛书”，即现在的三阶幻方。大数学家欧拉、著名物理学家富兰克林都对幻方很感兴趣。但是外国人研究幻方比我们的祖先晚了两千多年。今天，我们就带着这份自豪感，一起来探寻神奇的幻方。

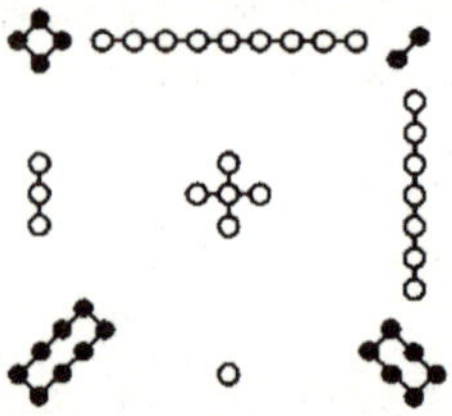

洛书

4	9	2
3	5	7
8	1	6

三阶幻方

【设计意图】用古诗引入新课，可以激发学生的学习兴趣；介绍神话故事和幻方研究的历史，能加深学生对幻方的了解，培养学生的民族自豪感。

二、明确任务，小组探究

师：请大家仔细观察三阶幻方，先独立思考以下问题，然后小组讨论，每个小组选派一名代表展示你们组的答案，比一比哪一个小组完成得好！（教师出示学习任务）

仔细观察，然后回答问题。

(1) 你能发现哪些相等的关系？

(2) 如果把和相等的每一组数分别连线，这些线段会构成一个怎样的图形？得到的图形有什么特点？

(3) 你能否改变幻方中数字的位置，使它们仍然满足你刚才发现的那些相等关系？

(4) 在你构造的幻方中，最核心的位置是哪里？有没有“成对”的数？

(5) 你还有什么新的发现？

对于前两个问题，学生可以独立思考得到答案，对于问题 (3)，一般学生只能得到 1～2 种答案，所以要发挥集体的力量来获取更多的答案，为发现第 (4) 题的规律做准备。第 (5) 题也要求学生通过小组讨论，发现新规律。

【设计意图】引导学生根据教师布置的学习任务，通过独立思考、小组讨论、合作探究等形式，掌握三阶幻方的特点和构造三阶幻方的方法，为下一步探究做准备。

三、展示交流，适时点拨

生（小组1的代表）：我们小组发现每行、每列、每条对角线上的3个数之和都等于15，所以它们都相等。

生（小组2的代表）：［利用投影仪展示第（2）题的答案］这些连线可以构成一个“米字格”，“5”在中间，4个角上的数是偶数，其他位置的数是奇数。

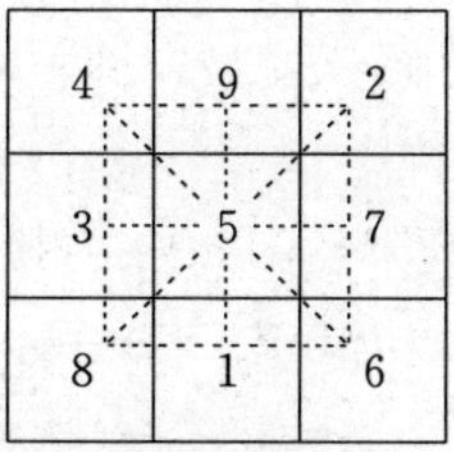

师：你们小组画出了几个符合条件的幻方？

（学生利用投影仪展示自己画的幻方，其他小组同学观察、思考、计算幻方是否符合条件。画错的地方，其他同学订正；答案不完整的，其他同学补充。）

（教师用课件展示幻方的8种情况。）

师：请同学们仔细观察这些答案，你发现了什么现象？

生：“5”都是在最中间的位置。

生：相当于外边的数绕“5”旋转。

生（小组3的代表）：最核心的位置是正中间的数字“5”，有4对成对的数出现，即4和6，3和7，2和8，1和9。

师：为什么“5”在正中间的位置呢？

生：因为“5”是这9个数的平均数，也是中位数。

师：（引导学生从以下两个方面进行思考）3个数的和等于15的算式有哪些？

生：2＋5＋8＝15，3＋5＋7＝15，4＋5＋6＝15，1＋5＋9＝15，1＋6＋8＝15，2＋6＋7＝15，2＋4＋9＝15，3＋4＋8＝15。在这些算式中，“5”在4个算式中出现，它出现的次数最多，而中间位置的数字与4条线段关联，因此最中间的数字必定是“5”。

师：我们能不能用字母表示数来解决这个问题呢？

生：我们不妨设这 9 个位置的数分别是 a、b、c、d、e、f、g、h、i，因为每行、每列、每条对角线上 3 个数的和都等于 15，因此可以写出下面的算式。

a	b	c
d	e	f
g	h	i

$a+b+c=15$　　$d+e+f=15$　　$g+h+i=15$　　$a+d+g=15$

$b+e+h=15$　　$c+f+i=15$　　$a+e+i=15$　　$c+e+g=15$

师：我们最关心的数是中间位置的“e”，可以把含有“e”的算式找出来，然后相加。

$$d+e+f+b+e+h+a+e+i+c+e+g=15+15+15+15$$

$$(a+b+c+d+e+f+g+h+i)+3e=60$$

$$3e=60-45$$

$$e=5$$

因此，最中间位置的数是 5。

师：可见最中间的位置很重要，所以诗中称之为“王子位”。

师：你还有什么新发现？

生：每行、每列、每条对角线上的数字之和都等于 5 的 3 倍。

生：9 个数字之和是 5 的 9 倍。

……

（教师让学生大胆发言，自己则根据教学情况加以引导。）

【设计意图】通过展示交流，让学生体验综合利用数学知识（有理数的运算和用字母表示数）分析、抽象出幻方的特征，感受数学知识的内在联系，加深学生对三阶幻方本质特征的了解，同时也便于教师了解学情，进行二次备课，有的放矢，适时引导学生探究三阶幻方的本质特征。

四、构造幻方，方法共享

活动一：三阶幻方的构造

1. 选做题（请从下列三道小题中选做一题）。

(1) 将 2，3，4，5，6，7，8，9，10 填入 3×3 的方格中，使得每行、每列、每条对角线上的 3 个数之和相等。

(2) 将 -2，-1，0，1，2，3，4，5，6 填入 3×3 的方格中，使得每

行、每列、每条对角线上的 3 个数之和相等。

(3) 将 2，4，6，8，10，12，14，16，18 填入 3×3 的方格中，使得每行、每列、每条对角线上的 3 个数之和相等。

2. 必做题。

请再列举出 9 个数，将它们填入 3×3 的方格中，使得每行、每列、每条对角线上的 3 个数之和相等。

(学生根据三阶幻方的特点，构造满足条件的幻方。)

【设计意图】 让学生构造三阶幻方，是为了让学生通过实践来理解并掌握规律，教学中一定要留给学生充足的时间来操作、尝试。

活动二：交流展示构造三阶幻方的方法

(教师利用投影仪展示学生完成的作业，然后让学生交流构造三阶幻方的方法。)

【设计意图】 让学生谈谈自己构造幻方的方法，培养学生分享成功经验的良好学习习惯，同时，在教学中渗透数学思想方法。

活动三：介绍构造三阶幻方的方法

师：同学们，我国宋代的数学家杨辉是世界上第一个对幻方进行详细研究并取得丰硕成果的学者，他总结出了三阶幻方的构造方法。(出示投影片)

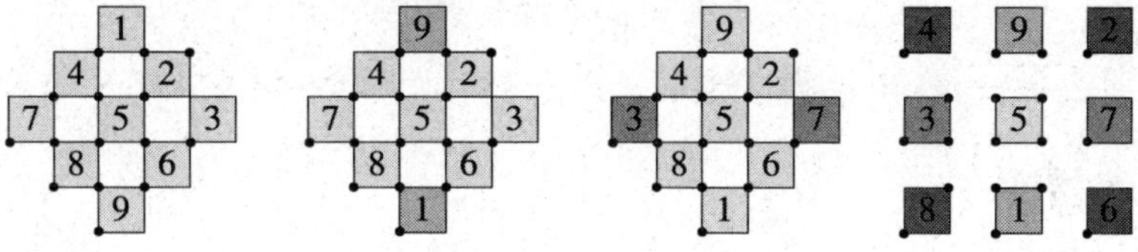

九子斜排　　上下对易　　左右相更　　四维挺出

师：法国数学家梅齐利亚克创造了一种构造奇数幻方的方法——阶梯法。口诀为“画格辅助，九子斜排，送子回家，清除辅助”。(出示投影)

4	9	2
3	5	7
8	1	6

【设计意图】 介绍这两种方法，不是增加学生的负担，而是为了提高学生研究幻方的兴趣。

五、总结概括，整理知识

1. 本节课主要学习了什么知识？你有哪些收获？

[学生回顾本节课的教学内容：(1)“洛书幻方”的特点；(2) 构造三阶幻方的方法。]

2. 这节课中你的表现如何？今后还应怎样努力？

(学生谈谈本节课的收获、不足之处及改进措施。)

【设计意图】 让学生梳理所学知识点，评价自己的学习表现，有利于学生看到自己的优点和不足，明确今后努力的方向。

六、布置作业

1. 自行选取一组数构造一个三阶幻方，使得每行、每列、每条对角线上的 3 个数之和都等于 60。

2. 有一组数：1，3，5，10，12，14，19，21，23。这组数能构成三阶幻方吗？你认为怎样的 9 个数可以满足三阶幻方的要求。

【设计意图】 第一题是对本节课内容的巩固和应用，第二题是对本节课内容的拓展延伸，也为进一步探究做了铺垫。

板书设计

探寻神奇的幻方

一、三阶幻方的特点　　　　二、三阶幻方的构造

教学反思

本节课中，学生在预先设置的问题串的引导下，采用了自主探究、合作交流的学习方式，完成了预设的教学目标。本堂课有以下几个亮点。

一是用一首古诗引入新课，并且介绍了有关幻方的神话故事和历史，使学生对幻方有了简单的了解。这样引入，不仅激发了学生强烈的求知欲，还培养了学生的民族自豪感。

二是在探寻三阶幻方的特征时，给学生提供了充足的思考空间和交流时间，鼓励学生从多个角度进行思考、尝试，使学生充分经历了综合运用数学知识解决问题的过程，培养了学生分析问题和解决问题的能力。

三是在课堂练习的设置上，采取了分层设置的方式。将三个梯度的练习题以选做题的形式给出，有利于不同基础、不同能力的学生得到不同的发展。

本堂课需要改进的地方是，对于“为什么 5 在正中间位置?”这个问题，学生以现有的知识，将探索到的数量关系符号化有一定的困难。对于这个问题，虽然我在课堂上进行了引导，但分析得不够深入和透彻。数学教学应该进行严密的推理和分析，让学生进一步意识到，使用符号进行运算和推理得到的结论具有一般性。

个人简介

车芳文，陕西省宝鸡市长岭中学初中数学教师，获“陕西省教学能手”称号。

专家点评

“探索神奇的幻方”的教学设计重心为探寻三阶幻方的基本规律，定位准确。教师通过情境体验、引导发现等方法，引用神话故事、古诗词自然地引出三阶幻方的雏形，引导学生进行赏析，从而抽象出表格式的三阶幻方的一个具体实例。同时，通过对幻方的介绍，激发了学生的自豪感和爱国热情。

本节课中，教师运用合作交流的方法，让学生研究三阶幻方的规律和形式，激发了学生的探究欲望和探索意识；运用多媒体的即时再现功能，将学生的各种想法较好地显现了出来，较大程度地发掘了学生的聪明才智。在探索三阶幻方的基本规律的过程中，教师设置了 5 个问题，层层推进，一环套一环，问题设计平实、科学，让学生在解决问题的过程中，思维的发散性、有序性得到了发展，观察能力、数感、空间观念得以提升。教师通过这节课的设计与教学，积累了设计与实施经验，增进了师生情谊，教学相长。

教学建议：一方面，在设计时应着眼于知识的系统化，在引导学生认识三阶幻方的基础上，激励优秀学生探索和研究四阶幻方的规律，从而增进学生的探索意识；另一方面，要将着眼点放在学生发现幻方规律及学生间的相互合作、相互学习上，尽可能地发挥学生的主观能动性。

陕西省教育科学研究所　马亚军

“探寻神奇的幻方”教学设计

延安职业技术学院附属中学　陈巧莲

教材分析

“探寻神奇的幻方”是北师大版数学七年级上册的内容，是在学生学习了有理数的运算、字母表示数等知识的基础上安排的综合实践课，属于基础型课程的拓展内容，分为两个课时，本节是第一课时。根据数学新课标的要求，本节课以探寻三阶幻方的本质特征为载体，帮助学生感受图形的对称；提高学生用字母表示数的技能和探索规律的能力，使学生体验数形结合的思想。教学时要提供给学生充足的探索数量关系并将其符号化的时间，培养学生言之有据的习惯，发展学生正确使用数学语言进行表达和交流的能力，同时要鼓励学生在探索的过程中多角度尝试；促进学生以良好的情感态度主动参与合作交流，引导学生在独立思考的基础上与同伴进行合作交流。

挖掘中国数学史，我们便会看到，趣味数学、计算工具、棋类游戏等都与幻方有着内在的联系。由于幻方比较简单、容易入门，很快就能引起学生的探讨兴趣。通过本节课的教学，不仅可以帮助学生感受幻方的对称美、均衡美、和谐美，渗透数形结合的思想，提高学生运用所学知识来分析问题、解决问题的能力，而且能丰富学生的数学活动经验，帮助学生归纳总结“综合与实践课”的学习方法，以便为后续的学习奠定基础。

资源利用

1. 教学环境：引用神话故事激发学生的学习兴趣；教学中，多鼓励、表扬学生，创造和谐、融洽的学习氛围。

2. 教学用具：多媒体课件、神话故事、教材等。

学情分析

幻方是学生比较感兴趣的内容，部分学生可能会用 1～9 这 9 个数字来构造三阶幻方，但不太清楚其中蕴含的数学道理。根据初一学生好奇心强的心理特征和所学知识较为浅显的认知规律，本节课将以“认识三阶幻方—探寻三阶幻方的本质—构造三阶幻方”为教学主线，采用以诱思探究法为主，以情境体验法、引导发现法为辅的教学方法，首先引导学生感受幻方的美；其次再以问题引导学生进行自主学习、小组合作探究、大胆展示，揭示三阶幻方的本质；最后引领学生构造三阶幻方并进行反思与归纳，进一步理解三阶幻方的本质。

教学目标

1. 运用有理数的运算及用字母表示数等知识，探索三阶幻方的本质特征。

2. 探索三阶幻方的本质特征，体会类比、归纳及数形结合的思想，提高探索规律的能力。

3. 通过学习感受数学之美及祖国文化的博大精深，增强民族自豪感。

教学重难点

重点：探索三阶幻方的本质特征，构造符合要求的三阶幻方。

难点：探索三阶幻方的本质特征。

教学过程

一、创设情境，引入新课

（教师以故事形式引入新课，渗透数学文化思想。）

【设计意图】通过神话故事，使学生了解幻方的历史，感受到祖国文化的博大精深，这样不仅可以提高学生的学习兴趣，激发学生的求知欲，还能增强学生的民族自豪感。

二、自主学习，合作探究

（教师用课件出示课本“议一议”中的内容。）

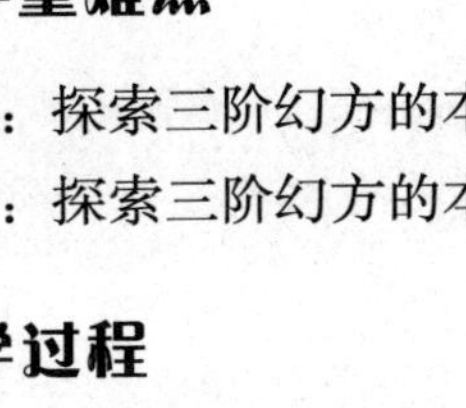

洛书

4	9	2
3	5	7
8	1	6

三阶幻方

师：仔细观察三阶幻方，然后回答问题。

（1）每行、每列、每条对角线上的 3 个数之和分别是多少？

（2）如果把和相等的每一组数分别连线，这些线段会构成一个怎样的图形？得到的图形有什么特点？

（3）你能否改变上述幻方中数字的位置，使它们仍然满足你发现的那些相等关系？

（4）在你构造的幻方中，最核心位置是什么？有没有“成对”的数？

（5）你还有什么新的发现？

教学预设：

1. 对于前 3 个问题，学生的回答应该很顺利，对于第（4）题，教师要加以引导。

问题 1：为什么中间位置填的是 5？

方法一：

1+5+9=15　　1+6+8=15　　2+5+8=15　　2+9+4=15

2+6+7=15　　3+5+7=15　　3+4+8=15　　4+5+6=15

这些算式中，“5”在 4 个算式中出现，它出现的次数最多，而中间位置的数字与 4 条线段关联，因此，最中间的数字必定是“5”。

方法二：

用字母表示数的知识来解决这个问题。

a_1	b_1	c_1
a_2	b_2	c_2
a_3	b_3	c_3

$\because a_1+b_2+c_3=a_2+b_2+c_2=a_3+b_2+c_1=b_1+b_2+b_3=15$

$\therefore (a_1+b_2+c_3)+(a_2+b_2+c_2)+(a_3+b_2+c_1)+(b_1+b_2+b_3)=4\times15$

$(a_1+a_2+a_3+b_1+b_2+b_3+c_1+c_2+c_3)+3b_2=60$

$45+3b_2=60$

$3b_2=15$

$b_2=5$

方法三：

设中间一格的数为 x，则：

$3x+2\times15=3\times15$

$3x=15$

$x=5$

问题 2：有没有“成对”的数出现？有哪些“成对”的数？这些对数是如何配成的？

（有 4 对成对的数，即 4 和 6，3 和 7，2 和 8，1 和 9。4 对数是最大的数与最小的数配对，其余的数依次配对，每对数的和为 10。）

问题 3：如何把这 4 对数填在剩余的格子中？

教师引导学生发现：五奇四偶，则偶数在四角；五偶四奇，则奇数在四角。

2. 对于问题（5），学生可能会从不同的角度回答，教师根据情况给予肯定即可。

【设计意图】教师引导学生先独立思考，后小组讨论、合作探究，再展示交流，利用有理数的运算以及字母表示数等知识来分析、归纳出幻方的特征，感知数学知识的内在联系，为下一步构造三阶幻方做好铺垫，这样不仅能发挥学生的主体作用，有效地提高学生的思维能力，同时能增加学生积极的情感体验，使学生品尝到与人合作的乐趣。

三、尝试运用，深化拓展

问题 1：

（1）试将 2，3，4，5，6，7，8，9，10 填入 3×3 的方格中，使得每行、每列、每条对角线上的 3 个数之和相等。

（2）观察这 9 个数是由 1，2，3，4，5，6，7，8，9 怎样变过来的？

问题 2：

（1）试将 2，4，6，8，10，12，14，16，18 填入 3×3 的方格中，使得每行、每列、每条对角线上的 3 个数之和相等。

（2）观察这 9 个数是由 1，2，3，4，5，6，7，8，9 怎样变过来的？

问题 3：

（1）原来三阶幻方中的每个数分别加上（或减去）任意一个相同的数，还能构成一个三阶幻方吗？

（2）如果每个数同时扩大相同的倍数呢？

（3）如果先扩大相同的倍数，再同时加上（或减去）另一个数呢？

问题 4：

（1）你认为怎样的 9 个数可以满足三阶幻方？

（2）你是怎样构造三阶幻方的？

【设计意图】鼓励学生大胆发言，让学生谈谈自己构造三阶幻方的方法。对于这些开放性的问题，不同能力层次的学生可能会有不同层次水平的答案，此环节旨在提高学生分析问题、解决问题的能力，增强学生学数学、做数学、用数学的意识，教师应在教学中渗透类比、归纳及数形结合的数学思想方法。

四、归纳总结，强化认识

（学生小结，教师补充。）

【设计意图】使学生将所学知识条理化、系统化，进而内化为技能。

五、布置作业

1. 阅读教材中的“读一读”部分。

2. 自行选取一组数构造一个三阶幻方，使得每行、每列、每条对角线上的 3 个数之和都等于 60。

【设计意图】通过教材内容的学习，帮助学生感知探究方法，“读一读”为学生指明了进一步探究此问题的方向和路径。

板书设计

探寻神奇的幻方

一、探索三阶幻方的本质

（将“洛书”进行变换）

二、构造三阶幻方

1. 将 2，3，4，5，6，7，8，9，10 填入 3×3 的方格中。

2. 将 2，4，6，8，10，12，14，16，18 填入 3×3 的方格中。

教学反思

本课是初中阶段数学教材中“综合与实践”内容的第一课。我在教学中首先以探寻三阶幻方的本质特征为主线，引导学生感知数学之美，其次以问题引导学生去发现、探索规律，最后让学生运用所发现的规律去构造三阶幻方。通过师生共同努力，学生较为顺利地达成了学习目标，达到了预期的学习效果。现在谈谈我的几点想法。

1. 教学中，我能创造性地挖掘和利用教学资源，以一个动听的故事拉开了探寻幻方的序幕，不仅让学生了解到幻方的历史渊源，还渗透了数学文化思想，同时激发了学生探寻幻方的热情。

2. 我尽可能做到了以学生为本，关注学生的全面发展。对学生来说，学习是一种过程，也是一种体验，他们要经历观察、猜想、验证、归纳、推理等不同的思维过程，也会产生好奇、紧张、疑惑、困难等不同的情感体验。在教学过程中，我做到了积极鼓励、小心呵护、正确引导，使学生在学习过程中体验到探索的乐趣，享受到成功的喜悦，促进了学生身心的健康发展。

3. 这节课需要改进的地方也有不少。在探究三阶幻方时，5 个问题应该逐步出示，这样就能避免一次性把问题抛给学生，而导致学生无处下手的情况出现。对于问题 3 的处理太仓促，学生填好数字后，我还应该引导学生发现这些三阶幻方实质上可以由一个三阶幻方进行旋转或轴对称得到，这也是由图形本身的特点决定的。另外，教学中留给学生探究的时间不是很充足，以后可以在课前安排学生通过各种途径自学三阶幻方的相关知识，这样课堂容量可能会大一点，进度也会快些。

个人简介

陈巧莲，中学高级教师，陕西省延安职业技术学院附属中学教师，荣获“陕西省教学能手”称号。

专家点评

陈老师通过对教材进行分析，较好地抓住了这节课的本质——探索三阶幻方的特征，并以“认识三阶幻方—探索三阶幻方的基本规律—构造三阶幻方”为教学主线，引导学生进行探究和情感体验，取得了较好的教学效果。

教学过程中，教师设置了由五个问题组成的问题串，引导学生先对问题进行独立思考然后小组讨论、合作探究，进而展示交流，让学生感知数学知识间的内在联系，激发了学生的求知欲。同时，随着学生对三阶幻方探索的逐步深入，他们的探索能力得到了提升。在解决问题的过程中，学生的主观能动性和合作学习的积极性都很高，这反映出教学环节设计的合理、科学，较好地体现了课堂的育人功能。

教学中，教师通过问题串，创设了让学生经历观察、猜想、检验、归纳、推理等不同思维过程的思辨空间，使学生在探索过程中产生了好奇、紧张、疑惑等不同的情感体验，享受到了探索的乐趣和成功的喜悦，促进了学生身心的健康发展。

教学建议：一是教学目标的制订，应更好地反映课程的内容，体现情感态度的具体培养目标；二是关注三阶幻方中 9 个数字的变换规律，让学生在填写、观察、判断、归纳的过程中，认识三阶幻方的实质；三是应进一步挖掘和体现三阶幻方的文化价值及育人功能；四是要充分发挥多媒体设备在认识三阶幻方及探索其规律的过程中的作用。

陕西省教育科学研究所　马亚军

“探寻神奇的幻方”教学设计

渭南市富平县杜村初中　王君燕

教材分析

“探寻神奇的幻方”是北师大版数学七年级上册第一堂综合实践课，是新教材调整以后新增的内容，教学共分为两个课时，本教学设计为第一课时。

数学新课标对本节课的要求是结合实际情境，引导学生经历解决问题的过程，并尝试发现和提出问题；通过对有关问题的探讨，使学生了解学过知识之间的关联，进一步理解有关知识，发展应用意识和能力。

幻方是学生比较熟悉、也很感兴趣的内容，它与有理数的运算及用字母表示数来验证规律有密切联系。本节是综合与实践活动课的第一节课，要让学生感受一种全新的以自主探究为主的学习方式，体验数形结合的思想，通过对问题中所蕴含的规律进行分析，让学生体验综合运用数学知识解决问题的过程，感受数学知识的内在联系，丰富学生的活动经验，为以后的学习积累经验。

学情分析

七年级学生的好奇心和求知欲都很强，经过探究应该能够用 1～9 这 9 个数构造三阶幻方，但还只是感性的认识，对于其中的道理并不一定清楚。他们在第三章学习了“字母表示数”及“探究与表达规律”，但大部分学生不会运用这些知识来验证实际问题中的规律，因此需要教师的引导。七年级学生的数学思考能力以及使用数学语言、符号表达思维的能力还未达到一定水平，本节课应以小组合作交流、教师引导启发的方式进行。

资源利用

为了准备这节课，我上网查了关于幻方的很多知识，也学习了不少别人对这节课的教学设计，并多次与同事探讨这节课的教法与学生的学法。本节课我打算首先引导学生从图形上感受幻方的对称美，接着探究三阶幻方的特征并想办法来验证规律，最后借助找到的规律来构造三阶幻方。在教学过程中，主要关注以下几个方面。

1. 设置丰富有趣的问题情境，让学生真正经历建模的过程，从而更好地理解三阶幻方的本质，激发学生的学习兴趣。

2. 关注学生数学活动经验的积累、思维水平的提高。

3. 关注学生思考、分析问题的过程，让学生经历探究过程，借助用字母表示数验证规律来提高学生研究问题的能力和水平。

教学目标

1. 综合运用有理数混合运算、字母表示数、探索与表达规律等知识，探索三阶幻方的本质特征。

2. 经历观察、猜想、归纳、类比等活动，积累构造三阶幻方的经验，通过对蕴含在具体事物中的规律性结论的分析和解释，初步获得“由特殊到一般”的探究问题的方法和经验。

3. 感受祖国文化的博大精深，增强民族自豪感；从幻方对称的图形、奇妙的变化中，初步感受数学的美。

教学重难点

重点：探索三阶幻方的本质特征。

难点：用字母表示数验证规律。

教学过程

一、巧设情境，引入新课

1. 播放《射雕英雄传》片段，引出九宫图，从而引出课题。

2. 教师讲述神话传说——“洛书”。

传说夏禹治水时，在黄河支流洛水中浮现出一只大乌龟，乌龟背上有一个很奇怪的图案，古人认为这是一种祥瑞，预示着洪水将被夏禹彻底治服，于是把这个图取名为“洛书”，也称为“河图”，由于此图共有九个数字，所以汉代的徐岳把它称为“九宫算”或“九宫图”，后来传到西方，被称为“幻方”。像这样的3×3的方阵图我们称为三阶幻方，后来不断发展，成为纵横均为n行的纵横图，那就叫n阶幻方。我国不仅拥有幻方的发明权，而且是对幻方进行深入研究的国家。

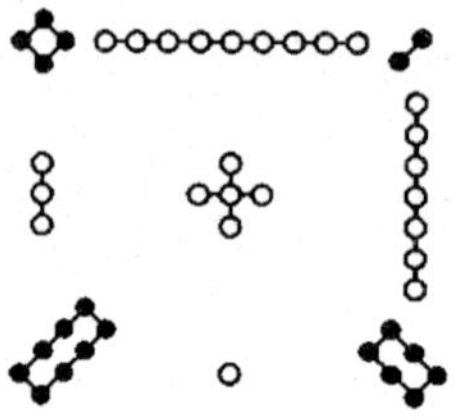

洛书

4	9	2
3	5	7
8	1	6

三阶幻方

二、设置问题，深入探究

1. 三阶幻方中每行、每列、每条对角线上3个数之和是多少？为什么？

学生分组进行探究并说明自己的思路。

2. 将和相等的每一组数分别连线，这些线段会构成一个怎样的图形？描述你的图形有什么特点。

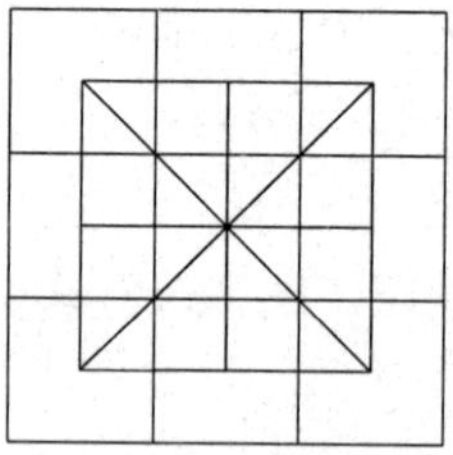

学生动手连线，观察图形特点，小组内交流。

3. 在1～9这9个数字构造的三阶幻方中，最核心的位置是什么？有没有“成对”的数？为什么正中间的那一格都是“5”？

小组交流，上黑板展示推进过程。

教学预设：

方法一：$1+5+9=15$　$1+6+8=15$　$2+4+9=15$　$2+5+8=15$

$2+6+7=15$　$3+5+7=15$　$3+4+8=15$　$4+6+5=15$

共 8 个算式。其中“5”出现 4 次，因此“5”在中间。

方法二：

a	b	c
d	e	f
g	h	i

用 a、b、c、d、e、f、g、h、i 表示 9 个数，因为 1～9 这 9 个数的和为 45，每行、每列、每条对角线上的 3 个数之和是 15。

$a+e+i=15$　（对角线）

$c+e+g=15$　（对角线）

$d+e+f=15$　（第二行）

$b+e+h=15$　（第二列）

四式相加，得：

$$(a+b+c+d+e+f+g+h+i)+3e=60$$

$$45+3e=60$$

$$3e=15$$

$$e=5$$

因此，三阶幻方的正中间一格一定是 5。

方法三：

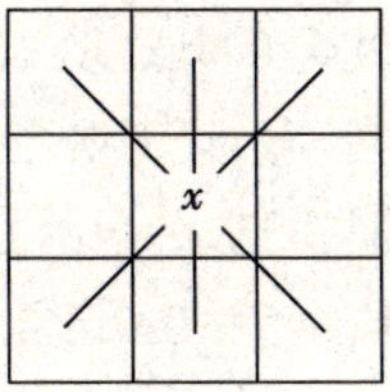

设正中间一格的数为 x，则

$$3x+2\times15=3\times15$$

$$x=5$$

4. 你还有哪些发现？

小组交流探讨，学生各抒己见。这个环节应给学生留出较多的时间，能否快速完成三阶幻方就依靠这一环节。

教学预设：

(1) 4个角上都是偶数。

(2) “7”“8”“9”这3个数不能放在同行、同列、同一条对角线。

(3) 最大数与最小数应放在靠边的中间位置。

三、反思提炼，拓展创新

1. 你能用0，1，2，3，4，5，6，7，8这9个数构造三阶幻方吗？

学生独立完成。

2. 用2，4，6，8，10，12，14，16，18这9个数能构造三阶幻方吗？

学生独立完成。

四、课堂小结

1. 说一说幻方的特征，想想我们是如何验证的。

2. 说一说怎样能快速构造符合要求的三阶幻方。

五、课后作业

1. 你们能不能总结出怎样的9个数可以构造三阶幻方？

2. 如果有兴趣，试着用1～16构造一个四阶幻方。

教学反思

上完这节课，我感觉很匆忙，时间很紧张，教学效果也不太理想。究其原因，可能存在以下几个问题。

首先，教学预设不细致不合理。比如，导课这一环节设置不够细致，语言组织不够流畅，甚至出现了口误，导致浪费了时间。还有，我原本设置了课前准备环节：让学生将1～9这9个数填入3×3的方阵中，使每行、每列、每条对角线上的数之和都相等。我考虑到学生的基础很好，应该能很快完成，而且会是多种多样的。但在这一环节学生用时较多，效果也不理想，导致后面教学时间紧张，无法给学生留出充足的交流探讨时间。

其次，自己制作课件的能力较差，不能很好地表达自己的意图。比如，三阶幻方的对称美通过课件显示会更直观，但在我的课件中没有呈现出来。又如，可以在课件中提前画好方阵，课堂上让学生直接填数字，这样既直观又省时，还不影响板书。

上好综合实践课有较大难度，应让学生以小组交流、合作探究的形式进行，教师绝对不可以代替学生思考，一定要注重培养学生研究问题的能力和合作学习的能力。教师不能为了完成教学任务而忽视学生的思考过程，要给学生充足的思考和交流探讨的时间。

总之，综合实践课是我教学中的软肋，通过这次学习，我感觉到自己真的需要提升，我的成长才刚刚开始，努力吧！

个人简介

王君燕，陕西省渭南市富平县杜村初中数学教师，荣获“陕西省教学能手”称号。

专家点评

王老师从新课程角度对“神奇的幻方”这一教学内容进行了深入挖掘，为进一步引导学生学习幻方、认识幻方打下坚实的基础。这一教学设计的主要特点包括以下几方面。

1. 注重三阶幻方在育人方面的重要作用。

这主要体现在三个方面：第一，幻方的产生是中华民族智慧的结晶，以此作为教学内容，有助于激发学生的民族自豪感和学习数学的兴趣；第二，学生通过对三阶幻方的探究，进一步巩固了有理数的运算知识，体会到用字母建模来研究数字规律的思想和方法；第三，学生通过合作学习、共同研究，增进了彼此之间的同学情谊。

2. 在教学中重视问题的设置，逐步引导学生深入探究。

首先，教师充分利用一个三阶幻方作为研究对象，让学生认真观察这 9 个数字之间有什么关系，每行、每列、每条对角线上的 3 个数字有什么关系，中间的数字有什么特点等，这些具体问题的提出，为学生的进一步研究打下了基础，目标明确。其次，教师让学生认真体会将三阶幻方中的行、列、对角线上的数字分别连线后得到了一个什么图形，并在学生观察和猜测后，给出一个完美的图形，让学生直观地感受到这些数字间的连线构成的图形具有中心对称性和轴对称性，为下一步得出这 9 个数字构成的幻方不唯一做好铺垫。再次，教师引领学生研究中心数的产生及其意义，此时学生的学习热情高涨，纷纷发言，教师抓住契机，进一步引导学生深入探究，本节课的教学目标就在这样的氛围中逐步实现。最后，教师引导学生解决中间数的问题，从不同的角度引导学生进行思考和探究，内容丰富多彩，整节课环环相扣，教学过程浑然一体。

3. 关注课程内容的拓展。

教师引导学生由对 1～9 这 9 个数字构成的三阶幻方的研究，拓展到探究具有什么特征的 9 个数字就可以构成三阶幻方，之后又让学生尝试构造四阶幻方，有助于进一步激发学生的求知欲和探究欲，让学生有意犹未尽之感。

当然，如果教师能在课堂教学中给学生更多的探究时间和空间，给学生更充分的陈述观点、相互交流、展示自我的机会，课堂效果会更好！

陕西省教育科学研究所　马亚军

“等腰三角形（1）”教学设计

西安高新第一中学　钞晓东

教材分析

“等腰三角形（1）”是人教版数学八年级上册中的内容，这节课的教学目标是探索等腰三角形的性质。等腰三角形是一种特殊的三角形，除了具有一般三角形的性质以外，还有许多特殊的性质。本节课将利用等腰三角形的轴对称性，得出“等边对等角”“三线合一”等重要性质。这些性质都是证明线段相等、角相等的重要根据，也能为后续学习“等腰三角形的判定”和“等边三角形的性质与判定”奠定基础。

学情分析

学生在小学阶段就已经对等腰三角形有了初步的认识，能够理解等腰三角形的定义。八年级学生喜欢动手实践、发现和探究问题，更喜欢积极展示自己。在学习了“三角形”和“轴对称”等知识的基础上，学生理解本节课的内容不会很吃力。八年级学生刚开始学习用数学符号进行推理，随着推理步骤的增加和推理严密性的要求，可能会有一部分学生感到一时无法下手，这也是八年级学生学习证明题的难点所在。基于此，教师在课堂上应给学生充分的时间和空间，让尽可能多的学生说出自己的想法，而教师则在节点处适当点拨，帮助学生理清思维上的障碍，树立克服困难的信心。

资源利用

1. 人教版数学八年级上册教材。

2. 多媒体课件。

3. 60 张矩形纸片。

4. 30 把圆头剪刀。

教学目标

1. 掌握等腰三角形的性质，并运用其进行证明和计算。

2. 观察并了解等腰三角形的对称性，发展形象思维能力；通过实践、观察、实验、猜想、证明等思维活动，进一步理解等腰三角形的性质，发展合情推理能力和演绎推理能力。

3. 通过对等腰三角形性质的证明，培养学生的归纳、推理能力和发散思维能力。

4. 帮助学生逐步建立学习数学的兴趣，树立克服困难的信心，逐渐养成自主探究、敢于质疑的良好习惯。

教学重难点

重点：等腰三角形的性质。

难点：对等腰三角形性质的证明。

教学过程

一、创设情境，引入新课

1. 把一张长方形的纸片按图中虚线对折，并沿虚线剪开，再把较小的部分展开。

师：请同学们从折痕边的一条邻边开始剪，一直剪到折痕边，或者在折痕上任意找一点，再在邻边上找一点，沿着这两点所在的直线剪开。

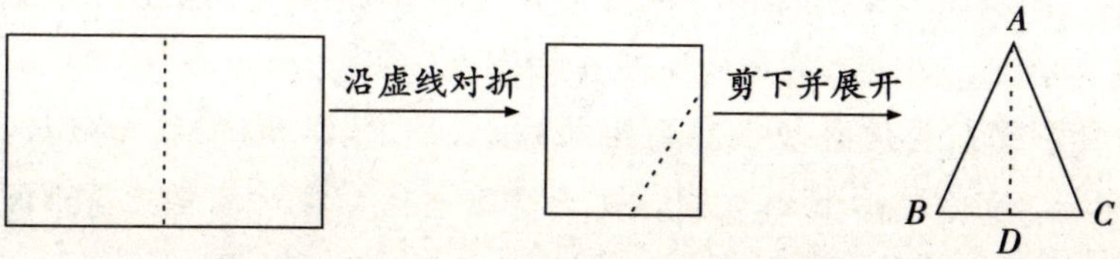

2. 剪纸得到的三角形 ABC 的边有什么特点？

要求学生说明理由，目的是让学生明白折、剪的特征，培养学生发现问题的能力。

板书：有两条边相等的三角形叫等腰三角形。

师：等腰三角形除了有两条边相等以外，还有其他性质吗？

引入新课：今天我们进一步研究等腰三角形。（板书课题）

【设计意图】 让学生动手剪纸，目的在于培养学生的动手实践能力。教师在学生观察的过程中，关注学生是否积极参与数学活动，给学生充足的观察时间和空间，适时提出问题，以激发学生的好奇心和求知欲。

二、合作探究，大胆猜想

师：等腰三角形这种图形在生活中应用非常广泛，请同学们欣赏其中的几张图片。（出示图片）

【设计意图】 让学生观察并欣赏生活中含有等腰三角形的图案，体会图形与生活的密切关系。

折一折，想一想。

1. 用刚才剪下的等腰三角形折一折，找出其中重合的线段和重合的角，填入下表。

重合的线段	重合的角
AB 和 AC	$\angle B$ 和 $\angle C$
BD 和 CD	$\angle BAD$ 和 $\angle CAD$
AD 和 AD	$\angle ADB$ 和 $\angle ADC$

2. 通过以上活动，你发现了哪些结论？请说一说。

学生充分发表意见后，教师板书如下猜想内容。

性质 1：等腰三角形的两个底角相等（等边对等角）。

性质 2：等腰三角形顶角的平分线、底边上的中线和底边上的高互相重合（等腰三角形具有“三线合一”的性质）。

性质 3：等腰三角形是轴对称图形。对称轴是等腰三角形底边上的中线（顶角的平分线、底边上的高线）所在的直线。

【设计意图】 在学生动手实践的基础上，引导学生观察、分析，发现和猜想尽可能多的结论，同时设疑，创设思维空间。在对等腰三角形的性质的发现和论证的过程中，培养学生自主探究学习的良好习惯。

三、各抒己见，验证结论

师：以上猜想都正确吗？会不会以偏概全，以点带面呢？数学上要证明一个命题是否正确是需要严格论证的。我们首先来论证第一个猜想。

证明：等腰三角形的两个底角相等。

1. 请你把这个命题改写成“如果……那么……”的形式。

2. 画出图形。

3. 根据图形，写出“已知”和“求证”

提示：证明一个数学命题一般有如下步骤。

（1）分清命题的题设和结论。

（2）根据题意，画出图形。

（3）结合图形，写出“已知”和“求证”。

（4）写出证明过程。（有时需要写依据）

4. 你能用什么方法来证明“等腰三角形的两个底角相等”呢？说说你的想法。

提示：作顶角的平分线或底边上的中线或底边上的高线。

教师在学生各抒己见以后，板书规范的证明过程，并强调应书写规范，推理严密。

【设计意图】给学生充足的思考时间和讨论空间，鼓励学生用多种方法分析并积极发表见解，教师适时引导和点拨，注重培养学生的语言表达能力和运用数学符号进行严密推理的能力。

5. 你能用类比的方法说明“等腰三角形顶角的平分线、底边上的中线和底边上的高互相重合”这个性质吗？（学生口述思路即可）

四、运用新知，解决问题

1. 在$\triangle ABC$中，已知$AB=AC$，且$\angle A=50^\circ$，则$\angle B=65^\circ$，$\angle C=65^\circ$。

2. 在$\triangle ABC$中，已知$AB=AC$，且$\angle B=80^\circ$，则$\angle C=80^\circ$，$\angle A=20^\circ$。

3. 在等腰$\triangle ABC$中，如果$AB=AC$，且一个角等于70°，则另两个角的度数是40°、70°或55°、55°。

【设计意图】让学生体会到在等腰三角形中，只要知道任意一个角的度数，就可以求出另外两个角的度数。

五、抛出问题，拓展延伸

师：除了“剪”的办法，你还有其他办法得到等腰三角形吗？

教师引导学生带着问题，发挥想象，课后思考，尝试完成。

【设计意图】鼓励学生积极动手、动脑寻求解决问题的方法，为下一节学习“等腰三角形的判定”做准备。

六、总结反思，谈收获与困惑

师：学了这节课，你有哪些收获、哪些困惑？谈一谈。

教师鼓励学生畅所欲言，内容可以是知识、能力、思想方法以及与人合作等方面的收获和困惑。

- 归纳总结
  - 知识
    - 等腰三角形的定义
    - 等腰三角形的性质
      - 两条边相等
      - 两底角相等
      - “三线合一”
      - 轴对称图形
  - 能力
    - 探究等腰三角形性质的能力
    - 语言表达能力
    - 应用等腰三角形的性质解决问题的能力
  - 思想方法
    - 转化的思想方法
    - 研究图形的方法
    - 添加辅助线的常用方法
    - 与同学学习交流的方法

师：证明或计算过程中要保证推理的逻辑性、严密性和准确性，做到“有理有据，合情合理”。

【设计意图】回顾学习内容，帮助学生归纳和梳理知识，让学生对所学知识进行反思和总结，对自己的学习效果做出自我评价。

七、作业布置

习题 12.3 第 1、4、6 题。

八、课后练习

1. 在$\triangle ABC$中，如右图，点D在AC上，且$AD=BD=BC$，求$\triangle ABC$各角的度数。

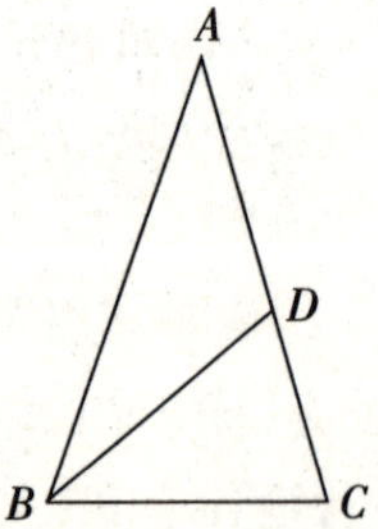

【设计意图】引导学生巩固所学知识，培养应用意识；用代数方法解几何问题，感受方程思想。

2. 如下图，点B、C、D、E、F在$\angle MAN$的边上，$\angle A=15^\circ$，$AB=BC=CD=DE=EF$，求$\angle MEF$的度数。

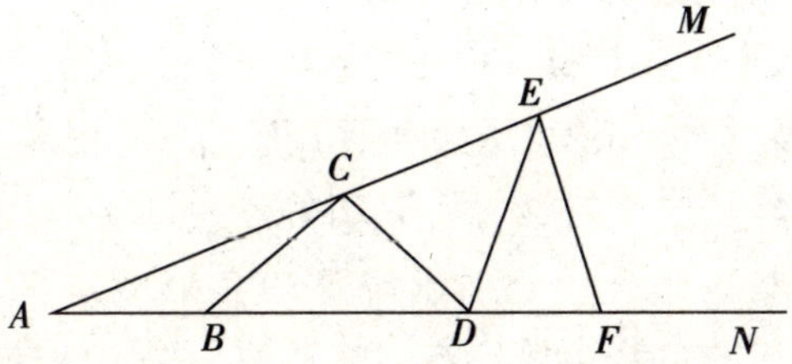

板书设计

12.3.1　等腰三角形（1）

一、定义

有两条边相等的三角形叫等腰三角形。

二、性质定理

1. 等腰三角形的两个底角相等。

2. 等腰三角形底边上的中线、顶角的平分线、底边上的高线重合。

3. 等腰三角形是轴对称图形。

证明：等腰三角形的两个底角相等。

已知：在$\triangle ABC$中（如右图），$AB=AC$。

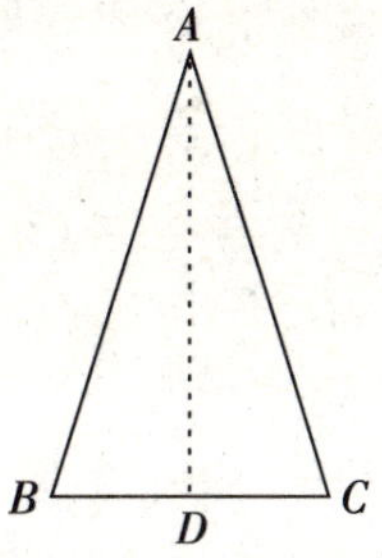

求证：$\angle B=\angle C$。

证明：作底边BC上的中线AD。

在$\triangle BAD$和$\triangle CAD$中，

$$\begin{cases} AB=AC \\ BD=CD \\ AD=AD \end{cases}$$

$\therefore \triangle BAD \cong \triangle CAD$。

$\therefore \angle B=\angle C$（全等三角形的对应角相等）。

教学反思

“等腰三角形（1）”是人教版数学八年级上册中的内容，主要探究等腰三角形的性质。等腰三角形是一种特殊的三角形，学生是在学习了全等三角形和轴对称知识之后再来学习等腰三角形的性质的，上过课后，我感受颇多，现主要谈谈以下几点。

1. 理解课标，挖掘教材，定位课型。

在备课前，我反复阅读教材、教师用书和数学新课标，了解这一内容在整个教材中所处的地位及其对后续学习的重要作用以后，我将本节课定位为探究课。

(1) 注重学习经历。学习活动中，引导学生动手操作、观察、实验、猜想、验证。从剪纸与折纸活动到引出等腰三角形的定义，再到学生自主探究、合作探究，最后验证猜想等一系列环节都为学生主动学习搭建了平台。

(2) 给学生留有足够的思维空间和交流时间，让他们去发现更多的问题。学生在课堂上的表现真的很棒，提出了一些我课前没有预设到的问题，使课堂有血有肉，内容非常丰富。

(3) 在探究等腰三角形性质的过程中，我给自己也定了位，认为自己就是学生"登高的台阶"，是学生的"指路人"（学生是夜行者，我就是灯塔；学生是气球，我便是充气筒）。学生的"路"得让学生自己走，教师应做好引领与指导工作，与他们平等交流，成为他们的合作伙伴。

(4) 在探究课中，问题设计显得非常重要。教师在提问时应尽量做到言简意赅，目的性强。也许所提的问题只有个别字的区别，但思维的引导方向却截然不同。如当学生剪好等腰三角形纸片后，我提问"这个三角形的边有什么特点?""这个等腰三角形的三条边有什么特点?"，这些问题的思维方向和思维量是不同的。

探究是一个充满快乐和挑战的过程，只要我们教师能够恰如其分地扮演好自己的角色，一定可以把学生的探究兴趣激发起来，这样的课堂也一定会有声有色。

2. 研究学情，把握重点，突破难点。

(1) 从年龄特点看，八年级的学生好奇心强，思维活跃，喜欢动手操作，厌倦枯燥乏味的教学方式。从知识储备上看，他们已经掌握了三角形的有关知识和轴对称的有关知识。从技能水平上看，他们已经初步具有自主探究能力、合作交流能力。

(2) 本课主要采用探究式教学法，旨在引导学生通过实验活动探索并发现等腰三角形的性质，并紧紧抓住这个重点，激发学生用多种方法证明等腰三角形的性质，从而拓展学生的思维，开阔数学视野。

(3) 八年级的学生刚开始学习在推理过程中使用数学符号，他们的推理能力也十分有限，这是八年级学生学习证明题的难点所在。基于此，我在课堂上给学生充分的时间和空间，自己只是适当点拨，从而理清学生思维上的障碍，帮助学生克服困难。

3. 严密推理，规范板书，强化示范。

证明“等腰三角形两个底角相等”“三线合一”性质时，我教给学生证明数学命题的一般步骤并进行证明，注重启发学生，给学生思考、动手的时间和空间，真正让探究过程成为课堂教学的主旋律。

在教学中，我从学生的实践出发，精心设计学生思考的问题，以解决问题为主线，使学生理解了知识的形成过程，发展了学生的思维能力、动手操作能力和数学语言表达能力，同时也培养了学生的探索精神和创新意识。

4. 虚心学习，不断反思，勇于探索。

本节课的总体思路比较顺畅，但也有一些细节问题值得思考和改正。数学学科要求使用准确而精炼的专业术语。通过上课，我发现教学流程中个别环节存在逻辑不够明晰的地方，板书内容也存在过于单调的问题，还需进一步设计后补充完整。

在今后的教学实践中，我会不断学习，不断反思，不断探索，不断改进，指导学生把“思维的体操”做得更好。

个人简介

钞晓东，中学高级教师，陕西省西安高新第一中学教师，曾获“陕西省教学能手”“陕西省骨干教师”等称号，在“卡西欧杯”第七届全国数学青年教师优秀课评比与观摩活动中获一等奖。

专家点评

“等腰三角形（1）”的教学设计，教材分析透彻，对这节课的定位准确，把握住了课程的核心。教师能根据学情，确定教学目标，分析教学重难点；针对课程内容和学生的状况，很好地设计了这节课的教学过程。教学中，教师精心设计教学环节，加上丰富的素材的选取及多媒体的适时运用，为这节课教学任务和学生学习目标的达成奠定了基础。其主要特色表现在以下几个方面。

1. 教学过程设计合理，符合数学新课标的要求。

本堂课以探究等腰三角形的性质为主线，通过让学生动手操作、观察、实验、猜想、验证等过程，将观察图形的特征、发现图形的特点、认识等腰三角形的本质的过程再现得非常完美，也让学生在活动过程中感受到了图形的美、发现问题的乐趣、归纳总结得出结论的成就感，体现了教学的魅力。

2. 教学活动细致深入，学生主体作用得以充分发挥。

教学活动中，教师通过活动的创设和问题串的设计，引导学生发现并探究图形的本质，在思考问题时体会活动的内涵，以及在活动的过程中寻求解决问题的方法。教师适时的引领和指导，使学生对等腰三角形的认识从感性层面逐渐上升为理性层面，使学生对等腰三角形的认识更加清晰、透彻，也为他们对后续图形的认识与研究积累经验和方法。学生在整个学习过程中，听、说、读、操作、书写的能力得到了充分发挥。

3. 教学过程从简单到复杂，从感性到理性，符合学生的认知规律。

教学过程中，教师先让学生将长方形纸片对折，再按要求剪出一个三角形（等腰三角形），然后利用这个三角形作为引子导入新课。引出等腰三角形的概念后，又从一个抽象的等腰三角形出发，让学生探究这个三角形的边与边、角与角、图形整体有什么特征，从具体到抽象，从简单到复杂。之后，教师要求学生进行理论论证，引导学生不断思考，从而达到教学目标。

4. 技术的运用与板书再现和谐统一，相得益彰。

教学过程中，教师利用多媒体技术对剪纸、作辅助线的过程进行了动态演示，技术运用自然流畅，画面美观大方，很好地吸引了学生的注意力，加之板书的适时再现，令整个学习过程浑然一体。

总之，这节课的设计充分发挥了学生学习的积极性、主动性，从而使学生轻松愉快地完成了学习任务。

陕西省教育科学研究所　马亚军　马熙莹

“菱形”教学设计

渭南市前进路中学　郭凤玲

教材分析

“菱形”是北师大版数学八年级上册第四章第三节中的内容，它是在学生学习了平行四边形的概念、性质及判定条件之后，具备了初步的数学活动经验的基础上讲授的。数学新课标中对本课内容的要求为，探索并掌握菱形的基本性质与判定。这节课主要学习菱形的概念、性质及判别方法。这节课的内容既是前面所学知识的深化，又是后面学习正方形知识的基础，起着桥梁和纽带的作用，同时也能为九年级时进一步学习特殊的平行四边形的证明奠定基础。

学情分析

学生刚学完平行四边形的概念、性质及判定条件，而菱形是特殊的平行四边形，因此学生已经具备了学习菱形的基础。在日常生活中，学生经常会遇到菱形图案，但他们对这一图形的认识是直观的、肤浅的。在教学中，教师要引导学生充分利用原有的经验及相关知识，通过观察、分析、比较、归纳、概括等，探索菱形的性质及判别方法，使知识学习与能力发展和谐统一，使学生不仅学到科学的探究方法，而且体验到探索过程的甘苦，体会到成功的喜悦。

教学重难点

重点：菱形的概念、性质及判别方法。

难点：对菱形的性质及判别方法的探索。

教学目标

1. 通过学习教材，掌握菱形的概念、性质和判别方法。

2. 经历探索菱形的性质和判别方法的过程，让学生在观察、操作和分析的过程中，增进主动探究与合作交流的意识，进一步了解和体会推理的基本方法。

3. 让学生通过观察、动手操作、讨论交流、归纳总结，感受身边的数学，积累合作、交流经验，逐步养成勇于实践的良好习惯；通过感受菱形的和谐美、对称美，燃起学习数学的热情，逐渐树立起学好数学的信心。

资源利用

1. 教学环境的设计与准备：在教学过程中创设问题情境，体现学生的主体地位，发挥教师的主导作用，以平等、尊重的态度鼓励学生积极参与教学活动；在合作、交流的过程中营造生生互动、师生互动的课堂氛围，启发学生共同探索，让学生处于一种积极思维、主动探究的学习状态。在教学过程中引导学生经过观察、思考、探索、交流等活动获得知识，形成技能，进而提升能力，培养学生的自学能力和创新意识。

2. 教学用具的设计与准备：利用直尺、三角板、自制菱形、量角器、剪刀、纸等传统教具；借助多媒体课件来演示，增加课堂容量和教学的直观性。

教学过程

一、创设情境，引入课题

1. 教师提问，并用课件出示问题。

(1) 怎样的四边形是平行四边形？

(2) 平行四边形有哪些性质？

(3) 如何判别一个四边形是不是平行四边形？有几种判别方法？

学情预设：学生回答问题时可能会比较乱，教师应启发学生从“边”“角”“对角线”这几个方面进行归纳和总结，提高学生的归纳能力，为学生利用分类的方法来讨论菱形埋下伏笔。

【设计意图】从学生已有的认知基础出发，既加深学生对已学知识的理解，又为本节课的顺利进行做好铺垫，温故而知新。

2. 初步认识菱形。

运用多媒体动态地展示将平行四边形的一边进行平移得到菱形的转化过程。

【设计意图】用动画引起学生对菱形相关知识的学习兴趣，为后面的学习做好铺垫。这样的动画演示，能使学生很容易发现菱形不仅是一个特殊的平行四边形，而且它的邻边是相等的。

引入新课：这节课我们一起来探究菱形。(教师板书课题)

二、合作探究，理解菱形的概念

教师投影出一组生活中的美丽图片，里面有丰富的菱形图案。

问题1：图片中有许多这样的特殊的平行四边形——菱形，它特殊在哪里？

引导学生从边的角度说出菱形的特征。

板书菱形的定义：有一组邻边相等的平行四边形叫作菱形。

(强调：第一，菱形是平行四边形；第二，它的一组邻边相等。)

问题2：你还能举出生活中常见的菱形吗？

【设计意图】让学生感受图形之美，从数学的角度观察图形的特征，丰富学生对菱形的直观认识，帮助学生形成菱形的概念。

师：知道了菱形的定义，下面我们来探究它的性质。

三、合作探究菱形的性质

1. 动手实验，探究新知。

教师给每一位同学发一张菱形纸片。

师：将你们手中的菱形纸片折一折、量一量，你有什么发现？

学生先独立探究。

【设计意图】 让学生通过观察、操作、思考，发现菱形的性质，激发求知欲，感受知识的形成过程，积累数学活动经验。

2. 小组内交流发现的结论。

教师巡回观察，适时引导点拨。

【设计意图】 通过小组内的交流，完善学生对菱形性质的认识，让不同层次的学生都有所收获。

3. 小组代表发言，说出本组发现的结论，归纳菱形的性质。

教师引导学生分别从“边”“角”“对角线”“对称性”等角度进行梳理，归纳菱形的性质。

4. 板书菱形的性质。

多媒体动态呈现菱形的性质。

【设计意图】 引导学生对菱形的性质进行归纳，并用多媒体展示，让学生对菱形的性质有一个从直观到抽象、由感性到理性的升华。

四、合作探究菱形的判别方法

1. 动手实验，探究新知。

问题1：小颖参加剪纸兴趣班，老师给她布置了一个作业：用一张长方形纸片，剪出一个美丽的菱形。请你帮忙剪一剪，试试看。

教师巡回观察，适时引导和点拨。

问题2：你是怎样裁剪的，为什么这样做得到的图形就是菱形？

学生小组讨论交流，说明理由。

【设计意图】 引导学生通过折纸和裁剪得到菱形，并试图让学生说出“为什么这样做得到的图形是菱形”。这一环节重在激发学生的学习兴趣和积极性，同时引导学生积极思考，从现象中探求本质。

2. 归纳菱形的判别方法。

教师引导梳理，板书菱形的判别方法。

【设计意图】 先让学生观察、思考、分析，同学间互相交流，然后鼓励学生发言，锻炼学生的表达能力，让学生的个性得到充分展示，最后教师与学生一起归纳总结，得出菱形的判别方法。

五、巩固新知，课内提升

问题：木工在做菱形的窗格时，总是保证四条边框一样长，你能说出其中的道理吗？

教师鼓励学生独立思考，举手回答。

【设计意图】让学生运用菱形的判别方法解决实际问题，既体现菱形知识在现实生活中的应用，又加深学生对菱形的判别方法的认识，增长学生的知识，提升学生的能力。

六、总结反思

问题1：通过探究学习，这节课你收获了哪些知识、方法？

问题2：你还有哪些困惑？

给学生充分的时间回顾并归纳本节内容，鼓励学生畅所欲言，在学生谈收获的基础上，教师梳理知识结构，帮助学生理清知识层次。

【设计意图】带领学生重温整节课的学习内容，帮助学生梳理所学知识，提高学生的认识水平，培养学生的归纳总结能力和语言表达能力。

七、课外作业

必做题：课本110页第2、3题。

选做题：

1. 菱形$ABCD$的边长是4，且$\angle ABC=120°$，E为BC边的中点，在BD上求一点P，使PC与PE的和最小，最小是多少？

2. 争当最棒设计师：利用今天所学的菱形知识，设计美丽的图案，装点我们的教室。

【设计意图】巩固所学知识，培养学生的应用意识，进一步发现和弥补教学中的不足，强化基本技能训练，培养学生良好的学习习惯和思维品质。

板书设计

菱　形

一、菱形的定义：一组邻边相等的平行四边形叫作菱形。

二、菱形的性质
- 边：对边平行，四条边都相等。
- 角：对角相等，邻角互补。
- 对角线：互相垂直平分；每一条对角线平分一组对角。
- 对称性：轴对称图形(对称轴是两条对角线所在的直线)。

三、菱形的判别方法
- 四条边都相等的四边形是菱形。
- 一组邻边相等的平行四边形是菱形。
- 对角线：对角线互相垂直的平行四边形是菱形。

教学反思

本节课主要学习菱形的概念、性质及判别方法。总体来看，这是一节比较成功的课。反思教学过程，我觉得本节课的成功之处有以下几点。

1. 重视动手操作，积累数学活动经验。

本节课的每一个环节都充分体现了以学生为主体的教学理念，让学生自己动手探索，使学生觉得自己的探索是有意义、有价值的，也是充满创造性的，从而培养他们的自信心，激发他们对学习的浓厚兴趣。而且，对于自己探索出来的结论，学生的记忆会更加深刻，理解也会更加到位。这种教学方式，有助于学生创新意识和实践能力的发展。让学生经历数学知识的形成过程，有助于培养学生的合情推理能力，发展他们的逻辑思维能力。在探究菱形的性质时，我让学生将手中的菱形纸片折一折、量一量，采取动手操作的方式进行探究；在探究菱形的判别方法时，我先让学生用一张长方形纸片剪出一个菱形，然后进行探究，这样可以激发学生的学习兴趣和积极性，帮助学生积累数学活动经验。

2. 创设情境，搭建交流平台。

我立足于学生的生活经验和已有的数学活动经验，创设恰当的问题情境，引导学生独立思考。学生在独立思考的基础上进行合作研究，在合作中发挥个人的自主性，这有利于培养学生的创新精神和实践能力，有利于增强学生学习的自信心和克服困难的意志力，也有利于培养学生的自主意识和合作精神。在探究菱形的性质时，我让学生通过观察、操作、思考，直观地发现菱形的性质，感受知识的形成过程。在探究菱形的判别方法时，我先让学生动手做和动脑思考，然后要求学生与同伴交流、合作，归纳出菱形的判别方法，这样不仅能使学生更易接受，还能让他们在学习过程中享受到探索的快乐。另外，我还让学生积极讨论和发言，以此锻炼学生的表达能力，让学生得到充分的展示机会。

3. 注重几何直观与简单推理的结合。

本节课中每个基本事实的获得，都以问题的解决为中心，我始终注重从学生已有的认知出发，寻找规律，使学生在解决问题的过程中感悟新知，发展能力。同时，我结合本阶段的教学目标和八年级的推理训练要求，适度渗透推理的方法。如在引导学生判定一个图形是不是菱形时，我先让学生通过折叠和裁剪的方法得到菱形，然后要求他们说出“为什么这样做得到的图形就是菱形”。在这一过程中，动手操作的活动可以激发学生的学习兴趣和积极性，促使学生积极思考，从现象中探求本质。

4. 合理使用多媒体。

我在课堂上借助多媒体课件来演示，以增加课堂容量，增强教学的直观性。本节课从精美的菱形图片导入新课，很好地吸引了学生的注意力，使他们感受到数学是真实的、亲切的，生活中处处有数学，同时也使他们感受到多媒体教学的优势。另外，我通过动画演示菱形沿着对角线折叠的过程，形象直观地展现菱形的对称性，既深化了学生对菱形性质的认识，又为探究菱形的判别方法做好铺垫。

5. 注重学生的过程性参与。

在教学中，我让学生经历了折叠、剪切、拼摆等活动，通过信息加工、归纳猜想等，感悟知识的形成和发展过程，这种方法符合学生认识图形的规律，有助于培养学生主动探索、勇于实践、善于发现的科学精神及合作交流的学习习惯。之后，我引导学生整合菱形的知识信息，对猜想进行验证，并遵循数学“合理性”的特点，培养学生的合情推理能力。整堂课散发出浓郁的“做数学”的味道。另外，让学生走上讲台，表达自己的想法，暴露思维过程，有助于生生之间、师生之间的思维碰撞、交流及学生口头表达能力的提高。

反思教学过程，我也发现了一些不足之处，需要进一步完善和改进。如因为这节课只安排了一课时，知识容量较大，一些教学环节显得比较仓促，没有让更多的学生发表自己的意见和想法；对学生能力方面的训练不够，学生的说理能力有待进一步提高；部分小组的讨论流于形式。

个人简介

郭凤玲，中学一级教师，现任教于陕西省渭南市前进路中学，曾获“渭南市教学能手”“陕西省教学能手”等称号。

专家点评

本节课教学，教师根据学生学习和认知的实际，确定了合理的教学目标，采取了恰当的教学方法；通过对课程内容的整合，选择了切合实际的教学过程和教学流程。教师有效地将课程内容科学地衔接在一起，丰富的素材、合理的情境、适时的方法指导，使整个教学过程浑然一体，为教学任务的完成和学生的有效学习奠定了基础。本教学设计具备以下三个特点。

1. 创设情境，以问题为切入点。

本节课中“复习回顾—理解菱形的概念—探究菱形的性质—探究菱形的判别方法—问题解决—回顾反思”等六个环节的创设，较好地将学习内容有机地整合为一体。每个环节中，教师都通过设计切合实际的问题，引导学生观察、分析、思考。这些问题层次分明，难易适当，题量合理。学生在教师的引领和指导下，通过对问题的分析、探索和解决，了解了菱形的概念、性质及判定方法，进而认识菱形。在这个过程中，学生分析问题、解决问题的能力得以提高。

2. 注重探索，重视学生的动手实践。

课堂中，问题的提出、分析和解决均渗透了探索意识和方法。教师运用多媒体将图片、问题内容、图形变换的动态过程一一呈现在学生面前，贯穿于学生动手折叠、剪裁等实践活动中，有利于激发学生的求知欲，让学生在动手实践、讨论和交流中感受知识产生和发展的过程，这对于培养学生的观察、分析、解决问题能力大有裨益。

3. 重视推理，注重引导学生进行理性思考。

教学过程中，教师引导学生从图形的边、角、对角线及图形整体四个方面进行剖析、挖掘，从而认识图形，找到它们之间的位置关系、等量关系和不等关系，并在这个过程中关注学生良好思维习惯的培养，将推理、论证思想渗透其中，有效地培养了学生的理性思维能力。

总之，这节课科学、合理地进行了情境创设，学生的合作、探究、展示、交流等活动设计合理，教学环节完整。但也有需要改进的地方，如知识量过大，学生的参与度和教师的引导不足，若继续探索和改进，教学效果将更好。

陕西省教育科学研究所　马亚军　马熙莹

“一元一次方程小结”教学设计

安康市旬阳县城关第一初级中学　龙立芬

教材分析

本节课选自人教版数学七年级上册第三章，是一节小结与复习课。数学新课标对本章的教学要求有，掌握等式的性质，利用它们探究一元一次方程的解法；经历“把实际问题抽象为方程”的过程，体会方程是刻画现实世界的有效模型。本节课是在学生系统地学习了一元一次方程的概念、解法、运用的基础上展开的，主要任务是将本章所学的主要知识进行归纳，形成知识链，以知识结构图的形式呈现，并辅以例题和练习，从而帮助学生构建知识网络。关于本章的知识结构图，教材特别强调要结合具体问题加以认识，以帮助学生更加深刻地认识数学建模和解一元一次方程的基本过程，明确化归思想是解方程的基本指导思想，从而引导学生熟练掌握一元一次方程的解法和运用，顺利实现教学目标，同时为学生进一步学习二元一次方程组、不等式及一元二次方程打下坚实的基础。

学情分析

经过前面的学习，多数学生基本掌握了一元一次方程的解法和应用，初步经历了运用方程模型解决实际问题的一般过程，进一步感受了方程是解决实际问题的重要数学模型，面对实际问题能够主动尝试从数学的角度探寻其解决策略。从学习习惯上看，学生在小学阶段形成的解决问题的思维模式（用算术法解题）根深蒂固，仅仅在六年级时接触了一点点方程知识，因此实现从算式到方程的过渡是一个缓慢的渐进过程，不可一蹴而就。另外，解方程的依据是等式的性质，初学者极易将其与代数运算混淆（出现联等式）。从解决问题的策略上讲，有些问题的解决还无法凸显方程的优越性，这样势必会干扰学生运用方程解决实际问题的意识的形成。所以，教师应通过对本章知识的系统归纳与整理，加强主要知识点的强化训练，加深学生对方程思想的理解，使学生养成用方程解决问题的习惯。另外，学生的数学语言、解题习惯还存在不规范或错误的情况，在教学中要注意加以纠正。

资源利用

在教学中，以学生独立思考、解决问题为主，讨论交流、教师点拨为辅。为了保证教学的有效推进，将运用多媒体课件、导学案辅助教学。

教学目标

1. 整体认识并建构本章知识网络，巩固并掌握一元一次方程的解法；准确找出问题中的等量关系，建立方程模型；能够在解决实际问题的过程中，判断一个方程的解的合理性。

2. 经历本章知识的整理与重构过程，进一步体会方程是刻画现实世界的有效的数学模型；进一步体验解决问题策略的多样性，发展实践能力和创新精神，丰富数感和符号感。

3. 通过知识整理、重组、建构过程发展归纳与概括能力；通过梯次递进的变式训练，及时反馈对本章知识的掌握情况，强化应对解方程和建立方程模型过程中的各种困难的能力，进一步获得独立克服困难和运用知识解决问题的成功体验。

教学重难点

重点：一元一次方程的概念、解法及简单应用。

难点：一元一次方程的解法及简单应用。

教学过程

问题与情境	师生互动	多媒体使用与设计意图
活动一：揭示课题，提出要求（4分钟） 1. 出示复习目标：掌握一元一次方程的相关概念；掌握一元一次方程的解法及简单应用。 2. 复习重难点：一元一次方程的解法及简单应用。 活动二：明确任务，反思回顾（4～5分钟） 学生带着以下问题阅读教材并独立思考： 1. 本章学习了哪些概念和性质？你知道一元一次方程的解答步骤吗？ 2. 请你根据本章知识要点，在下图的空白处填上适当内容。	【教师活动】 1. 揭示并板书课题。 2. 出示复习目标。 3. 指导学生进行知识回顾与总结。	【多媒体使用】 出示复习目标。 【设计意图】 任务驱动式的复习，增强了反思回顾的针对性和时效性。通过知识结构图，使学生很好地了解本章知识之间的联系。

（续表）

问题与情境	师生互动	多媒体使用与设计意图
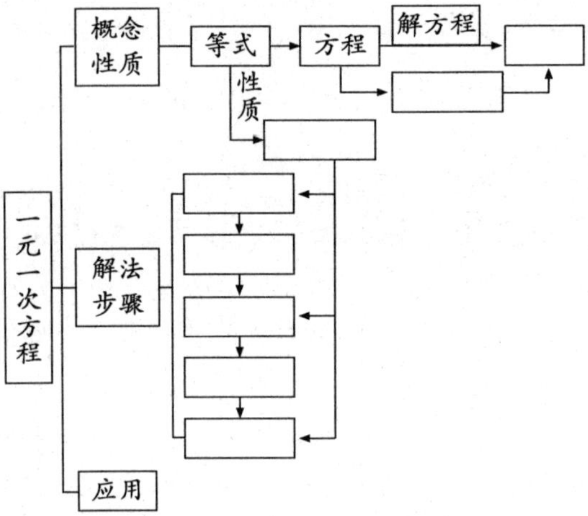 活动三：交流展示，梳理建构（6 分钟） 引导学生完善知识结构图，并对相关要点知识进行强化训练。	4. 重点强调一元一次方程的概念，以及解一元一次方程的一般步骤。 【学生活动】 1. 根据教师所提问题，回忆本章知识。 2. 根据自己对本章知识的理解，构建知识结构图。	
活动四：变式训练，查漏补缺（22 分钟） 1. 查漏补缺，基础闯关。 （1）下列各式中：① $3x-8$，② $x+1=0$，③ $2x-1=3x$，④ $x-2y=0$，⑤ $x^2=0$，⑥ $\frac{1}{x}=2$。其中是一元一次方程的是(　　)。 A. ①②　　B. ⑤③　　C. ②⑥　　D. ③⑥ （2）$x=8$ 是下列哪些方程的解。答案是(　　)。 A. $x+8=0$　　B. $2x-7=x+1$ C. $x^2-64=0$　　D. $2x-7=9$ （3）已知 $a=b$，下列式子中，不正确的是(　　)。 A. $2a=2b$　　B. $-2a=-2b$ C. $a+2=b-2$　　D. $a-2=b-2$ （4）下列方程中，属于一元一次方程的是(　　)。 A. $12-7=5$　　B. $x+y=1$ C. $x-1=0$　　D. $x^2-1=0$ （5）下列方程中，以 4 为解的方程是(　　)。 A. $2x+5=10$　　B. $-3x-8=4$ C. $2x-2=3x-6$　　D. $0.5+3=2x+3$ （6）下列方程变形正确的是(　　)。 A. 由 $3x=-4$，系数化为 1 得 $x=-\frac{3}{4}$ B. 由 $5=2-x$，移项得 $x=5-2$ C. 由 $3x-(2-4x)=5$，去括号得 $3x+4x-2=5$ D. 由 $\frac{x-1}{6}-\frac{2x+3}{8}=1$ 去分母得 $4(x-1)-3(2x+3)=1$ （7）方程 $\frac{y}{2}-\frac{y-1}{6}=1$ 的解是____。 （8）写一个以 $x=-2$ 为根的一元一次方程_____。	【教师活动】 1. 通过讲练结合的办法，加深学生对知识和主要思想方法的认识，利用针对性例题强化重要知识点或薄弱环节。 2. 通过过关练习，了解学生对基础知识的掌握情况，适时给予学法指导。 【学生活动】 1. 一名学生回答教师所提的问题，其他学生给予补充与评价。 2. 独立完成闯关练习，初步检查自己的知识掌握情况。 3. 同桌互评练习。 4. 独立进行学习反思。	【多媒体使用】 1. 出示为回顾知识而提的几个问题。 2. 出示过关练习。 【设计意图】 1. 通过过关练习，加深学生对本章知识的理解，从而指导学生解决具体问题。 2. 以考代练，增强练习的有效性。

（续表）

问题与情境	师生互动	多媒体使用 与设计意图
2. 综合拓展，能力提升。 (1) 巩固练习。 ① 已知 $x=2$ 是关于 x 的方程 $2(x-m)=8x-4m$ 的解，求 m 的值。 ② 若 $\frac{a}{3}+1$ 与 $\frac{2a-7}{3}$ 互为相反数，求 a 的值。 (2) 拓展训练。 ① 若 $2a^3b^{n+1}$ 与 $-9a^mb^3$ 是同类项，求 $2m-3n$ 的值。 ② 当 x 为何值时，代数式 $\frac{2x-3}{6}$ 和 $1-\frac{x+2}{4}$ 的值互为相反数？ ③ 当 k 取何值时，$\frac{k+1}{3}$ 的值比 $\frac{3k+1}{2}$ 的值小 1？ (3) 趣味练习。 ① 小李在解方程 $5a-x=13$（x 为未知数）时，误将 $-x$ 看作 $+x$，求得方程的解为 $x=-2$，则原方程的解为(　　)。 A. $x=-3$　　B. $x=0$　　C. $x=2$　　D. $x=1$ ② 如图所示的两个天平都平衡，则三个球体的重量等于(　　)个正方体的重量。 A. 2　　B. 3　　C. 4　　D. 5 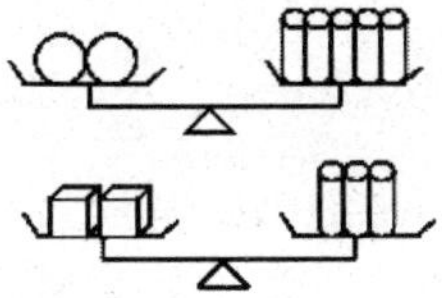	【教师活动】 1. 出示例题，适时评价学生的表现。 2. 引导学生分析题意，综合应用所学知识解决简单的一元一次方程问题，进一步巩固一元一次方程及其解的概念，以及解一元一次方程的一般步骤。 【学生活动】 1. 在独立思考的基础上同桌互助。 2. 独立完成提升训练题，同桌互评，关注并评价其他学生的表现。	【多媒体使用】 出示题目及其答案。 【设计意图】 1. 使学生进一步巩固一元一次方程及其解的概念，以及解一元一次方程的一般步骤。 2. 通过知识的综合应用，增强学生的学习能力。
活动五：深化认知，强化反馈（2 分钟） 1. 归纳小结，深化认知。 (1) 通过这节课的学习，你学到了什么？经历了怎样的过程？对其他同学说一说，你有什么温馨提示？对老师说一说，你还有什么困惑？ (2) 学法指导：学了本章内容后需要理解 5 个概念，掌握 2 个性质，熟练地解一元一次方程，灵活地利用一元一次方程解决相关实际问题，全程体会方程思想和化归思想。课后请积极复习，进一步感受一元一次方程的实际应用价值。	【教师活动】 引导学生自主小结并从知识、方法等方面进行概括小结。 【学生活动】 进行自主小结，注意倾听同伴的意见，反思学习过程中存在的问题，交流学习心得，查漏补缺，处理存在的问题。	【多媒体使用】 出示小结提纲。 【设计意图】 有效解决遗留的问题，让学生在交流中共享，在反思中提升。

（续表）

问题与情境	师生互动	多媒体使用 与设计意图
2. 推荐作业，强化反馈。 必做题：阅读课本第 110 页的内容，完成课本第 111 页的 2、3、5 题。 选做题：课本第 112 页的 7、8 题。 课外探究： (1) 已知关于 x 的一元一次方程 $\frac{1}{2012}x+3=2x+b$ 的解为 $x=2$，求关于 y 的一元一次方程 $\frac{1}{2012}(y+1)+3=2(y+1)+b$ 的解。 (2) 解方程：$\lvert x-5 \rvert=2$。 (3) 关于 x 的方程 $ax=b$，你会解这个方程吗？小明通过探究求出这个方程的解为： ① 当 $a\neq0$ 时，有唯一解 $x=\frac{b}{a}$； ② 当 $a=0$，且 $b\neq0$ 时，原方程无解； ③ 当 $a=0$，且 $b=0$ 时，原方程有无数个解。 讨论：小红认为他解得对，你认为对吗？ 思考：已知关于 x 的方程 $(a-2)x-1=b$ 有无数个解，则 b^a 等于多少？	【教师活动】 分层次布置作业。 【学生活动】 按时、按要求自主完成作业。	【多媒体使用】 出示作业内容及要求。 【设计意图】 将课堂知识延伸到课外，使学生进一步巩固知识。

板书设计

3.5.2　一元一次方程小结

一、知识

（理解）5 个概念＋（掌握）2 个性质＋（熟练）1 种解法

二、学法指导

1. 遵守正确的法则

2. 书写完整的步骤

3. 感悟化归的思想

教学反思

本教学设计按照“任务驱动，反思回顾—查漏补缺，基础过关—综合拓展，能力提升—归纳所学，深化认知—推荐作业，强化反馈”的流程展开，旨在强化学生的问题意识和建构意识，帮助学生理清知识脉络、建构知识网络，在使所学知识更加条理化、系统化的基础上，查漏补缺、拓展延伸。

具体做法为，先引导学生系统回顾本章所学主要知识，培养学生的归纳概括能力，然后通过讲练结合的办法，加深学生对知识和主要思想方法的理解与认识，利用针对性练习强化重要知识点或薄弱环节。我采用以学生独立思考为主、讨论交流为辅的学习方式，为学生创造自主学习的机会，使不同层次的学生都能领悟基本的复习方法。针对复习课信息量大的特点，我创造性地应用数字化概括的方法，化繁为简，深入浅出地帮助学生自查知识掌握情况，从而有效完成教学目标。

下面结合教学中的实际情况，谈一下复习一元一次方程的过程中存在的问题。在复习一元一次方程的解法时，逐一强调了各步骤，即去分母、去括号、移项、合并同类项、系数化为1的注意事项，但在去括号时，学生往往只注意了符号而忽略了去括号时要应用分配律乘以括号里的每一项。如解方程 $3(2x-4)-7(x-6)=12$ 时，有些学生错做成 $6x-4-7x+6=12$。又如，个别学生在有理数加减乘除混合运算中，经常在去分母或在解方程时出现“原式＝”这样的错误。可见教学中对一元一次方程与有理数加减或整式加减的类比较少，需进一步纠正。

此外，解方程和列方程是学习方程的两个重点内容，两者相比较，解方程的目的性和解法的程序性明显，而列方程不能简单地套用某一方法，而要对每一个问题进行具体分析，显然列方程更是难点。本教学设计第一课时着重复习解方程，第二课时着重复习列方程的策略方法，虽然第一课时轻松地完成了教学目标，但没有分担第二课时的任务，势必会造成第二课时教学任务完成得不够彻底，这是改进本设计时应重点思考的问题。

个人简介

龙立芬，中学一级教师，陕西省安康市旬阳县城关第一初级中学数学教师，曾获“安康市课改先进个人”“陕西省教学能手”等称号。

专家点评

数学复习课是根据学生的认知特点和规律，在学习数学知识的某一阶段，以巩固、梳理已学知识、技能，促进知识条理化、系统化，提高学生运用知识解决实际问题的能力为主要任务的一种课型。其主要目的有三个：一是帮助学生理清知识的纵横关系，疏通知识脉络，建构知识网络；二是查漏补缺；三是拓展延伸。“一元一次方程”的教学重点是让学生了解它的解法，算理依据是等式的性质，解方程过程蕴含化归思想。

从设计层面看，教师以一元一次方程的基本概念和解法为主线，以教材和层递性变式练习题为载体，首先揭示课题，提出要求（教师），其次明确任务，反思回顾（学生），再次展示交流，归整建构（师生合作梳理知识脉络，厘清知识纵横关系，构建知识结构图），然后进行变式训练，补漏延展（师生合作），最后深化认知，强化反馈，体现了“以学定教，先学后教，多学少教”的理念和“低起点，小步子，快节奏，立体式，大容量”的高效课堂要求。任务驱动式的复习策略，提高了复习教学的针对性和时效性。以练代讲的问题呈现形式不仅有利于学生理解核心概念和算法的本质特征，而且从根本上规避了对概念的机械、重复讲解，给学生以旧课新上的感觉，有效地激发了学生自主探究的兴趣与潜能；梯度分明的变式训练既有利于夯实基础，又有利于拓展延伸；“问题引探，交互评价”式的小结方式，不仅有利于深化认知，而且有助于帮助学生进一步认识自我、建立学好数学的自信，形成实事求是的态度以及进行质疑和独立思考的习惯；数字化概括小结提纲挈领，有利于发展学生的抽象概括能力；分层次推荐作业使得“人人都受到良好的数学教育，不同的人在数学中得到不同的发展”的课程理念得以体现。

从实施层面看，教师基本做到了突出一个中心——以问题解决为中心；实现两个转变——由知识机械重复向知识重组重构转变，由单项传授向“问题诱导、自主探究、交互评价”等多向信息交流转变；达到三个整合——知识梳理与思想方法渗透整合，查漏补缺与拓展延伸整合，传统教学手段与现代信息技术手段有效整合；遵循四个原理——情意原理（教师始终以亲切的教态、激情洋溢的神态、抑扬顿挫的语态感染、带动着学生）、序进原理、反馈原理和活动原理（教学过程活动化）；凸显“五化”——设计问题化、过程活动化、活动练习化、练习要点化、要点目标化；做到六个尽量——问题尽量让学生解决，过程尽量让学生经历，方法尽量让学生归纳，规律尽量让学生探究，思想尽量让学生体验，是非尽量让学生评判。

总之，本节课目标定位准确，并能较全面地落实教学目标，对“接触重点快，学习重点慢，应用重点多”的突出重点策略运用恰当，同时，遵循了学生的认知规律，凸显了学生在教学活动中的主体作用，注重提高学生的学习兴趣，充分激发学生学习的内在动力，这种“先学后教，先练后导，先尝试后归纳”的探究式教学方式有利于培养学生的数学应用意识与创新意识，是素质教育课堂教学的一种新尝试。

此外，我还有几点建议：第一，若在“梳整建构”环节以“还有不同的建构方法吗?”引导学生对思维导图进行发散建构，则更有利于引导学生多渠道建构知识网络，发展数学思考能力；第二，若在“变式训练”环节能从题量上稍作压缩，围绕变数字、变形式、变结构、给方程赋予实际背景等问题的演变过程，则既有利于引导学生感知数学“万变不离其宗”的魅力，又可将过程督查落到实处。

安康市旬阳县师训教研中心　陈文娣

“从梯子的倾斜程度谈起”教学设计

西安高新第一中学　雒　萍　赵冬艳

教材分析

《从梯子的倾斜程度谈起》是北师大版数学九年级下册第一章“直角三角形的边角关系”中的内容，教学需要两个课时，本节课是第一课时。本节课是在学生学习了直角三角形中角之间的关系、边之间的关系的基础上进行的，旨在为进一步研究直角三角形的边角关系奠定基础。依据数学新课标的理念，本节课的教学应突出体现探索直角三角形中边角关系的过程，让学生从根本上理解锐角三角函数正切的意义。正切是生活中用得最多的三角函数概念，如刻画物体的倾斜程度、山的坡度等往往都用正切来表示，而正弦、余弦的概念是类比正切的概念得到的，因此本节课的学习也为正弦和余弦的学习做了铺垫。

直角三角形中边角之间的关系是现实世界中应用广泛的关系之一，锐角三角函数在解决现实问题中有着重要的作用。如在测量、建筑、工程技术和物理学中，人们常常会遇到距离、高度、角度的计算问题，一般来说，这些实际问题中的数量关系问题往往可以归结为直角三角形中边与角的关系问题。因此，这一内容的学习对于解决现实生活中的问题意义重大。

学情分析

九年级的学生已具有较强的抽象思维能力和独立思考能力，能够运用恰当的数学思想方法分析问题和解决问题。本节课授课班级的学生基础知识扎实，语言表达清晰准确，已经积累了一定的数学活动经验，并且形成了乐于交流、勇于探索的学习习惯。

虽然学生以前没接触过锐角三角函数，加上以角度为自变量这样特殊的函数概念比较难理解，学生学习起来会有困难，但是学生对直角三角形的性质和相似三角形的有关知识已经熟练掌握，同时，梯子在生活中比较常见，学生对梯子倾斜程度的判断也有一定的生活经验，这些已有的知识和经验使学生具备了理解正切概念的基础。因此，本节课主要采用"引导探究法"进行教学，通过循序渐进、环环相扣的问题，让学生在自主探索和合作交流中逐步体会梯子的倾斜程度与哪些量有关，它们之间有怎样的关系，从而引出正切的概念。同时，为了让学生通过观察、分析，发现直角三角形中角与两直角边的比值之间的关系，从而正确地理解正切的概念，本节课运用的学法是"自主探究法"和"推理法"。

资源利用

1. 拟在多媒体室上课，以便跟踪分析和研究，进一步完善教学设计。

2. 利用教材及三角尺等资源，同时利用多媒体展台、课件等增强教学内容的直观性，通过动态演示辅助教学。

教学目标

1. 经历探索直角三角形中边角关系的过程，通过本节课的学习理解正切的意义及其与现实生活的联系；能够用直角三角形中两直角边的比表示生活中物体的倾斜程度、坡度等。

2. 经历观察、猜想等数学活动过程，发展合情推理能力，能有条理、清晰地阐述自己的观点；体验数形之间的联系，逐步学习利用数形结合的思想分析问题和解决问题，提高解决实际问题的能力；体会解决问题的策略的多样性，发展实践能力，发扬创新精神。

3. 积极参与数学活动，对数学产生好奇心和求知欲，形成实事求是的态度及独立思考的习惯。

教学重难点

重点：理解正切的数学含义，能够用 tanA 表示直角三角形中两直角边的比。

难点：感受直角三角形中角和两直角边之比的关系，从而正确理解正切的概念。

教学过程

一、创设情境，引入新课

（课件出示问题：有一根旗杆 AB，在地面上旗杆 AB 的左侧找到一点 C，测得 BC 的长度为 8 米，同时测量出 $\angle ACB$ 为 55°，你能求出旗杆 AB 的高度吗?）

师：我们把这个实际问题抽象成一个数学问题。这是一个直角 $\triangle ABC$，告诉了你一个锐角的度数和一条直角边的长度，让你求另一条直角边的长度。这条直角边的长度能不能求出来呢？在直角三角形中，边之间有什么关系？（勾股定理：两直角边的平方和等于斜边的平方）角之间有什么关系？（两个锐角互余）角与边之间又有什么关系呢？带着这样的问题，让我们打开课本，一起来研究直角三角形中的边角关系。在这一章学完以后，我相信大家就能轻松地解决此类问题了。那么，我们今天就从梯子的倾斜程度谈起。（板书课题“从梯子的倾斜程度谈起”）

【设计意图】创设具体的问题情境，拉近了研究问题与学生生活实际间的距离，体现了数学与生活的紧密联系，有助于激发学生的求知欲望，调动学生的积极性，同时也能使学生对所研究的问题有丰富的感性认识，为深入研究奠定基础。

二、探索新知，理解概念

师：下面我们来看一个有关梯子的实际问题。

探究一：

如下图所示，一个梯子斜靠在墙上。滑动前（图中 AB）与滑动后（图中 $A'B'$）的位置的梯子，哪一个更陡些？你是根据什么判断的？

生：滑动后的梯子陡，因为梯子与地面的夹角变小了。

（教师介绍倾斜角、铅直高度、水平宽度等概念。）

生：要比较两个梯子的倾斜程度，可以通过平移，将两个梯子叠放在一

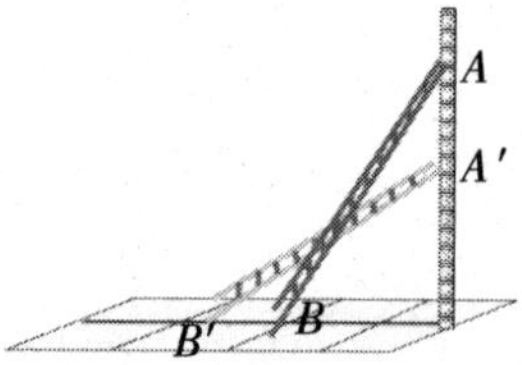

起，保证上端点或下端点重合，然后比较两个倾斜角的大小。

师：你能运用转化思想，很好。

探究发现一：倾斜角越大，梯子越陡。

【设计意图】理解正切的数学含义是本环节的重点，所以在引出正切概念时设计了三个探究活动，从三个层次逐步阐明了正切的数学含义。以上环节是第一层次，意在引导学生探究用倾斜角刻画梯子的倾斜程度。

师：还能如何刻画梯子的倾斜程度呢？我们继续探究。

探究二：

1. 课件出示问题：在如下的左图中，梯子 AB 和梯子 EF 哪个更陡，你是怎样判断的？你有几种判断方法？能与大家交流一下吗？

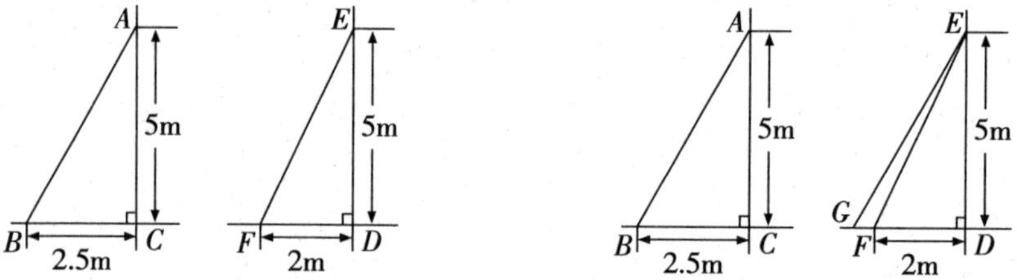

生：梯子 EF 比梯子 AB 更陡。

师：你是如何判断的？

生：我们可以把梯子 AB 向右平移，把两个梯子放在同一面墙上，通过比较倾斜角的大小来比较两个梯子哪个更陡。过点 E 作 AB 的平行线交于点 G（如上面的右图），所以 $\angle ABC=\angle EGD$。我们要看这两个梯子谁更陡，就是要看 $\angle EGD$ 和 $\angle EFD$ 谁大。因为 $\triangle ABC\cong\triangle EGD$，所以 $GD=BC=2.5m>DF$，即点 G 在 DF 的延长线上，那么 $\angle EFD$ 是 $\triangle EGF$ 的外角，又因为三角形的外角大于任何一个与它不相邻的内角，所以 $\angle EFD>\angle EGD$，即梯子 EF 更陡。

师：你利用了转化的思想，非常好！我们再来看一个问题。

2. 课件出示问题：在如下的左图中，梯子 AB 和梯子 EF 哪个更陡？你是怎样判断的？

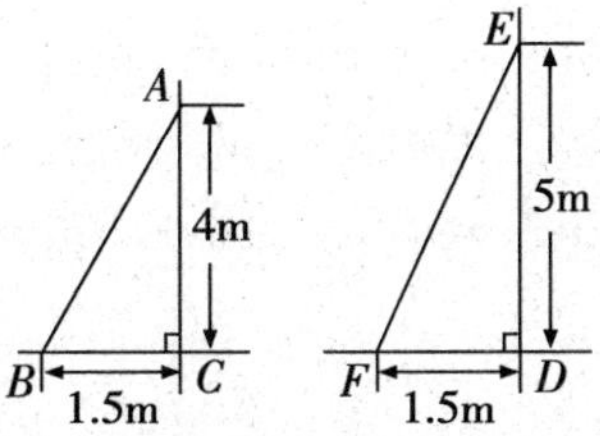

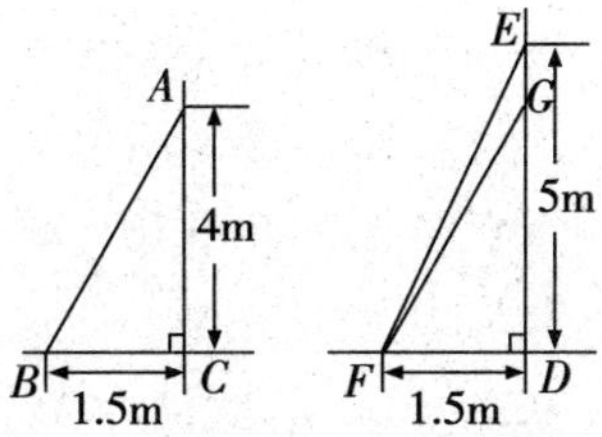

生：和刚才的方法类似，我们可以过点 F 作 AB 的平行线交于点 G（如上面的右图），所以 $\angle ABC=\angle GFD$，而 $\angle EFD>\angle GFD$，所以梯子 EF 更陡。

师：很好，上面的两个问题，大家都是通过比较倾斜角的大小来判断梯子的倾斜程度的，倾斜角越大，梯子越陡。

3. 课件出示问题：在下面的左图中，梯子 AB 和梯子 EF 哪个更陡？你又是怎样判断的？

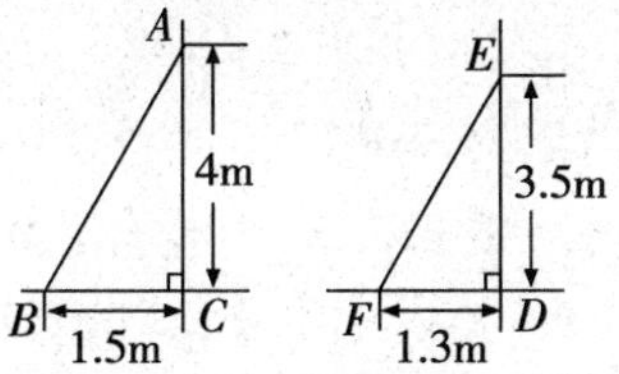

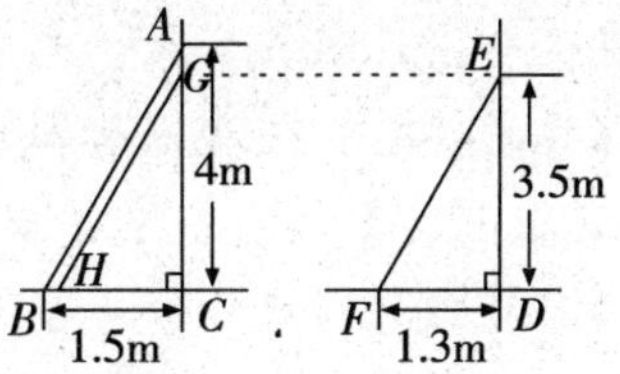

师：观察上图可以发现，两个梯子的铅直高度和水平宽度都不相同，而且两个梯子的倾斜角度也很接近，此时要判断哪个梯子更陡就比较困难了。下面，请同学们先独立思考，再分小组进行讨论，最后请每个小组派一名代表阐述你们组的解决方法。

（在小组讨论时，教师给学生以点拨，询问学生能不能从刚刚已有的解决方法和结论中得到什么启示。）

生：在 AC 上截取一点 G，使 $CG=DE$，过点 G 作 AB 的平行线 GH（如上面的右图），则 $\triangle CGH\backsim\triangle CAB$，由相似三角形的性质可求出 CH 的长，再将 CH 与 DF 的长度进行比较，这样就转化成以前解决过的问题了。

师：这位同学巧用相似三角形的特点，将问题转化为比较水平宽度，非常好！同学们再来观察这些图中所给的数据，这些数据中蕴含的规律对你有什么启示？

生：我发现在第 1 幅图中，$\frac{5}{2}>\frac{5}{2.5}$，所以 EF 更陡；在第 2 幅图中，

$\frac{5}{1.5}>\frac{4}{1.5}$，所以 EF 更陡；在第 3 幅图中，$\frac{3.5}{1.3}>\frac{4}{1.5}$，同样是 EF 更陡。所以我们可以得到“铅直高度与水平宽度的比值越大，梯子越陡”这一结论。

师：太棒了，这位同学运用类比归纳的方法，发现了规律。我们可以通过计算铅直高度与水平宽度的比值来比较梯子的倾斜程度，这种方法更简单易行。

4. 课件出示问题：在下图中，梯子 AB 和梯子 EF 哪个更陡呢？

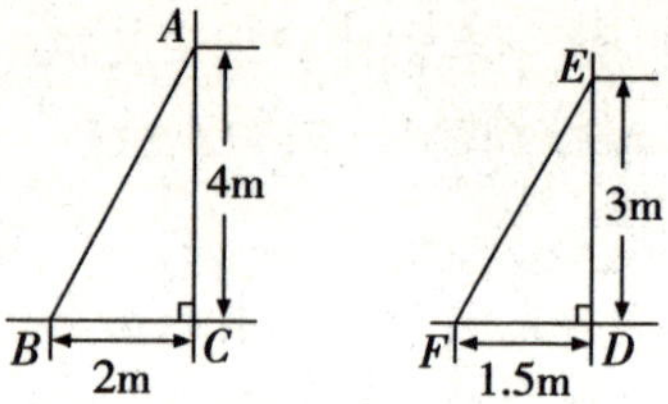

生：因为 $\frac{4}{2}=\frac{3}{1.5}=2$，所以两个梯子一样陡。

（教师总结：铅直高度与水平宽度的比越大，梯子越陡。）

师：下面让我们直观感受一下。

（教师利用多媒体演示梯子上升变陡的动画。）

师：在梯子上升变陡的过程中，倾斜角在变大，铅直高度在变大，水平宽度在变小，比值在变大。

探究发现二：铅直高度与水平宽度的比越大，梯子越陡。

【设计意图】以上环节是第二个层次：探究用铅直高度与水平宽度之比刻画梯子的倾斜程度。这也是本节课的难点。为了突破这一难点，我设计了四个环环相扣的问题。问题一给出两个铅直高度相同而水平宽度不同的梯子，让学生比较它们谁更陡。此时学生可以利用上一环节总结出的方法——通过平移来构造全等三角形，从而利用倾斜角的大小来比较哪个梯子更陡。问题二给出两个水平宽度相同而铅直高度不同的梯子，让学生比较它们谁更陡，解决方法与解决问题一的方法类似。问题三给出两个铅直高度和水平宽度都不相同的梯子，让学生比较它们谁更陡。当学生思考出现困难时，我给了充分的时间让学生自主探究和合作交流，使学生发现可以用铅直高度与水平宽度之比刻画梯子的倾斜程度。之后，我通过多媒体动画演示，加深了学生对这一结论的理解，从而突破了难点。另外，多媒体动画也让学生感受到倾斜角和铅直高度与水平宽度的比值之间存在着某种关系，从而为之后的探究做好了铺垫。问题四给出了两个倾斜程度相同的梯子，目的是引导学生验证和运用新结论。在解决以上问题的过程中，学生要用到转化、类比归纳和数形结合的思想方法，同时也能积累数学活动经验。

师：“倾斜角”和“铅直高度与水平宽度的比值”既然都能用来判断梯

子的倾斜程度，而且在刚才的动画演示中，我们发现当倾斜角变大时，铅直高度与水平宽度的比值也随之变大，那么它们之间是否存在着某种固定的关系呢？我们继续探究。

（课件出示右图及问题：若小明不能顺利测量梯子顶端到墙脚的距离 B_1C_1，进而无法刻画梯子的倾斜程度，他该怎么办？你有什么好办法？）

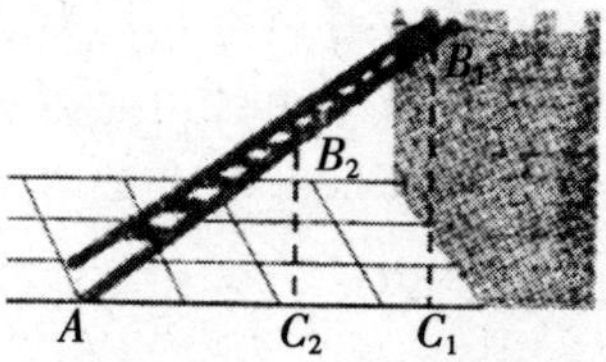

生：先将梯子的长度测量出来，再将梯子下端到墙角的距离测量出来，然后用勾股定理求出铅直高度，之后就能用铅直高度与水平宽度的比来刻画梯子的倾斜程度了。

师：这种方法是可行的，还有没有其他的办法？

生：一名同学站在梯子下，找一个适当的位置，使人的头顶刚好挨着梯子，另一名同学测出他的身高及脚到梯子下端的距离，用铅直高度与水平宽度的比来刻画该梯子的倾斜程度。

师：这位同学的做法可以吗？下面我们把这一问题抽象成几何问题。

提出问题

（1）$\mathrm{Rt}\triangle AB_1C_1$ 与 $\mathrm{Rt}\triangle AB_2C_2$ 有什么关系？

（2）$\dfrac{B_1C_1}{AC_1}$和$\dfrac{B_2C_2}{AC_2}$有什么关系？

（3）如果改变 B_2 在梯子上的位置呢？由此你能得出什么结论？

生：由图可知，$B_2C_2\perp AC_2$，$B_1C_1\perp AC_1$，得 $B_2C_2/\!/B_1C_1$，所以可以得出 $\mathrm{Rt}\triangle AB_1C_1\backsim\mathrm{Rt}\triangle AB_2C_2$。

生：$\dfrac{B_1C_1}{AC_1}=\dfrac{B_2C_2}{AC_2}$，这由相似三角形的性质可以得出。

师：如果改变 B_2 在梯子上的位置，上面的两问还成立吗？由此你能得出什么结论？

（多媒体演示 B_2 在梯子上处于不同位置时的情况。）

师：B_2 在变化的过程中，$\angle A$ 和$\dfrac{B_2C_2}{AC_2}$的比值始终没变。在$\angle A$ 所在的直角三角形中，B_2C_2 叫$\angle A$ 的对边，AC_2 叫$\angle A$ 的邻边。当$\angle A$ 确定时，$\angle A$ 的对边与邻边的比值也随之确定。也就是说，这一比值只与$\angle A$ 的大小有关，而与$\angle A$ 所在的直角三角形的大小无关。

探究发现三：当倾斜角确定时，它的对边与邻边的比值也确定。

【设计意图】此环节是第三个层次：探究倾斜角和铅直高度与水平宽度之比的关系，从而建立正切的概念。本教学设计与教材设计的不同之处在于：不直接给出小亮的方法，而是通过形象的例子，让学生主动思考，自己想出刻画梯子倾斜程度的方法，让接下来的教学水到渠成。这样不但培养了学生运用新知识的能力，而且激发了学生的求知欲和学习积极性。

师：看来，角度与比值之间确实存在着某种固定的关系，这种关系叫作正切。在 Rt$\triangle ABC$ 中，如果锐角 A 的大小确定，那么$\angle A$ 的对边与邻边之比便随之确定，这个比叫作$\angle A$ 的正切（tangent），记作 $\tan A$。

$\tan A=\dfrac{\angle A\text{的对边}}{\angle A\text{的邻边}}$，用符号表示为 $\tan A=\dfrac{a}{b}$。

$\tan B=\dfrac{\angle B\text{的对边}}{\angle B\text{的邻边}}$，用符号表示为 $\tan B=\dfrac{b}{a}$。

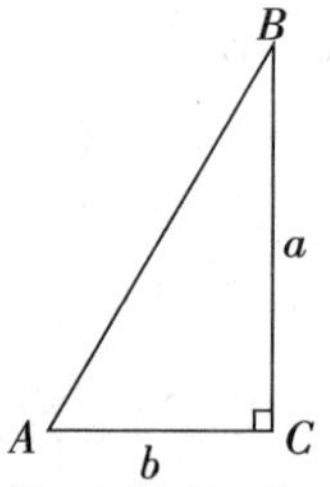

师：在理解这个概念时，应该注意：（1）正切是在直角三角形中定义的，其本质是两条线段的比值，它只是一个数据，没有单位；（2）当用三个大写字母表示一个角时，角的符号“$\angle$”不能省略（如 $\tan\angle BAC$）；（3）一个锐角的正切值的范围为 $\tan A>0$（$0°<\angle A<90°$）。

师：我们知道，铅直高度与水平宽度的比越大，梯子越陡。其实铅直高度与水平宽度的比就是我们刚刚所说的倾斜角的正切。所以梯子的倾斜程度可以用 $\tan A$ 来表示，$\tan A$ 的值越大，梯子越陡。

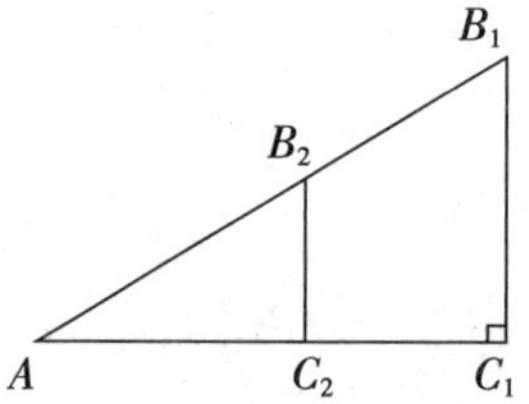

结论：$\tan A$ 的值越大，梯子越陡。

【设计意图】在理解正切的概念后，教师引导学生说出$\angle A$ 的正切，并讲解理解概念的注意事项，帮助学生加深对概念的认识和理解。教师最后点明结论“倾斜角的正切值越大，梯子越陡”，为后面的应用做好准备。

三、灵活运用，拓展延伸

1. 典型例题。

例题：如下图，甲、乙两个自动扶梯，哪一个自动扶梯比较陡？

分析：比较甲、乙两个自动扶梯哪一个更陡，只需分别求出 $\tan\alpha$、$\tan\beta$ 的值，值越大，扶梯就越陡。

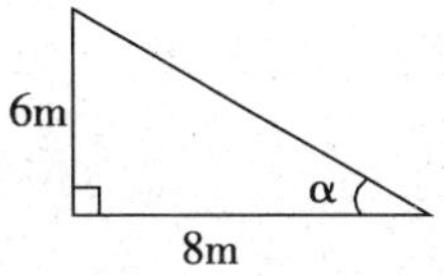

甲

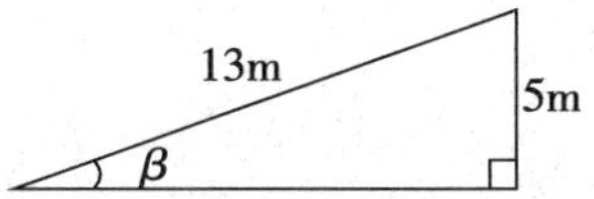

乙

解答：

甲自动扶梯中，$\tan\alpha=\frac{\angle\alpha\text{的对边}}{\angle\alpha\text{的邻边}}=\frac{6}{8}=\frac{3}{4}$；

乙自动扶梯中，$\tan\beta=\frac{\angle\beta\text{的对边}}{\angle\beta\text{的邻边}}=\frac{5}{\sqrt{13^2-5^2}}=\frac{5}{12}$。

因为 $\tan\alpha>\tan\beta$，所以甲自动扶梯更陡。

师：正切除了能够刻画梯子的倾斜程度，也经常用来刻画山坡的倾斜程度，简称坡度（或坡比），用 i 来表示。

例题：如右图，有一山坡在水平方向上前进 100 米，就升高 60 米，那么山坡的坡度（即坡角 α 的正切）就是 $\tan\alpha=\frac{60}{100}=\frac{3}{5}$。

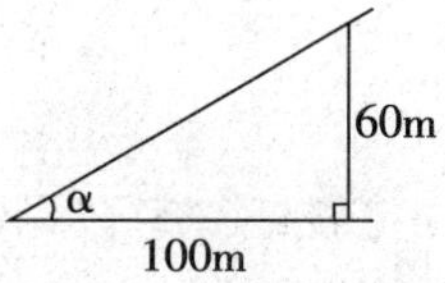

师：坡面与水平面的夹角称为坡角，坡面的铅直高度与水平宽度的比称为坡度（或坡比），坡度等于坡角的正切。坡度越大，坡面就越陡。

【设计意图】把坡度的概念放在例题后面，体现了正切不但能够刻画梯子的倾斜程度，而且能够刻画山坡的倾斜程度，过渡自然，衔接紧凑，更有助于学生对坡度概念的理解。

2. 巩固练习。

(1) 若某人沿坡度 i＝3∶4 的斜坡前进 10 米，则他所在的位置比原来的位置升高了____米。

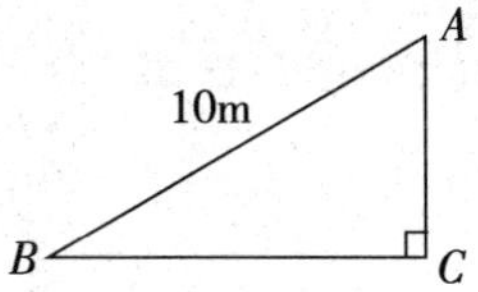

第 (1) 题图

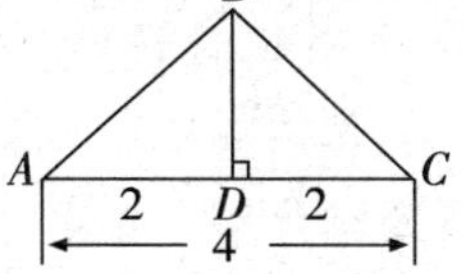

第 (2) 题图

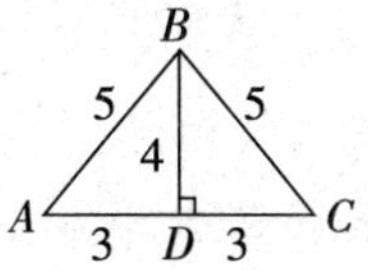

第 (3) 题图

(2) 在第 2 幅图中，BD 是 $\triangle ABC$ 的中垂线，你能判断 $\triangle ABC$ 是什么三角形吗？你能根据图中所给的数据求出 $\tan A$ 的值吗？

(3) 在第 3 幅图中，求 $\tan C$ 的值。

师：通过上面的练习，请你归纳求一个角的正切时要注意些什么。

生：求一个角的正切时，先要找直角三角形，如果没有就要构造直角三角形。

师：最后回到本节课最开始提出的问题，同学们能解决它了吗？

（课件出示问题：有一根旗杆 AB，在地面上旗杆 AB 的左侧找到一点 C，测得 BC 的长度为 8 米，同时测量出 $\angle ACB$ 为 55°，你能求出旗杆 AB 的高度吗？）

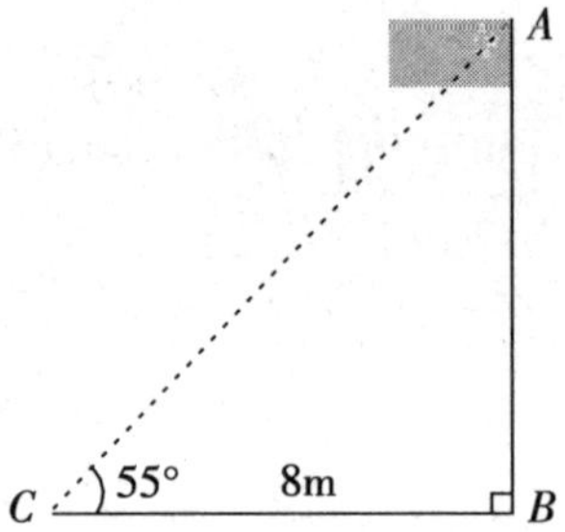

解：在 $\mathrm{Rt}\triangle ABC$ 中，$\angle B=90°$，

$\because \tan C=\dfrac{\mathrm{AB}}{\mathrm{BC}}$，

又 $\because BC=8\mathrm{m}$，$\angle C=55°$，

$\therefore AB=BC\tan C=8\tan 55°$（m）。

答：旗杆 AB 的高度为 $8\tan 55°\mathrm{m}$。

【设计意图】本环节旨在让学生通过巩固练习进一步理解概念，发现一些解决问题的方法，培养学生构造直角三角形的意识，在此基础上，教师引导学生解决了课前提出的问题，首尾呼应，完成了本节课的教学目标。

四、交流分享，共同成长

师：本节课从梯子的倾斜程度谈起，探索直角三角形中的边角关系，得出了“在直角三角形中，一个锐角确定之后，它的对边与邻边之比也随之确定”这一结论，并以此为基础，在直角三角形中定义了 $\tan A=\dfrac{\angle A\text{ 的对边}}{\angle A\text{ 的邻边}}$。接着，我们研究了坡度与正切的关系，了解了正切在现实生活中是一个具有实际意义的重要概念。这节课中你有哪些收获？

【设计意图】引导学生自由发言，完成课堂总结，这样的小结中既有对知识的归纳，也有对自己的评价，还有对学习方法的总结，比较全面。另外，切实关注学生的收获，更能体现本节课的教学效果。

五、布置课后作业，分层提升

C 类：(1) 数学书第 6 页习题第 1、2 题；(2)《数学分层练习册》第 2 页 C 类。

B 类：(1) 数学书第 6 页习题第 1、2、4 题；(2)《数学分层练习册》第 2 页 C 类，第 3 页 B 类。

A 类：《数学分层练习册》第 2 页 C 类，第 3 页 B 类和 A 类。

【设计意图】《数学分层练习册》是我校的校本教材，它是对课本练习题的整合和拓展。作业分层布置，让学生在完成基本教学目标的基础上拓宽知识，有助于对学生综合能力和创造才能的培养，同时这也是尊重学生个体差异的表现。

板书设计

1.1　从梯子的倾斜程度谈起

1. 正切的概念

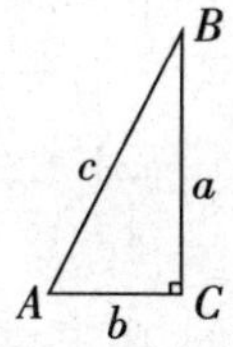

在 Rt△ABC 中，$\angle C=90°$

$\tan A=\dfrac{\angle A\text{ 的对边}}{\angle A\text{ 的邻边}}=\dfrac{a}{b}$

$\tan B=\dfrac{\angle B\text{ 的对边}}{\angle B\text{ 的邻边}}=\dfrac{b}{a}$

$\tan A>0$（$0°<\angle A<90°$）

2. 坡度（坡比）i

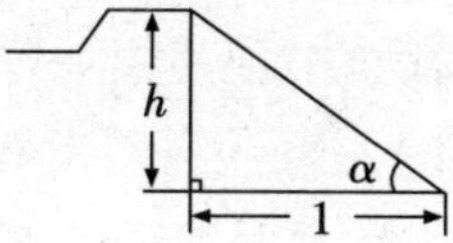

$h:l=\tan\alpha$

举例：

解：因为 $\tan\alpha=\dfrac{6}{8}=\dfrac{3}{4}=\dfrac{9}{12}$，

$\tan\beta=\dfrac{5}{\sqrt{13^2-5^2}}=\dfrac{5}{12}$，

而 $\tan\alpha>\tan\beta$，

所以甲梯更陡。

教学反思

本节课的教学设计经过多次打磨，在我和学生的共同努力下，各项教学目标均较好地达成了。反思教学过程，我认为要上好一节课，需要注意以下几点。

1. 探究活动应逐层递进。

概念探究课的核心就是探究问题的设计。问题是否由浅入深地层层递进，是否能让学生在问题的引导下，通过自主探究与合作交流，逐步理解概念的意义是探究课成功与否的关键。本节课中共设置了三个探究问题：第一，感受倾斜角能够刻画梯子的倾斜程度；第二，感受铅直高度与水平宽度的比值能够刻画梯子的倾斜程度；第三，感受倾斜角和铅直高度与水平宽度的比值之间的关系，从而引入正切的概念。层层递进的探究问题，让学生逐步掌握了重点内容，突破了教学难点。同时，学生的积极性被充分调动了起来，学生思维非常活跃，达到了预设的目标。

2. 充分了解学情。

只有站在学生的角度，了解他们现在的知识储备、所具有的生活经验，以及身心发展特点，才能明确教学如何设计才能让学生理解和掌握。这节课的授课对象是九年级的学生，他们具有较强的抽象思维能力和独立思考能力，同时能够运用恰当的数学思想方法分析问题和解决问题。在探究一、三两个问题时，我采用师生对话的形式，而把探究二作为教学重点，给了学生足够的时间和空间，让他们先独立思考再合作探究，学生的思维碰撞出了灿烂的火花。

3. 充分发挥学生的主体地位。

在学生积极参与课堂活动时，学生自身存在的问题也会充分暴露出来，这些生成的问题正是教学中最宝贵的财富，它可以让教师发现学生的问题并当堂解决，也可以让教师发现学生身上的闪光点，大大提高教学效率。例如，在探究活动一中，为了让学生明白倾斜角能够刻画梯子的倾斜程度，我设计了两个问题，问题二中将两个梯子靠在不同的墙上，问哪个梯子更陡。这样做的目的是让学生想到通过平移梯子的方法，将两个梯子放在同一个三角形中，进而转化成问题一。在教学中，其中一位同学利用物理学的原理，根据梯子的平缓程度与受力大小的关系，利用弹簧测力器解决了这一问题，这不但体现了学科之间的联系，而且大大调动了学生的探究积极性。教学的目的不单是让学生掌握知识，更重要的是帮助学生掌握数学思想方法，积累数学活动经验。

4. 课堂练习不宜过多过难。

概念探究课的教学，重点在于对概念的理解，让学生在充分经历探究活动的基础上，对概念有层层深入的理解，最终掌握概念并且会进行简单的应用。在最初的教学设计中，我在“灵活运用，拓展延伸”这个环节设计了七道阶梯型练习题，由于题量多、难度偏大，为了完成教学任务，势必要压缩前面的探究活动的时间，从而造成前面的知识讲不清楚，学生没有理解透彻，后面的练习题出错率高，最后使学生失去了学好这节课的信心。我在磨课的过程中体会到：当把概念讲清讲透，学生充分理清知识的来龙去脉了，即便课堂上只讲基础问题，学生照样会做综合题，这样的课就成功了。之后，我对原有教学设计进行了修改，最终只设计了一道例题和两道练习题，主要考查学生对知识的直接应用，而把教学重点放在了让学生经历知识产生、发展过程的探究上。从学生的作业情况来看，效果非常好，学生真正理解了概念，灵活运用的题目也做得得心应手。

5. 让学生通过小结发现新问题。

在小结环节，我让学生谈谈这节课的收获、存在的困惑，以及还发现了什么问题，不仅调动了学生学习的积极性，还为进一步研究埋下了伏笔。

个人简介

雒萍，中学高级教师，陕西省西安高新第一中学数学教师，陕西省数学会理事，曾获“陕西省教学能手”“西安市骨干教师”“西安市优秀班主任”等称号。

赵冬艳，陕西省西安高新第一中学数学教师，曾多次在省、市级中考研讨会上做报告，多次参与陕西省《中考说明》审定工作，参与北师大版教科书的配套资源光盘的编写工作。

专家点评

本节课以一个贴近学生生活实际的例子——求旗杆的高度自然引入，使学生清楚地知道接下来研究的问题是什么，同时在课的最后，又引导学生用本节课所学知识解决了该问题，前后呼应，体现了数学来源于生活，又服务于生活。

本节课是建立三角函数概念的第一节课，学生理解起来有一定困难，所以教师设计了三个层次的问题来引导学生探究正切的概念。探究一：感受倾斜角能够刻画梯子的倾斜程度；探究二：感受铅直高度与水平宽度的比值能够刻画梯子的倾斜程度；探究三：感受倾斜角和铅直高度与水平宽度的比值之间的关系，从而引入正切的概念。这样的设计符合学生的认知规律，以及知识产生、发展的过程，比较好地揭示了三角函数形成的过程，让学生很好地理解了一个锐角与一个比值之间的函数关系。学生通过探究梯子的倾斜程度的系列活动，经历了“抽象出一个角和一个比值的关系—进行推理—建立数学模型”的过程，从中感悟到了数学思想方法，为理解和学习数学知识奠定了一个良好的基础。另外，这节课的整体设计突出体现了“以学生为主体，教师为主导，问题为中心”的教学理念，在探究活动中充分发挥学生的主体地位，让他们在教师预设的问题串中不断发现问题、分析问题、解决问题，帮助他们掌握基本的数学思想方法，积累数学基本活动经验，使学生形成了良好的数学思维习惯和个性品质。

西安市教育局教研室　汪香志

英语学科

Happy Thanksgiving！教学设计

西安市西飞第一中学　强学良

教材分析

本节课是河北教育出版社中学英语八年级第三单元的第五课时。在这节课中，对《义务教育英语课程标准（2011 年版）》（以下简称英语新课标）中语言交际功能“购物”项目进行了巩固。通过感恩节前的准备工作营造出浓浓的节日气氛，使学生能运用所学的语言知识在创设的情境中进行交际，并且将其运用于日常生活之中。本节课是第三单元的第五课时，起着连接话题、承上启下的重要作用。本课主要讲的是 Jenny 和 Brian 到他们的祖父母家团聚、庆祝感恩节的情景，同时介绍了西方的文化节日——感恩节，还涉及讨论、对比中西方节日的异同。本课内容虽简单但丰富，通过学习，学生能够联系实际，有话可说，在运用所学的同时，体会“感恩”的意义：帮助别人，快乐自己，从而深化了本单元感恩的主题，升华了对学生情感态度目标的培养。

学情分析

本课的教学对象是八年级的学生，他们的形象思维能力较强，活泼好动，已经有了一定的语言表达基础，有很强烈的好奇心和探索欲，且易于表达自己，但注意力不易保持持久。因此，我借助音乐、图片、视频等多种资源，创设轻松活泼的学习氛围，激发学生积极参与的兴趣，满足他们的求知欲望，同时通过不同的评价方式，激发学生参与的意识，通过比较性学习，学生能够分析归纳本节课所学知识，并且表达出自己的想法。

资源利用

1. 图片文件：在多媒体课件中加入感恩节盛况的图片和重点单词的图片，丰富学生视野。

2. 视频文件：在本节课主题升华部分播放视频《感恩的心》，加速主题升华。

3. 音频文件：通过课文录音、歌曲烘托课堂气氛，使学生迅速进入主题。

教学目标

1. 通过听和练习，使学生能够交流和运用 hug，grandparent，kitchen 等词汇；通过课堂发现性练习，学会使用 possessive case 来表述所属关系。

2. 通过兴趣激励，达到学生对西方文化的知晓和掌握的目标，培养学生听、说、读、比较和合作等多种能力。

3. 通过本课的学习，使学生能够学会使用名词所有格，理解感恩的含义。

教学重难点

重点：鼓励学生通过阅读、唱歌等了解西方节日，能够积极参与到课堂活动中；掌握本课出现的知识点。

难点：理解 thankful 的真正含义，学会复述和比较。

教学过程

Step 1. Warming-up

1. Sing the song *If You Are Happy*.

【设计意图】 烘托气氛，使学生迅速进入欢乐的状态。

2. Greet and introduce myself.

【设计意图】 教师通过介绍自己，师生相互熟悉，以便开展下面的活动。

Step 2. Presentation and practice

1. 导入。

询问同学们在听到这样一首歌曲时的感觉，进一步提问“When are you always happy? Why?”引导学生说出一些中国的节日以及在节日中的感受。如春节，学生会穿新衣。继而引出这样一个特殊的专门用来感谢他人的节日——感恩节。“What do you know about Thanksgiving Day?”接下来师生一起了解感恩节。

【设计意图】 通过引导，让学生迅速进入到话题和角色当中，自然导入本课所学的内容，引发学生积极探索新知。

2. 呈现新知识。

(1) 通过幻灯片上图片的展示，鼓励学生说出自己知道的有关感恩节的内容。

(2) 展示一段关于 Thanksgiving Day 的文字，和学生一起阅读。教师介绍感恩节的传统饮食。学生从文字与介绍中寻找信息，教师适当解释，尽可能多地让学生获取相关知识。

(3) T：OK，now we have known so much about Thanksgiving Day，if you want to know more，please open your book and turn to page 26，read "Learning Tips"，get more information about Thanksgiving Day.

(4) 读完后看幻灯片，回答下列几个问题：

① When is Thanksgiving Day in Canada and in America?

② What do people thank for on this festival?

③ Do people return home to see their family and friends on Thanksgiving Day?

(5) 再一次用幻灯片展示感恩节常识，帮助学生加深印象。

【设计意图】这一部分通过大量的信息，让学生了解、理解和熟知感恩节，为下文的深入以及中西方节日比较做铺垫。

(6) 师：我们了解了感恩节，前几天 Jenny 和 Brain 一直在做准备，现在你们想不想知道 Jenny 一家是怎样庆祝感恩节的，他们过得怎么样呢？

(7) T：Now，Listen to the tape with the question：Where does Jenny go on Thanksgiving Day?

(引入名词所有格)

(8) Explain the rules of Possessive Case and do some practice.

【设计意图】引出本课的难点——名词所有格，设置适当的练习巩固当堂所学知识。

(9) 精读：读课文，根据课文回答问题。

① Who goes there with Jenny?

② Who opens the door?

③ How does the grandpa greet them?

④ Where is the grandma and what is she doing?

⑤ How do they greet each other?

【设计意图】有目的地设置问题，再从问题的答案中引出本节课的重点新词 hug，grandparent，kitchen，使用形象的身体语言和图片明确地表达出来，加深学生的印象。

（10）Consolidation：Retell the text.

【设计意图】通过给出的关键词复述课文，既练习了新词，又巩固了课文，也是本课教学检测学生是否已经掌握所学知识的一个亮点。

Step 3. Consolidation and sublimation

1. Compare the similarities and the differences between Mid-autumn Day and Thanksgiving Day.

2. Summary：We should have a thankful heart.

3. Discussion：Who or what should we give thanks to?

（Give thanks to parents，teachers，friends and everything.）

4. Conclusion：No matter what thanks you give to，the most important thing is to help others.

【设计意图】教师让学生通过比较得出结论，要热爱生活，心存感恩，帮助他人，快乐自己。让学生在音乐《感谢你》中体会美好的人生，珍惜一切。在语言运用中贴近了生活，培养了学生的实践能力。

Step 4. Sum-up and homework

1. Ask students to read the text and have a further study of the text.

2. Discuss with students about what they have learned in this period.

3. Write about your favourite festival.

【设计意图】鼓励学生积极思考，运用所学知识，将课堂语言延伸到课外，培养学以致用的意识。

板书设计

Happy Thanksgiving!

一、Grammar：possessive case（名词所有格）

grandparents' house

二、Key words and phrases

1. grandparent＝grandfather or grandmother

grandparents＝grandfather and grandmother

2. kitchen

3. hug（*n.*/*v.*）

hug—hugged—hugged

hug sb.（warmly）＝give sb. a（big）hug

教学反思

通过本课的教学及大量的课堂活动，学生理解了感恩节，知道了“感恩”的含义，能够运用名词所有格，同时他们也积极探求中西文化的异同，增强了学英语的热情，从而达到了预期的教学目标。通过身体语言和采用已学过的简单英语解释新词的方式，使得任务型的学习理念转化成了有效的教学行为和学习行为。通过歌曲、视频等教学资源，感动学生、深化主题；利用听音乐产生的共鸣，创造性地挖掘“情感态度与价值观”的教育。另外，情感态度目标教育也是本课设计的一个亮点，因为我们在平时的设计中总是会忽略它，而学习的最终目标还是要将所学知识应用于实际，培养学生的社会性发展能力。

在专家老师的指导下，我整理思路，整体把握课堂结构，受益颇丰。但是，经过课上的反复实践、课后的仔细思考，还是有一些地方不尽如人意，如整节课的环节衔接还需再精炼，时间分配不够均匀，配套的音乐时间可以再缩短一些，把这些时间多分配到小组活动中，学生讨论对比就会更充分一些；对于情感方面的引导，可以利用现场的听课老师这一资源，引发学生深思，达到生生互动、师生互动的效果。

总之，在今后的教学实践中，还要及时总结、不断积累，发扬好的方面，及时改进不足，在反思中不断地进步和成长。

个人简介

强学良，陕西省西安市西飞第一中学英语教师，荣获“陕西省教学能手”“咸阳市优秀教师”等称号。

专家点评

本设计突出了“在需要中学”的教学理念。教师依据教材内容和学生实际，围绕本单元话题 Celebrating festivals 创设了教学情境，让学生在真实语境中了解节日文化，学习语言。教学目标明确，活动形式多样，关注学生的学习积极性和英语思维的发展，在培养学生文化交际意识的过程中按需学习语言知识，培养语言能力。具体体现在以下几个方面。

1. 注重文化意识的培养。

英语新课标提倡外语教学中要重视对学生文化意识的培养，而文化意识的形成建立在语言知识和语言技能形成的基础上。本教学设计将语言教学与对学生文化意识的培养有机地结合在一起，引导学生了解文化，构建新的知识体系。

2. 教学资源丰富多样。

在挖掘和合理运用课本资源的同时，为了让学生感知一些英美国家庆祝感恩节的情景，了解异国文化，开阔文化视野，教师补充介绍了感恩节的背景材料供学生阅读，且背景材料信息量充足，语言优美，难易适中，适合学生阅读并获取信息，以便学生建立对感恩节的初步印象，为后续学习做铺垫。

3. 注重营造宽松和谐的课堂气氛。

本课设计重视营造宽松和谐的课堂气氛。比如，Warming-up 活动中，师生以唱歌的形式练习英语，激发学生兴趣，使他们进入良好的学习状态中；教师问候并介绍自己，在满足学生好奇心的同时，为学生做了较好的示范，顺利导入本节课教学内容。

4. 语言知识教学与语言技能的培养有机结合。

本课内容虽简单但丰富，教师关注学生的生活实际，为学生创设语言情境，让学生有话可说。在听力和阅读数学过程中，教师对学生进行语言知识的教学，词不离句，句不离篇，在保证语言输入量的同时，设置了适当的语言输出活动，将语言的运用落到了实处。

5. 在教学过程中渗透学法指导。

本设计渗透了对学生的学法指导，有针对性地培养学生的语言学习能力，比如，快速阅读筛选信息的能力、在上下文中学习词汇的能力、运用关键词组织片段的能力以及对比与综合归纳的能力等。

6. 关注课外学习习惯的养成。

本课作业的设置具有一定的指导性和开放性，能够引导学生养成良好的课外学习习惯，将课内教学延伸到课外，以便培养学生的自主学习能力，提高学习效率。

陕西省教育科学研究所　张雪莲

I'm Going to Be A Basketball Player. 教学设计

西安市长庆第二中学　辛湘妮

教材分析

本节课是人教版新目标中学英语八年级上册第十单元的第一课时。本单元的话题是 Life Goals，语言功能是 Talk about future intentions，通过学习和运用一般将来时“be going to＋动词原型”这一结构来展开话题，体现语言功能。本单元的话题和语法项目都是英语新课标要求本年级学生掌握的内容，因此，本单元的内容是本册书中非常重要的一个单元。本单元的内容符合八年级学生的年龄、心理特征及其认知水平，对于他们来说，掌握本单元的学习要点并不困难。同时，本单元话题的学习还有助于学生树立人生目标，并通过语言学习树立自信心，认识自我，懂得人生目标的实现离不开现在的努力，这也体现了英语新课标中的情感态度要求。通过本单元的学习，学生可以丰富有关职业的词汇，学会用英语来描述自己的职业规划和谈论未来生活的计划与目标。本节课是这一单元的第一课时，主要学习有关职业的词汇，通过两组固定句型来问答同学们未来打算干什么以及怎么实现这一理想目标，从而为后续课时教学的开展做好词汇及语言的准备与铺垫。

学情分析

本节课的教学对象是八年级的学生，他们正处于放飞梦想的年龄，本节课的话题是他们感兴趣的内容之一。他们曾在七年级下册中学习过有关职业的少量词汇以及 want to be/do 这一谈论将来的结构，在八年级上册中已学过运用进行时表示将来的用法。因此，大部分学生有一定的语言基础，容易接受和参与本节课的学习活动。

资源利用

1. 教材、学生。
2. 英语词典、工具书。

3. 音频 *I Am a Policeman*。

4. 有关职业的图片。

教学目标

1. 学生通过感知、操练、运用，能够听、说、读、写 computer programmer，computer science，engineer，pilot，professional，grow up，dream 等词汇和短语；通过师生互动、生生互动，在创设情境或真实情境下，听、说、读句型 What are you going to be when you grow up? I'm going to be a/an... How are you going to do that? I'm going to... 通过模仿和操练理解 be going to do 表示计划、打算的语法意义。

2. 学生借助查词典、工具书等方式提高自学能力与获取信息的能力，通过求助他人、小组合作培养交际能力与团队协作精神。

3. 学生在本课词汇及句型的学习过程中逐渐树立自己的人生目标，懂得目标的实现要从现在脚踏实地做起。

教学重难点

重点：学习和扩充职业词汇，掌握功能语言：What are you going to be when you grow up? I'm going to be a/an... How are you going to do that? I'm going to...

难点：对 How are you going to do that? 的回答。

教学过程

一、热身导入（Lead-in）

1. 播放歌曲 *I Am a Policeman*，运用日常用语相互介绍与交流。

【设计意图】通过音乐与简单的日常对话，营造轻松愉悦的学习氛围，有利于学生放松心情，大胆、积极地开口讲英语，在不知不觉中进入英语学习的状态。

2. 使用已知句型 What do you want to be when you grow up/in the future? 有意识地将话题引入职业范围，进而引出新句型 What are you going to be when you grow up? 帮助学生回答 I am going to be a/an... 带领全班理解 be going to 的含义，明确课题。

【设计意图】运用已知句型创设情境，引出新句型，有利于学生理解。

通过板书和点题强化学习目标，学生的印象更直接、深刻。

二、词汇学习（Pair work）

1. 用图片展示本课目标要求里有关职业的词汇，学习词汇并运用句型 What are you going to be when you grow up? I am going to be a /an... 进行操练。

【设计意图】先学习目标词汇，可以保证教学任务的完成。同时，学生在教师的带领下，对目标句型进行学习与操练，这样能够熟悉句型，学会通过替换新词汇来应用句型，在后面环节的自由交谈中敢于开口。因此，这个环节不仅是对新单词的学习，而且是对该重点句型的操练。

2. 词汇竞答活动。让学生开动脑筋，借助工具书搜索自己已知和渴望知道的职业词汇，通过抢答（I am going to be a/an...）或分组展示的形式将词汇集中写在黑板上，通过这种集思广益的行为共同扩充职业词汇，然后集体检查、共同学习。

【设计意图】学生的学习能力是无限的，教师要充分发挥学生的学习主动性，调动学生的学习积极性，将学习和学生的实际需要联系起来，让学习成为学生的需要。

3. 学生运用目标句型 What are you going to be when you grow up? I'm going to be a /an... 进行相互问答练习，然后集体展示进行评价与检测。

【设计意图】学完之后，学生需要一个消化的过程。通过相互练习，学生能够熟练掌握句型与词汇，而集体展示能训练学生大声表达和聆听评价的能力。

三、重点突破（Group work）

1. 引入新问题 How are you going to do that?。教师展示句型，帮助学生理解句意，根据需要引导学生回答 I am going to ＋do（动词原形）... 通过一个连线练习，加强学生对目标短语的理解与学习，如 take acting lessons，study computer science，practise basketball every day，study math really hard 等。

【设计意图】该句型的回答是本节课的难点。在教师引领下的学习与练习可以帮助学生充分理解、明白回答要点，掌握句型结构，为表达真实需要做好铺垫。

2. 小组活动（Group work）。学生以小组为单位，发挥集体的智慧，帮助每个小组成员根据自己的人生目标找出实现目标途径的英语表达方式，进行问答练习。在此期间，教师给予必要的指导和帮助，然后学生分小组展示成果。一个小组展示时，其他同学要认真听、评，同时记录好的动词短语、表达方式，便于相互学习、相互借鉴。

【设计意图】团结就是力量，通过相互帮助，每位同学都可以找到自己实现目标的途径并用英语表达出来。通过这种探讨，学生会明白人生目标是要通过真实的日常学习与训练准备来实现的。学生通过语言应用练习，展示自我；通过聆听、评价，进步成长。

四、综合提高（Survey）

学生使用句型 What are you going to be when you grow up? How are you going to do that? Where are you going to work? 等问题采访自己的同学或朋友，了解他们的人生目标、实现途径以及其他关于未来计划与打算的信息，然后以口头或者书面的形式向全班汇报。如：

Hello! I am... Xiao Ming is my good friend. He is going to be a reporter. He is going to write articles and send them to magazines and newspapers. Maybe he is going to work in Beijing or Shanghai... That's all. Thank you.

在评价过程中要鼓励创新的内容和形式。

【设计意图】这个环节的学习既巩固前两个环节的学习成果，又有新的要求：运用第三人称，以段落的形式口头与书面落实本节课的语言知识目标，同时也为第二课时读、写的展开教学做好充分的准备。

五、整理小结（Sum-up）

1. 对语言知识进行小结，对同学们的表现进行小结。

2. 布置作业。课后继续整理、积累、复习有关职业的词汇；仿照调查汇报写一篇有关自己人生目标的短文。

【设计意图】教师通过小结整理本节课主线，帮助学生整体感知，有利于学生反思和回顾，还要对学生的表现进行评价和小结，多做鼓励性、引导性的评价，促使学生向着更好的方向发展。同时，课堂上出现了很多的词汇及短语，要求学生课后整理、复习巩固，把课内学习延伸到课外。作业是写一篇关于自己人生目标的短文，既是对本节课的巩固，也是对第二课时学习的铺垫。

板书设计

I'm going to be a basketball player.

A：What are you going to be when you grow up?

B：I am going to be a/an...

A：How are you going to do that?

B：I am going to +do（动词原形）...

教学反思

高效课堂是每位教师追求的教学目标，让学生学会学习是每位教师最朴实的教育理想。在教学中，我一直努力将这一目标与理想融进课堂。我发现，接近这个目标的一个有效办法就是让学习成为学生自己的需要。在这节课中，我设计的两个环节都是以此为目标的。

1. 词汇环节的设计。

我希望学生不必拘泥于已学的词汇和课本上的词汇，而是可以根据自己的需要，在主动求知的过程中，在工具书、同学和教师的帮助下，去学习词汇。同时，对其他同学的好奇心也会促使他们了解更多的职业词汇，进而大大地丰富词汇量。没有压力，没有束缚，有的只是兴趣，学生学得就会特别快。在这次实际教学中，为了能顺利表达自己的真实需要，学生都表现出积极的求知状态，向他人和教师寻求帮助，词汇的涉及范围也比较广，学习兴趣浓厚。这一环节存在的问题是，学生不容易记住其他同学的职业词汇。除了课后整理之外，是不是还可以用其他方式来提高学生对词汇的熟悉程度，还有待于继续探索和尝试。

2. 重点句型的学习。

除了示范四个基本词组外，学生分组讨论解决的是他们自己的问题，因此求知愿望强烈，而组员之间也一直积极地相互帮助，除了使用已知词组外，还给出了更丰富精彩的动词短语和建议，并通过会话练习与展示让更多的同学参与并分享了学习成果。这个环节，在实际上课过程中，因时间有限展示得不够充分，许多学生没能与全班同学分享更多、更丰富的词组，学生的记录也没有跟上，影响了共同进步的效果。为了避免这种情况再次发生，今后可以让学生在小组活动时将小组成员的替换词写下来，在小组展示时将替换词展示给大家，这样会便于学生相互监督与学习。

这是我第一次在多功能教室给 60 多名学生进行大班授课，对学生学情的分析和把握还缺乏经验，对时间的分配和把握也有待提高，但还是能始终关注全体学生，重视生成性教学，能将情感教育渗透到每个环节之中。总之，这一节课基本体现了我的教育思想，虽然还存在很多不足，但我会继续反思和总结，不断地改进和提高自己的教育教学水平。

个人简介

辛湘妮，中学一级教师，陕西省西安市长庆第二中学英语教师，获“陕西省教学能手”称号。

专家点评

该设计注重联系学生生活实际，关注学生资源，充分体现外语教学的交际性，落实“以学生为主体，教师为主导”的教学思想，以促进全体学生发展为宗旨，尊重学生差异。教学活动围绕话题展开，在逐步实现教学目标的过程中，促进学生语言能力的形成和思维能力的发展，润物细无声地对学生进行情感教育。

1. 课堂活动形式灵活多样。

教师在不同的教学环节中，根据需要采用适当的教学方法进行教学。比如，导入环节中综合了情境反应教学法和交际教学法；重点突破环节为学生设置了不同的任务，让学生在完成任务的同时学习和掌握语言，有助于加深印象，突破重点，化解难点；同伴互助、小组合作、游戏竞猜等活动形式有利于维持学生的学习兴趣，提高参与度，从而提高课堂教学质量。

2. 资源整合巧妙有效。

本设计充分利用各种可利用资源，为学生提供可理解的素材，不仅丰富了教学内容，而且有效地激发了学生的学习兴趣。资源的开发和利用能有效结合学生的生活实际，使英语教学生活化，增强了语言教学的真实性和交际性，有利于增强学生的学习自信心。

3. 情感教育自然得体。

本设计将对学生的情感教育融入语言知识和语言技能的教学之中，让学生根据“表达自己职业规划和谈论未来生活目标与计划”的需要来学习和丰富有关职业的词汇，熟悉与之相关的句型结构，与此同时，初步树立人生目标，进一步明确对未来的计划和打算。

4. 学法指导具体得当。

本设计潜移默化地对学生进行了学法指导。比如，词汇教学中，为学生提供了可用素材，“让学生开动脑筋，借助工具书搜索自己已知和渴望知道的职业词汇”，积累重点词汇，突破语法难点；作业设置关注了对学生课外学习的指导，并将课内教学延伸到课外。

5. 媒体辅助简洁实用。

本设计借助媒体辅助作用增加了课堂教学的实效性。比如，歌曲 *I Am a Policeman* 的播放为学生营造了轻松愉悦的学习氛围，同时将学生带进本节课的学习内容，从职业 policeman 入手，逐步引出其他职业的名称，为引入新句型 be going to 做好铺垫。另外，用图片展示新授词汇，直观形象。

6. 评价反馈及时。

课堂教学中适时适度地对学生的学习状态、掌握程度、学习效果进行评价和反馈，有助于学生及时了解其成功与不足，以便更好地调整其学习情绪、学习策略及学习目标，增强学习的针对性，促使学生获得更大的发展。该设计注重过程性评价，将评价贯穿于课堂教学的始终，在词汇教学、重难点突破、综合提高和整理小结等环节都不失时机地对学生进行评价，充分调动起了学生的学习积极性。

7. 板书设计突出重点。

板书设计简单明了，突出重点，起到了画龙点睛的作用。

对于本课教学，我的修改建议是，在设计中，应该进一步增强“以学生为主体”的意识，站在学生的立场上，根据学生需要设计教学环节，以进一步增强教学的有效性。

陕西省教育科学研究所　张雪莲

I'm Going to Be A Basketball Player. 教学设计

宝鸡市第一中学　龙笑咪

教材分析

本课是人教版新目标英语八年级上册第十单元的第一课时。根据英语新课标要求，工作和职业（jobs and careers）是话题项目中必须掌握的内容。本单元话题是 life goals（生活目标），目的在于让学生通过复习和学习一些关于职业的词汇，用 be going to 谈论长大以后打算做什么以及打算怎样实现目标，与在七年级下册 *Unit 4 I want to be an actor* 中学习的关于职业的词汇以及用 want to be/do 谈论将来、八年级上册 *Unit 3 What are you doing for vacation*? 中学习的用 be doing 句式结构谈论将来的打算有着密切的联系。本课是这一单元的第一课，学好本课将为进一步学习一般将来时时态打下良好的基础。

学情分析

本课的教学对象是八年级的学生。他们活泼好动、好胜心强、可塑性大，但因为是大班教学，学生水平不一，语言实践机会少，可能会出现两极分化的现象。此外，学生对谈论的话题应该很有兴趣，但是，受所学单词数量的局限，有些职业名词却表达不出来，这可能会影响学生的积极性，所以课前的词汇拓展很有必要。另外，由于年龄的限制，学生对于达成理想的方法还没有能力掌握，所以此处教师可用半开放性的练习进行适当引导。

资源利用

1. 教学环境的设计与准备：全班同学按小组划分，桌椅摆放要便于学生活动。

2. 教学用具的设计与准备。

（1）网络图片：表示各种职业的图片及从事各种职业的名人图片，如比尔·盖茨、迈克尔·乔丹、霍金等。

（2）音频文件：听力训练。

（3）视频文件：*Whatever Will Be*。

（4）单词卡片，小组竞赛所需奖品等。

教学目标

1. New words：computer programmer，computer science，engineer，pilot，professional.

Language target：What are you going to be when you grow up? I'm going to be an engineer. How are you going to do that? I'm going to study math hard.

Grammar：We use "be going to" to talk about things that will happen in the future.

Students will be able to talk about future and plans in English.

Students will be able to understand talking about future and plans in English to improve their listening skills.

Students will be able to understand some description about the jobs.

2. Help students think about their future and make plans for the future, and help students to be interested in learning English.

教学重难点

重点：使用 be going to 句式结构谈论自己的未来。

难点：学生根据自己喜欢的职业，运用所学知识谈论自己打算怎样实现目标。

教学过程

Step 1. Lead-in

1. Greet each other.

2. 看视频或教师唱英语歌曲 *Whatever Will Be*.

T：What did the song talk about? Do you want to be pretty，handsome or rich，successful when you grow up? What do you want to be? What are you going to be when you grow up?

学生回答，引出课题“I'm going to be a basketball player.”

T：Today we are going to learn *Unit 10 I'm going to be a basketball player*.

【设计意图】用音乐的意境引发学生对未来生活的思考：长大后要做什么样的人、做什么样的工作？为后面交际做好思想上的准备。

Step 2. Word study

1. Guessing game：*What do I do*?

Listen to some descriptions about jobs，for example，“I work with people and money. People give me their money or get their money from me.” “My work is interesting，but kind of dangerous. Thieves don't like me.” and so on. While listening，have a competition，find out who can find the right pictures most quickly.

2. Collecting games：Collect other words about jobs.

【设计意图】英语新课标倡导的“玩中学，学中玩”的理念很受学生欢迎。通过游戏，教师在营造轻松气氛的过程中，引导学生复习七年级所学的表示职业的单词，用已熟悉的内容增强学生的信心，调动学生的积极性。

3. Learning the new words by asking "Do you know other jobs?" Then teach the new words: computer programmer, engineer, pilot, professional basketball player.

【设计意图】 在句型教学前，先扫清生词障碍，为句型教学做好铺垫。要注意生词中元音字母的发音，对其进行标注，有助于学生学会正确的拼写。

Step 3. Presentation

1. Presentation: What are you going to do when you grow up?

T: What are you now?

S: I am a student now.

T: What do you like doing?

S: I like singing very much.

T: What are you going to do when you grow up?

S: I am going to be a singer.

问过几组之后，教师板书：What are you going to do when you grow up? I am going to be a singer.

继续操练。可以采取师问生答、生问生答等方式反复操练，直至熟练。

【设计意图】 通过反复训练，教师引导学生感悟 be going to 结构用来表示将来的用法。

2. Presentation: How are you going to do that?

T: When I was a little girl, I liked learning Chinese and English. I am interested in language learning, so I worked hard at them, and now I became an English teacher. If you want to be an engineer or a lawyer when you grow up, how are you going to be an engineer or a lawyer? How are you going to do that?

Help students to answer this "How" question.

Model (picture 1):

A: What <u>are</u> you <u>going to</u> be when you grow up?

B: I am going to be a/an ________.

A: How are you going to do that?

B：I'm going to a medical school.

然后用 study computer science，practise basketball every day，study math really hard，take acting lessons 等来替换进行问和答。利用图片和刚才的语言素材，让学生做对话。

【设计意图】对八年级的学生来说，由于受年龄和阅历所限，回答“如何达成这个理想”这一话题显然有些困难，全开放式的问题容易使学生不知所措，所以设计这种半开放式的问题，使中等生和学困生都能回答，降低了难度。

Step 4. Practice：Pairwork/Groupwork

学生自由组合设计自己的对话，不拘泥于形式，两人或多人均可，给一定的准备时间，教师深入学生进行辅导。然后让学生到讲台前表演，开展小组竞赛。

【设计意图】在词汇和所需语言结构都已有储备的情况下，让学生自由表达。

Step 5. Listening practice

1. Listen to the tape for the first time and check the correct boxes in the picture.

Q：What is Cheng Han going to be?

2. Listen to the tape，and fill in the chart.

What?	Cheng wants to be an actor.
Where?	
How?	
When?	

3. Work in pairs，and make a similar dialogue like this.

A：What is Cheng going to be when he grows up?

B：He's going to be <u>an actor</u>.

A：How is he going to do that?

B：He's <u>going to take acting lessons</u>.

A：Where is he going to work?

B：He's <u>going to move to New York</u>.

A：When is he going there?

B：Eight years Later.

【设计意图】通过听力训练的形式，反复操练重点句型，巩固所学知识，提高灵活运用能力，通过操练中人称的变化和幻灯片展示，帮助学生更好地领会语法。在听前看图、说图，在听中抓住特殊疑问句的特殊疑问词，在听后利用所听内容完成一个主语为第三人称变化的 be going to 结构的对话。

Step 6. Summary

T：What do we learn today?

Students sum up what they have learned today，for example，words，sentences and grammar. 并对今天小组竞赛的结果做一个小结，获胜组接受鼓掌祝贺。

【设计意图】让学生再次对今天所学内容进行回顾，巩固 computer，science，grow up 等词组。

Step 7. Homework

Writing：

题目：Cheng Han's plan for the future.

要求：4～5 sentences.

教学反思

本节课是人教版八年级的一节听说课。在设计时，我遵循了“Teach English in English”的原则，即英语新课标倡导的“用英语教英语”，尽量用英语教学，在英语课堂上创造良好的听说环境，让学生充分感知，积极体验，大胆实践，把握用英语交际的机会，大胆开口说。在设计中，我突出了重点，突破了难点：通过听力训练、做调查、小组竞赛等多种形式反复操练重点句型，帮助学生巩固所学知识，提高灵活运用能力，通过操练中人称的变化和幻灯片展示帮助学生更好地领会语法。

但在实际课堂操作过程当中，我发现良好的设计和未知的实际教学之间有很大差距。我原来的设计显然对学生的实际能力估计过高，内容太多，难度也太大，导致时间很紧张，许多环节还未能充分操作到位，就开始了下一环节。所以，带有弹性的课堂设计对教师来说是很重要的。

拿本节课来说，原来设计的拓展及激趣的连线、对话练习，是为词汇量扩展及进一步突破难点 How are you going to do that? 而设计的。这一环节就应采取弹性设计。如果学生掌握得好、接受得快，这个环节将会成为本节课的亮点；但如果学生连基本单词、句型的掌握都感到困难，教师就应及时调整设计内容，做到大胆删减。

还有后面听力之后的调查，也应采取弹性设计，如果时间充分，就从容练习。如果学生掌握的情况一般，那就直接将重点放在两个问句及答语的操练上，反复、大面积地进行口头练习，直至每个学生都掌握。

教学的目的是为了提升学生的成就感，让每个学生在学习过程中都能找到尊严和自信，而不是为了展示教师设计的作品。教师应将课堂的主体——学生放在第一位，从学生出发，设计适合学生的弹性课堂。

个人简介

龙笑咪，中学一级教师，陕西省宝鸡市第一中学英语教师，曾获“宝鸡市教学能手”“陕西省教学能手”等称号。

专家点评

该教学设计整体思路清晰，构架合理，教材分析细致，关注到本节课内容与前后教材的联系，以便以旧引新，为进一步学习一般将来时打下良好的基础。本设计还分析了八年级学生的英语学习现状和特点，教师能够尊重学生的个体差异，注重激发学生的学习兴趣，为学生学习新知创设情境，排除障碍。教学活动之间具有一定的递进关系，问题的设置开放性较强，有利于激活学生思维，形成融洽的教学氛围。

1. 教学目标明确具体。

根据教材和学情分析可知，本设计中所确定的教学目标符合英语新课标的要求和学生的实际，阐述具体，一目了然，重难点突出。

2. 语境创设形象真实。

为了创设有趣而真实的语言学习环境，教师设置了生动形象的情境，激发了学生的学习兴趣，让每一位学生都参与到学习中来。比如，通过游戏竞猜活动引导学生复习七年级所学的表示职业的单词，激活学生已有的知识图式，使其增强成就感和学习自信心；运用歌曲 *Whatever Will Be*，既能吸引学生的注意力，又能让学生感知语言，通过 will be 自然引入本节课的重点语言知识——一般将来时态的另一种表示法；Free talk 中的开放性问题有益于学生积极思考和主动交流，增强了语言教学的交际性；教师与学生分享自身的学习和工作经历起到了较好的示范作用，有效地打开了学生的思路，让学生有话可说，增强对话活动的有效性。

3. 教学活动梯度明显。

本设计中的教学活动之间呈递进的态势：复习已学的与本话题有关的词汇来引入句型—句型操练—模仿表达—嵌入新的词汇—思考并学习表达“如何实现理想”（突破难点）—Pair work/Group work 实战操练（上升到语篇活动）。

4. 课堂容量大。

本节课设置了较多的教学环节，涉及的词汇多，内容丰富，操练形式多样，兼顾了听、说、读、写等技能训练，有助于学有余力的学生的拓展与提高。

对于本课教学，我有这样几点修改建议。

（1）Step 1 中缺乏对“如何教授新单词”的叙述，建议补充教授新单词的途径，提高本环节的可操作性。

（2）将 Step 2 和 Step 3 整合为一个环节，即 Presentation。

（3）设计中应该渗透对学生学习方法的指导。

（4）建议降低难度，以训练基础知识为主，将拓展教学放在后续的课时中。

陕西省教育科学研究所　张雪莲

Get A Present for Li Ming. 教学设计

商洛市洛南县新华中学　孙俊雅

教材分析

本节课的教学内容是冀教版中学英语八年级第三册第三单元的第三课时。依据英语新课标的规定，英语课程具有“工具性和人文性”的双重性质，要求学生在本节课掌握关于“过生日和购物”等话题的相关知识，为后续学习做好铺垫。同时，在“购买生日礼物”的真实语境中，培养学生运用语言的创新性，让语言回归生活，体现“用语言做事”的课程理念。

从英语新课标的性质来看，本课注重学生学习语言的实践性和应用性的过程体验，体现学习语言对学生终身发展的价值。从教材整体化的角度来看，本课是在第 17 课的基础上，进一步谈论李明在秋天最喜欢做的事——过生日，由此引出“给李明买生日礼物”这一话题，在整个单元中起到了承上启下、拓展话题的作用，实现了学习的渐进性和持续性，为促进学生的全面发展奠定基础。

学情分析

八年级学生经过小学和初中的起始英语学习，养成了一定的语言学习习惯，大部分学生对英语学习比较感兴趣。同时，在新课改理念的熏陶和教师的引导下，大部分学生具有主动参与教学活动的意识，学习方式逐渐由被动学习转向主动学习，但是学生学习自觉性不强，甚至缺乏持续推进的内驱力，因而，学生在学习意志、效果等层面都存在很大的差异，尤其部分学生在课堂上不善于交流，听说能力滞后，学习自信心不足。

另外，八年级学生通过以前的学习积累，对“购物”和“生日”的话题都比较熟悉，但是在实际运用中还存在不同程度的欠缺。同时，由于八年级学生学习程度已经形成了明显分化，这就要求教师在课堂教学中分层预设，满足不同层次学生的需求，培养学生学习的自信心和合作精神，为待优生学习进行“破冰”行动。

资源利用

1. 教学环境的设计与准备。

充分利用上课时的季节、天气和教室的环境，巧妙地将其融入到导课环节中，拉近教材与生活之间的距离，在学生感知“Go Shopping”话题时，及时涉入新短语，水到渠成地走进新内容。在学生展示活动中及时捕捉“错误资源”，适时纠错，补充正确的表达形式，丰富课堂内容，提升学生的表达能力。

2. 教学用具的设计与准备。

(1) 图片：表格和单元彩图等。

(2) 音频：课文朗读、背景音乐。

教学目标

1. 学生通过感知、快速阅读、查字典和教师纠错等方式，能够听、说、读和熟练运用 fit，anyway，size，the same size，try on，bright green，any

other kinds 等单词和短语；通过自主学习、合作探究及教师点拨，学会运用购物用语“What can I do for you? What size is your friend? Try on this jacket，please. Do you have any other sizes? Do you have any other kinds? I don’t like the colour，but I like the style.”等等。

2. 通过小组讨论、分组展示的方式，学生能够比较系统地总结购物用语，巩固重点短语和句型，根据不同的语境进行创新会话，提高语言的综合运用能力。

3. 通过真实语境中的对话、个人展示和小组 PK 等活动，不断优化学习策略，增强学习英语的自信心，增强学语言和用语言的意识，增强学生的团队精神和竞争意识。

教学重难点

重点：

1. How does the clerk greet people?

2. The knowledge of how to choose suitable clothes. If the clerk provides you clothes of different sizes and styles，what should you say?

难点：

1. Grasp the knowledge of choosing clothes from different sizes and styles.

2. How to use the new words and sentences to make up a dialogue and act it out.

教学过程

一、热身活动（Warming-up）

1. Greet each other.

T：Nice to meet you. It is lucky to see you here to learn from each other. I am happy now. Are you happy?

【设计意图】拉近师生之间的距离，缓解学生的心理压力，活跃课堂气氛。

2. Talk about a topic.

T：Whose birthday is in autumn in our class? Do you often get presents for your birthday? What are they? How do you feel? Can you guess what presents Li Ming gets for his birthday?

【设计意图】从日常生活话题切入，自然地引入“生日礼物”这一中心话题，进而水到渠成地引入本节课的内容。

二、学习目标呈现（Learning Aims）

把本节课要学习的重点内容呈现在课件上，并向学生做简单解读，让其明确学习任务和要求。

【设计意图】让学生在学习新课之前，了解本节课主要的学习任务，使其带着问题听课，在听课中有选择地吸纳，及时质疑，有效提高听课效率。

三、自主学习（Self-study）

1. Read the dialogue silently and fill in the blanks.

(1) clothing store ______________　(2) **吹灭**______________________

(3) **试穿**________________________　(4) bright green ______________

(5) **合适**（*v.*）________________　(6) **相同的尺寸**_______________

(7) **我认为，无论如何李明也不想要那件夹克。**

____

【设计意图】让学生通过默读对话内容，画出新单词、句型，培养学生自主学习的能力，暴露出学习新单词中的困惑，使教师有目的地领读新词，排除新单词障碍，增强学习效果。

2. Listen and answer.

(1) Where do Jenny and Brian go to buy a birthday gift?

(2) Why does Brian try on the jacket for Li Ming?

(3) What did Jenny and Brian buy at last（**最后**）? Why?

【设计意图】给出与内容密切联系的三个核心问题，让学生听录音自主回答，旨在培养学生“听”的意识，以及通过听觉获取信息、处理信息的能力，突出英语教学“听说”先行的学习规律。

四、合作学习（Cooperation Study）

1. Discussion.

What is the main idea of the dialogue?

【设计意图】听力训练环节后，学生对文本内容有了初步的感知，但理解的深度还不足，所以，让他们在小组内讨论、交流自己的观点，在相互补充中获得提炼信息的技能。

2. Read the dialogue.

【设计意图】在学生掌握对话核心内容的基础上，以小组对话的形式朗读，掌握细节性的描述语言，把握在特定话题中准确运用语言的策略，为下一环节编写对话和表演对话做好铺垫。

3. How many sentences structures about going shopping?

	greeting	colour/size /kind/style/price
clerk	What can I do for you? May/Can I help you? Is there anything I can do for you?	What size/kind/style/colour do you want? We don't have any other colours/sizes/kinds/styles? What size is your friend? Try it on，please. Does it fit? That's cheap. That's not expensive. What about this one? It's only...
customer（顾客）	I am looking for...	I like the colour/kind/style very much. Do you have any other colours /sizes/kinds/styles? How much is it? That's a little expensive. Do you have anything cheaper?

【设计意图】根据对话中涉及的信息点（colour/size/kind/style/price），对内容进行重组，组织学生通过分组讨论，搜集相关用语，形成比较完备的话题体系，强化课堂输入，带动课堂输出，为学生在真实生活中运用购物用语打下坚实的基础。

五、拓展提升（Extension）

Suppose you're Li Hua. Your father's birthday is coming. Now you are in the shop buying a present（a sweater or something else）for your father.

Please work in pairs and act the dialogue out.

Clerk：Can I help you?

Li Hua：I'm looking for...

Clerk：...

Li Hua：...

【设计意图】经过前面各个环节的学习铺垫，学生已经掌握了比较丰富的购物素材。在此环节中，为学生创设比较真实的购物情境，让学生在小组合作和教师的引导下，充分运用短语、句型，强化知识的迁移应用，让英语教学回归生活，在活动中培养学生正确的语言价值观。

六、总结（Summary）

T：What have you learnt in this class?

（Students show their ideas one by one.）

New words and phrases：

blow out，size，the same size，try on，fit，bright green，anyway

Key sentences：

（1）What size/kind/style/colour do you want?

（2）We don't have any other colours/sizes/kinds/styles.

（3）What size is your friend?

（4）Try it on，please. Does it fit?

（5）I like the colour/kind/style very much.

（6）Do you have any other colours/sizes/kinds/styles?

【设计意图】通过回顾本节课所学内容，学生学会归纳总结，形成整体的、清晰的影像，形成持久的印象，提高学习效率。

七、当堂检测（Test）

1. Complete the dialogue.

Clerk：____________________

Girl：I'm looking for a present for my father.

Clerk：Would he like a new jacket for his birthday?

Girl：He has many jackets，and ____________________

Clerk：How about this pair of gloves? They are not expensive.

Girl：____________________

Clerk：Twenty *yuan*.

Girl：____________________ Do you have a black pair?

Clerk：Yes. ____________________

Girl：OK. I'll buy this pair of gloves.

Clerk：Bye.

2. Make up a dialogue between you and the clerk.

【设计意图】鼓励学生根据自己所需，积极运用所学的相关知识，在实际生活中培养交际意识。

板书设计

Get Present for Li Ming

New words	excited size the same size as fit anywany	Go Shopping	greeting colour kind style price

教学反思

英语学科具有工具性和人文性的双重性质。英语新课程理念倡导教师在教学活动中要尽力为学生创设真实的语境，鼓励学生在自主参与的过程中，体验知识的生成，实现“用英语做事”的课程目标。在课堂教学理念上，教师应维护学生在课堂上的主体地位，倡导自主学习和合作探究学习，重学轻教。本节课的核心内容以李明的生日为情景，围绕购物这一中心话题开展教学。回顾本次课堂教学，我有许多感悟。

1. 先学后教，突出主体，凸显效果。

本节课，我始终遵循“先学后教”的理念组织教学，依据学生已有的学习经验和教学目标，设置 6 个主要环节，并为各个环节分配适当的学习任务，提出具体要求，做到“不学不讲，会学不教，有疑必讲”，充分发挥学生在课堂上的主体地位，积极引导学生在自主学习和合作探究学习的状态下，通过“感知文本—走进话题—自主学习—发现问题—合作探究—展示交流”等环节，激活思维，激发兴趣，催发探究与展示的内驱力，在生活化的活动中增强学习的创造性，促进更多的有效生成，从而走向高效学习。

2. 目标明，节奏快，容量大，生成多。

“课堂教学是一次充满生命意义的旅程，教学目标就是路标。”在预设中，我充分分析教材编排特征和八年级学生现状，科学地设置了本节课的教学目标，做到明晰准确、分层真实、拓展有度，确保不同层次的学生都能参与活动、展示自我。在环节突破中，我坚持“小坡度，大踏步”的原则，在快节奏的语境变换中，训练学生的多元化思维，在强化多输入的过程中，丰富学生的语言素材，传递具有强烈“信息沟”的信息，帮助学生体验不同的语境，增强课堂创新的生成。本节课在优等生的带动下，每组学生都超常发挥，把初中阶段“购物”应掌握的句式结构和短语，全部搜集整理出来，让课堂更具活力。

3. 重组教材，深挖资源，学以致用。

根据教学目标，我把“生日”和“购物”两个比较独立的话题，通过情境创设，有机地整合到一起，从形式上浓缩教材任务，增强话题板块之间的“黏度”，更贴近学生的生活经验，延伸话题的内涵，增强语境的真实性。在教学环节的处理中，我充分利用课堂鲜活资源，比如，学生的服饰、文具、生日及他们最喜欢的生日礼物等，拉近教材与学生生活的距离，让学生充分体验英语生活化的真实性。在拓展提升环节，我及时捕捉学生表达中的错误句型和自创短语，适当地加以纠正和补充，从而拓展学习的宽度和深度，实现“课内指导课外”。

学生是课堂的主人，学生的健康成长和全面进步是为师者的追求。在以后的教学中我要不断研究学生、学法和教法，在轻松的环境中，不断提高学生的语言技能，为其长足发展奠定基础。

本节课的亮点：

本节课自始至终贯穿“先学后教”的教学理念，突出“双主体”教学模式（以学生为主体和以学习为中心）。从环节的设置到具体流程的操作，都围绕学生的自主学习和合作学习而开展，内容的深化与反馈都以学生的多元化展示为依托，用真实的课堂行为内化了“以学论教”和“重学轻教”的课标精髓，培养了学生的自主学习能力与合作探究精神，挖掘了学生的学习潜力，为学生注入持久的学习活力。

另外，我尊重学生的差异性，注重整体语言的输出。在整个目标设计与环节突破中，面对全体，尊重差异，但不放弃。尤其把大量展示机会让给待优生，适时指导学法。本节课整合了生日与购物话题，在强调大容量和高输入的背景下，更尊重话题教学的特征，结合阅读教学的优点，以整体输出为目标，凸显话题的完整性、真实性和生活化，使学生形成良好的语言表达习惯和价值观。

本节课的不足之处：

虽然对学生个体和小组进行了一定的评价，但是评价的方式不够多元化。在以后的教学中要掌握更多有效的评价方式，充分发挥学生评价的激励作用。

个人简介

孙俊雅，中学一级教师，现任教于商洛市洛南县新华中学，曾获“陕西省教学能手”“陕西省中小学课堂教学改革先进个人”等称号。

专家点评

本设计突出让学生“在做中学”的教学理念，围绕话题“购物”展开，教材分析和学情分析具体翔实，教学目标符合新课标对本阶段学生的学习要求及学生的认知水平和年龄特点，既叙述了要学习的知识、能力、情感态度目标，又说明了将要采取的教学行为，教学辅助手段较为得体，教学内容接近学生的“最近发展区”。

本设计关注学生主体的发展，重视学生对语言知识的“感知—搜集—积累—习得—运用”等学习过程，让学生根据需要进行思考与学习。教学活动之间逻辑性强，环环相扣，前一个活动为后一个活动做好铺垫，由易到难，由浅入深，层次鲜明，且预设为课堂生成留有一定的空间，是一份集实效性、时代感和可操作性的教学设计。具体体现在以下几个方面：

1. 学生资源得到了有效的开发和利用。

本设计有效地挖掘和整合了周边可利用的教学资源，重视对学生资源的开发与利用，关注每个学生的生活经历、学习体验以及他们丰富的情感和活跃的思维，通过创设开放性的师生、生生互动的交流平台，激活学生已有的知识，引导他们积极参与课堂教学活动。比如，在导入和拓展提升环节中，结合本节课教学内容，联系学生已有的生活经验，激发学生的思维，让学生根据表达需要，回顾、思考、搜集、整理与购物有关的信息，强化知识的迁移应用，让英语教学回归生活，在活动中培养学生的语言表达能力。

2. 教学目标定位准确，阐述具体翔实。

本设计中对于教学目标的定位准确、客观，既尊重新课标和教材，又尊重学生现状。教学目标的阐述具体翔实，一目了然，既介绍了本节课的教学内容，又说明了要采取的教学行为和手段，具有较强的可操作性。比如，通过学生自主学习教材内容、合作交流与解决所遇到的问题，以及教师的点拨，学会运用购物用语“What can I do for you? What size is your friend? Try on this jacket, please. Do you have any other sizes? Do you have any other kinds? I don't like the colour, but I like the style.”

3. 学习策略的指导渗透于教学活动中。

英语新课标强调要加强对学生学习策略的指导，提高学生自主学习的能力，特别强调教师要指导学生去主动反思和调控自己的学习策略。本设计中的学习策略指导体现在自主学习和合作探究环节中，学生通过反复阅读教材内容，进行感知体验、理解内化、模仿运用、修正表达等一系列语言学习活动，最终悟出适合自己的学习方法。

4. 自主学习能力和合作探究精神的培养并重。

本设计注重发挥学生学习的主体性、主动性、创造性，培养学生的自主学习能力和合作探究精神，激发其持久的学习动力。比如，在自主学习环节设置了“通过阅读对话内容，寻找新单词、句型，暴露学习新单词中的困惑……”让学生在自学中思考和发现问题，通过小组合作、教师点播解决问题，排除新单词障碍，增强学习效果。

5. 课堂检测分层，内容设置封闭性与开放性兼顾。

在当堂检测环节，第一题有助于学生复习巩固本节课教学内容，而第二题有利于学生提高其综合运用所学语言知识进行表达的能力，同时培养学生模拟真实情景进行交际的意识。

对于本课教学，我有这样一些修改建议。

第一，在导入环节中，引入“生日礼物”的内容，教师要及时追问，形成悬念，达到锦上添花的效果。比如，在问了“What present did you get?”后，可以趁机追问“What size? What colour? What was the price? 等，激发学生的探究欲望。

第二，加强多元化课堂评价，激励学生发展。在教学过程中，除了语言评价之外，还可以用体态评价，如手势、点头和微笑等，以此丰富评价内容，激发学生持久的学习动力。

陕西省教育科学研究所　张雪莲

My Neighbourhood 教学设计

商洛市丹凤县龙驹初级中学　惠冰清

教材分析

This lesson is of Unit 4，the first term of Grade Eight of English book by Hebei Education Press. This unit presents information about typical Canadian neighborhoods. The *New Curriculum Standard* requires that we must focus on the course of learning and the practice of language learning and application. So，we still teach this lesson by three steps，pre-reading，in-reading and post-reading. We encourage the students to think about the similarities and differences between Canadian neighborhoods and their own neighbourhoods by using different reading skills. This lesson is the fifth one of Unit 4. So if the students can learn it well，it will be helpful to make them learn the rest of this unit. The content of this lesson is about neighbourhood and their life at home. Such a topic is related to students' daily life. Thus，it is helpful to arouse the students' learning interests.

学情分析

Students have learned English for more than one year so far. They can understand some words and some simple sentences. Different students have different degrees of interests，thus，I should try my best to be friendly，natural and helpful. I will help different students find the right ways to learn. The students will learn step by step. They will master this lesson and have a good time!

资源利用

Books，medium，flashcard.

教学目标

1. Aims of knowledge

(1) Students get to know the words: Michael, hockey, chocolate, suger, floor.

(2) Memorize and use the words and phrases: cost, comfortable, however, sweep, cook, own, housework, make a lot of drinks, ask... to do.

(3) Students will understand the passage.

2. Aims of ability

Students can show their views about neighbourhood and life.

3. Aims of emotion

By learning the passage, students will know about the differences of neighbourhood between China and Canada and show their views about life.

Students should help parents do some housework if they are free.

教学重难点

重点:

1. Learn the words and expressions: Michael, hockey, chocolate, cost, suger, comfortable, however, sweep, floor, cook, own, housework, make a lot of drinks, ask... to do.

2. Understand the text.

难点:

Learn how to express their views about their neighbourhood and their life.

教学过程

Step 1. Warming-up

1. The teacher introduces herself.

2. Greet with students with daily English.

e.g.: Nice to meet you!

How do you feel?

Teaching design intent:

By introducing and greeting the students with daily English, the students and I will get to know each other.

Step 2. Pre-reading

1. Ask some questions like:

Where do you live?

What neighbourhood do you live in?

What's in your neighbourhood?

Do you like your neighbourhood?

Teaching design intent:

By looking at the pictures and talking about some questions to lead in this lesson and attract students' interests.

2. Present the new words and phrases, then teach the students how to read them and present the main content of this lesson.

Teaching design intent:

By using some slides to learn the new words, phrases and the new lesson in a certain situation. Students can touch, know and use them with phrases and sentences. I don't like to teach the words singly.

Step 3. In-reading

1. Students listen to the passage with an easy question:

Where does Michael like to go in his neighbourhood?

Teaching design intent:

Improve the students' ability of listening and learn about the text by listening and answering.

2. Read and answer.

Show some questions to the students. Let them read the passage and find out the answers all by themselves, then work in pairs or groups to discuss their answers. The teacher moves around the classroom and give support or help as the students need.

What's hockey?

What's in Michael's neighbourhood?

Where does he like to go?

What does Michael do at home?

Teaching design intent：

Students read the text with some questions and work together，then correct the answers by asking others to help correct the mistakes and improve their ability of reading and helping each other.

3. Explain the language points.

例如，cost 作动词时，意为“价值，花费”，其主语通常是物或作形式主语的 it。例如，The book cost me twenty *yuan*. 意为：这本书花了我 20 元。又如，有人指着自己的衣服说：“This is my new dress，it is 10 *yuan*. It means the clothes cost me ten *yuan*.” “How much does your pen/bag/phone... cost you?

Teaching design intent：

Explain the difficult language points to help students understand the text better. To create a good situation to learn and use.

Step 4. Post-reading

1. Retell the text.

Help students to find out the key words to retell the text. Then give a model to them，show them how to retell the story according to the key words and phrases. Then let them try to retell the story in groups.

Key words：hockey，neighbourhood，hot chocolate，Michael，housework，sweep，floor，cook，own.

Teaching design intent：

Students try to retell the text by reading the text again and again and find out the keys. This step will help them to finish the next step.

2. Think and write.

Lead students to think about the following questions，and then write a short passage about their neighborhoods and housework：

What neighbourhood do you live in?

What's in your neighbourhood?

Do you like your neighbourhood?

Where do you like to go?

What do you do at home?

Teaching design intent：

Writing is always hard. But the students need to write. This step can help to improve their writing ability.

3. Moral education.

There is so much housework at home. We should do as much as possible.

Step 5. Summary

Guide and summarize.

Teaching design intent：

Help the students to summarize what they have learned.

Step 6. Homework

Write a passage about your neighbourhood and housework.

板书设计

	hockey，
Michael	neighbourhood，hot chocolate，
	housework，sweep，floor，cook，own

教学反思

1. 构建课堂结构美。

教学中，我先引导学生学习新的单词和短语，通过听力感知全文，在带着问题深层阅读理解课文的基础上进行课文复述，然后进行习作训练。教学时，采取层层推进的方式，条理清晰，思路明确，先易后难，循序渐进，符合学生的认知规律，95 %以上的学生都能用英语描述自己的宠物。我认为这是本节课的最大亮点。

2. 突出学生的主体美。

本节课中，我采用讨论、合作、交流的方式，对不同层次的学生提出不同的要求，因材施教，实施分层分类教学，鼓励基础较好的学生当小老师，让每一个学生都学有所获。

3. 营造教学情境美。

本节课中，无论是在教授新单词还是在讲解知识点的时候，都有具体的、切合学生实际的语言环境，而不是孤立的、枯燥的知识讲解，这样有助于学生很自然地去理解、掌握。

4. 追求师生的互动美。

英语新课标倡导自主、合作、探究的学习方式。只有在师生的有效互动中，真正的民主课堂才能建立，也只有在民主的氛围中，学生才能无拘无束，畅所欲言。这堂课上，我与学生一直处于“对话”的状态。

当然，本节课教学还有很多不足。

第一，本节课的教学环节是分层推进、环环相扣的，这就要求学生在每一个环节都必须做好，否则就会影响下面教学内容的开展。其实，为了检验学生的学习情况，在今后的教学中可适当在每个环节设置合理的检测。

第二，课堂教学中，对学生的评价语言相对比较贫乏，以后应注意在课堂教学中抓生成，在具体的语言环境中用不同的语言对学生的表现给出最合适、最中肯的评价，让不同的学生体验到成功，激励他们更多地参与课堂、参与英语学习。

第三，本节课教学的最终目的是让学生学会用语言来描述自己的社区和生活，其实只要会复述课文也就基本达到了这个目的，所以再遇到类似的课程时，我要留给学生更多的复述课文的时间。常言道：“万变不离其宗。”只有掌握了最基本的知识，才能在此基础上有所创新。

个人简介

惠冰清，陕西省商洛市丹凤县龙驹初级中学英语教师，曾获“陕西省教学能手”“陕西省基层中青年骨干人才”。教学设计“Lesson 18　Brandy hates cats!”获商洛市教学设计评比三等奖。

专家点评

教师认真细致地分析了教材内容和学生情况，在整合教材方面做了比较系统的工作，使教学资源服务于教学目标的达成，体现了“用教材教，而不是教教材”的教学理念；关注学生学习兴趣的提高和学习方式的转变，尊重学生差异；教学活动具有一定的层次感，有助于不同能力、水平的学生都得到发展。

1. 教学素材来源于生活。

在 Pre-reading 环节，教师联系学生熟悉的社区生活实际激活学生头脑中与社区相关的内容，引导学生思考并搜集信息，在交流中整理思路，尝试表达。与此同时，明晰学生的“已知”和“不知”，发现问题，融入生词教学。教学中所用的素材均来源于生活，使学生有话可说，有益于排除思维障碍，帮助学生在解决问题的过程中学习语言，培养表达能力，为下一个环节的学习打好基础。

2. 融知识教学于情境之中。

在 While-reading 环节，教师联系上下文教学词汇，以便学生在阅读过程中养成良好的学习习惯；为帮助学生进一步理解和掌握词汇的用法，教师还创设了新的语境，体现了其独到之处。

3. 阅读教学环节完整。

本节课的教学环节完整，读前要求明确，铺垫到位；读中引导比较细致，反馈及时；读后检查手段较好，引导学生用关键词“搭桥”复述课文，便于学生复习巩固所学知识，锻炼思维。

4. 将语言的运用落到了实处。

在课的结尾，教师采用半开放性的形式，以“问题”为“引子”，指导学生表达，降低了“写”的难度，让学生有话可写，增强了学生“写”的信心。

对于本课教学，我有这样一些修改建议。

第一，需进一步注意撰写“教学设计”的规范性和使用术语的准确性。

第二，设计中应该渗透对学生的学法指导。

陕西省教育科学研究所　张雪莲

My Favorite Subject Is Science. *Section A 1a－1c* 教学设计

宝鸡市教育局教研室　任军利

教材分析

My favorite subject is science. Section A 1a－1c 选自人教版英语七年级上册。本单元以学校科目（School subjects）为主题，旨在教会学生“能够就喜欢的事物进行简单的问答”（Talk about preferences）并“陈述喜欢某事物的原因”（Give reasons）。本单元的主题图呈现的是两名学生在学校走廊里的对话场景，图中还呈现了各个学科上课的场面，是整个 Section A 的

基础。这部分要求学生掌握各学科的英语名称，如 P. E.，art，science，music，math，Chinese，geography，history，favorite，subject 等，并学会使用重点句型 What's your favorite subject? My favorite subject is... 活动 1a 主要呈现话题词汇和基本句型，活动 1b 通过听力练习加深学生对单元重点句型和词汇的认知，活动 1c 则要求学生联系实际情况进行问答活动，进行简单的语言表达。

学情分析

英语新课标要求学生能听懂学习活动中连续的指令和问题，并作出适当的反应；能在课堂活动中用简短的英语进行交际。本节课的学习活动设计贴近学生的生活实际。学生经过小学英语教学和课外英语学习，加之已经学过的前 8 个单元，已经具备一定的听、说、读、写基础。通过本节课的进一步学习，学生能更加熟练地运用语言进行交际。如果强化语言结构：What's your favorite subject? Why do you like...? Who is your... teacher? When do you have...? 学生会在英语课堂上"活"起来、"动"起来。

资源利用

教师教学用书、导学案、录音机及教室内的情景资源。

教学目标

1. Language goals：Talk about preferences（谈论喜好）；Give reasons（说明理由）；

Key vocabulary：P. E.，art，science，music，math，Chinese，geography，history，favorite，subject.

Target languages：（1）What's your favorite subject? My favorite subject is...（2）Why do you like...? Because it's...（3）Who is your... teacher? Mr. Li.（4）When do you have...? On Wednesday.

2. Ability goals：Train students' listening and speaking skills.

3. Moral goals：Tell students to learn every subject well.

教学重难点

重点：Talk about preferences（谈论喜好）in English；Give reasons

(说明理由) in English;

难点：The spelling of some names of the subjects, such as geography, history, science; 补充词汇 physics, chemistry, biology (教给学生记忆单词的方法，包括音标记忆、构词法记忆、形象记忆等，特别注意提醒学生 Chinese、English 的首字母要大写。)

教学过程

Step 1：Warming-up

T：Good morning, everyone! I'm very happy to be your new teacher today. Nice to meet you. Let me introduce myself first. My first name is Junli, my last name is Ren. So my full name is Ren Junli. You can call me Mr. Ren. I'm a researcher (教研员) of Baoji Education Bureau (宝鸡市教育局). I usually do English teaching and research work.

(Then, ask more than 5 students "What's your name? etc." and greet them.)

T：This is my first time to come to your school. My favorite students are in Class Five, Grade Seven. And my favorite day is today. I like your school. Wow, it's so beautiful! The boys are all handsome and the girls are all lovely. I think you are very friendly. I love you so much.

【设计意图】鉴于借班上课，所授课的学生不是自己的学生，并且素未谋面，教师首先自我介绍，并和学生做朋友，通过 greetings 拉近与学生之间的距离，给学生树立信心并激励学生参与课堂活动。

T：Hello, everyone! I feel lucky to be your teacher today. As you know, I'm an English researcher. But my favorite subject isn't English. Can you guess what my favorite subject is?

S：Is it P. E. ?

T：No, it isn't. I don't like it. I think doing exercise makes me tired.

S：Is it history?

T：I'm sorry. I think it's boring.

S：Is it science?

T：Yes, it is. I like science because it's interesting and funny. Now let's come into Unit 9 *My favorite subject is science*. Open your books and turn to page 49.

First let me check your homework.

【设计意图】让学生猜教师自己最喜爱的科目，旨在口头检查学生的预习情况，并通过教师示范让学生提前感知怎样谈论喜好及怎样说明理由。

Step 2：Talk about the big pictures and try to describe them.（1a）

T：Look at the big pictures on page 49 carefully. There are two girls. One is Anna and the other is Linda. Where are they?

S：In the hallway of a school building.

T：Why? The big pictures show students in the hallway of a school building. Look at the yellow part of the pictures. They're lockers. What is a locker? Students can store their books in it，as books can be very heavy and difficult to carry all day long in backpacks.（教师边比划边指出教室里的柜子，学生就很容易明白了）In the US，schools may have lockers outside their classroom.

T：What are the two girls talking about?

S：About school subjects.

T：What subjects are mentioned in the bubbles?

S：P. E.，art，science，music，math，Chinese，geography，history.

（如果学生识图有困难，可以通过表演启发学生。）

T：Who wants to act out the dialogue?

T：Work in pairs and make a conversation like that.

（布置合作编写对话的任务后，教师先和一名学生作示范，同时3人合作引出 his/her/one's，让学生自然地感知到句型中物主代词的变化，以备后面的总结归纳。）

【设计意图】教师引导学生讨论主题图，激活大图片的每一个细节部分，旨在直击单元话题，在情境中让学生感知新词汇和句型。并通过角色转换体验句型中物主代词的变化。最终目的在于强调语言学习的实践性，重视学生对语言学习过程的参与性。

Step 3：Word study

Make a class schedule（制作本班课表）。在课堂预习环节，让学生独立完成《预习导读单》上教师设计的空白“课表”，根据实际情况填课表，完成之后小组讨论，并由学生代表所在小组按照周一至周五的课表到黑板上展示。

Time	Monday	Tuesday	Wednesday	Thursday	Friday
☺ Morning					
☺ Afternoon					

【设计意图】 在学生独立完成“课表”时，教师把自己事先做好的“大课表”贴在黑板上，生动形象的“大课表”激发了学生对本节课的兴趣。这个活动包括了“学生独学—群学—展示—口头练习—笔头练习”。现场效果很好。

学生代表展示课表的同时，一旦出现本课重点生词，教师便及时引导学生进行练习、巩固和拓展。例如：

(1) 学生讲到 biology（生物）时，教师立即出示做成类似书本的卡片，biology，chemistry，physics 的三门学科都属于 science（科学）的范畴，同时纠正 science 的读音。

(2) 学生讲到 history（历史）时，教师出示生词卡片，将 history 分解为 his 和 story（他的故事），从而吸引学生对该学科的兴趣。之后，教师画出“思维导图”，提问“既然历史大家懂了，那么中国历史、英国历史……你们会了吗?”，学生自己联想，立刻给出了正确答案。

(3) 学生讲到 P. E.（体育）时，教师同样出示生词卡片，给出 P. E. 的完全形式 physical education。接着，教师给出了卡片 K. F. C.，学生饶有兴趣地知道了 K. F. C 是 Kentucky Fried Chicken 的缩写形式。

教师此时趁热打铁，又给出生词卡片 news（新闻），引导学生“新闻是来自四面八方的，所以东西南北的事情它都涵盖”。学生立刻看出了 news 是由 north（北），east（东），west（西），south（南）四个单词的首字母组成的。

Groupwork. Look at the schedule and make a dialogue.

Schedule of Class Five，Grade Seven					
	Monday	Tuesday	Wednesday	Thursday	Friday
A. M. 8：00	science	math	politics	Chinese	English
9：00	English	Chinese	English	math	history
10：00	math	computer	history	English	Chinese
11：00	geography	English	Chinese	politics	dream
P. M. 12：00	lunch	lunch	lunch	lunch	lunch
1：00	art	biology	dream	computer	English
2：00	P. E	math	science	P. E.	biology

【设计意图】整个生词记忆的过程，运用“大课表”引起学生的学习兴趣，接着通过“独学—群学—展示”三个环节，套用一些卡片、道具，与学生一起学习本节课的生词。学生参与度高，并从中学到了记忆单词的一些好方法。

生词记忆结束之后，接着引出“Now，there are so many subjects，I like science best. We can say：My favorite subject is English. My favorite subject is Chinese. My favorite subject is science.”从而引出本单元的课题“My favorite subject is science”。

接着提问：How to ask about your favorite subject?

学生回答：What’s your favorite subject?

【设计意图】对于本节课的两个句型，分别由教师引导，最终由学生自行归纳总结得出，这些知识是学生思考后习得的，因而在脑海中的印象更加深刻。

Step 4：Listening（1b）

T：We’ll listen to the conversation for three times. First time，predicting：What’s Anna’s favorite subject? What’s Linda’s favorite subject?

（学生再次观察主题图，预测答案，然后完成活动 1b。）

【设计意图】通过第一遍听录音，让学生在圈出听到的学科名称的同时，预测答案，培养对重点信息的捕捉能力。

Teacher plays the tape for the second time.（方法点拨：While listening，you don’t have enough time to write all the words and sentences. You should write “a” for “art”，“g” for “geography”，“s” for “subject”. It’s important for students to get the information.)

(Students complete the dialogue alone.)

(Teacher plays the tape for the third time.)

(Students Listen and repeat. Check their answers at the same time.)

(Presenting their work and make their own conversation in groups.)

【设计意图】听力任务处理了三次，包括 predicting—taking notes—checking，目的在于通过日常的过程性听力教学，加强对学生听力技能的培养，并培养学生的听力微技能。

Step 5：Practice the conversation and make your own conversations.（1c）

T：Work in groups and discuss the following problems.

Q1：How to describe one's favorite subject? Write some structures.

Q2：Find out some more key points and difficult points.

Tips：While discussing，try to write the notes. While some students are writing，the others look at it and find if there is something wrong.

(Students work in groups and write the results on the blackboard.)

【设计意图】合作探讨间接反映了学生对本课知识的掌握程度。在这期间，教师最希望看到的是学生进行有序而激烈的探讨和展示，并流利地表达出来。同时，学生能够学会倾听并能做到及时质疑。如果学生能发现教师未发现的更有价值的问题则更好。

Step 6：Make a survey

做小调查，写出自己最喜欢的科目并说明原因。用 My name is... My favorite subject is... because it's... 陈述你的观点，仔细倾听别的同学的观点，最后小组总结，选出你们最喜欢的科目。

Name	Subject	Reason

※Our favorite subject is ________________.

Step 7：Class closing

Homework：Write a short composition—*My Favorite Subject*.

板书设计

My favorite subject is science.

Section A 1a—1c

What's your favorite subject?	My favorite subject is...
Why do you like...?	Because it's...
Who is your... teacher?	Mr Li.
When do you have...?	On Wednesday.

Listening
↗ 1st：predicting and circle
→ 2nd：taking notes
↘ 3rd：checking the answers

教学反思

本教学设计的优点：

1. 本堂课主要通过学生独学、对学、群学和展示，达到学生学习知识、训练能力的目标。由于是借班上课，我处于一个陌生的环境，给陌生的学生上课。在自我介绍环节中，我说出我最喜欢的学生是这个班的学生，因为今天要给大家上课，最喜欢的一天是今天，这样的语言交流，拉近了我和学生的距离。然后，我通过设置疑问引出课题，使学生尽快参与到课堂学习中去，尽可能达到和学生之间默契合作。

2. 导课时，我引出了很多学科的名称，在提问和回答过程中，对学生生词的掌握情况有了初步的了解。当“大课表”出现在黑板上时，学生的积极性被极大地调动了起来，每个学生都很认真地完成自己的课表填写，接着分组讨论答案，由一名学生代表上台展示。这样的教学方式，能有效激发学生的学习热情。

本教学设计的不足：

教学时间安排前松后紧。前半部分词汇教学时间稍长，导致后面内容进行得稍显仓促。由于时间的关系，只给了少数学生展演的机会，并没给大多数学生留下充分的展示时间。另外，师生之间的语言沟通、对学生学习方法的指导、对学生结构化预习习惯的培养等仍需优化。

个人简介

任军利，中学高级教师，陕西省宝鸡市教育局教研室教科组组长，陕西省优秀教学能手工作站站长。获“陕西省教学能手”“陕西省优秀教研员”“全国优秀外语教研员”等称号。全国中小学外语教师“园丁奖”获得者，全国英语“四位一体”教学法实验优秀实验教师。

专家点评

任军利老师执教的英语课是一节集词汇教学、句型教学、听力训练、对话操练为一体的听说课。在教学活动中，任老师把英语课程生活化，把一个个教学目标活动化，充分发挥了师生双方在教学中的主动性和创造性。课堂上，道具以及简笔画的使用极大地激发了学生的学习兴趣。任老师从自我介绍开始，用简单的英语口语与学生交流，拉近了教师与学生之间的距离。教学过程重、难点处理适当。教学中，任老师注重引导学生对主题情境图（大图片）进行谈论，直击教学目标，同时注重听力教学的技巧训练。这节课的亮点在于对学生听力策略和听力技能的培养。在小组合作学习中，任老师让学生在独学、对学、群学的过程中自主表达，实现对知识的融合、信息的交流和资源的共享，为学生搭建展示自我的平台。任老师在学生展示过程中适时予以激励和表扬，鼓励学生做一个忠实的倾听者，及时发现口语和书写错误，这有利于培养学生形成严谨的治学态度。需要注意的是，在课堂合作探讨环节，部分学生的讨论显得不够深入，个别学生的展示、交流、质疑不够自然常态，而教师没有很好地发挥引导和帮助作用。

宝鸡文理学院外语系主任　王卫强

Will People Have Robots? Section A（Ⅱ）教学设计

西安交通大学附属中学　王永洁

教材分析

Status and Functions:

Background on the reformation of curriculum, *Go for it*! adopts taskbased teaching model, and forms a learning procedure in which knowledge is gained step by step and the instruction is given close to life. The book is designed to achieve mastery through a comprehensive study of the topics, communicative functions, as well as language structures.

Each unit in *go for it*! is divided into two parts: Section A and Section B. Section A introduces the key words and target language and provides several step-by-step activities and then one or two interactive exercises. Section B introduces new vocabulary while recycling the language presented in Section A. Activities in Section B are designed to help students put what they have learnt in this unit even some earlier units into practice comprehensively.

Today I'm going to talk about the second period of Section A of Unit 7. The topic of this unit is "Will people have robots?" This unit is designed to teach students how to make predictions by using the simple present tense. This lesson is not so closely related to students' daily lives. But it encourage students to use their imagination. It's quite easy to arouse students' interests in communicating with each other by using the English learnt in this unit. In the process of learning, students are encouraged to express and share their own ideas on describing what they think will happen to the world, the life and the earth and so on. Students are expected to go on learning the key words and target language learnt in the first period of Section A of this unit.

学情分析

Students in Grade 8 are eager to get new information. They are interested in the prediction about the future. So they are interested in the topic of this unit. Because they have learnt the first part of Section A, Unit 7, they are supposed to understand how to use the simple future tense with "will" and the structure of "there be" to make predictions. However, it's difficult for many students to understand the differences between "less" and "fewer". The class aims to talk about the future life by using "more" "less" and "fewer" correctly.

资源利用

Teacher's book & Students' book & chalk

教学目标

1. By the end of this class, students will be able to make predictions by using the words like "more" "less" and "fewer" and the simple future tense with "will".

2. Students learn to use the target language by listening and speaking and learn how to get information from the recording. (Learn some listening strategies)

3. Students learn to have imagination and learn to care our earth.

教学重难点

Important points:

1. Learn to use "will" to talk about the life in the future;

2. Learn to use "more" "less" and "fewer";

3. Learn some listening strategies.

Difficult points:

Use "there will be..." and "more" "less" "fewer" correctly.

教学过程

Step 1. Greetings and revision

T: How's your life now? Do we have schools? Is the air fresh now? Are the cities big? Do we have many countries in the world? How will the world be different in 100 years from now? Will we have only one country in the world?

Ask students to give more predictions about their life and the world.

(It's designed to help students review the simple future tense and arouse their interests in what they are learning in this class.)

Step 2. Listening

1. Pre-listening.

Students describe what they can see in the illustration.

(It's designed to help students learn to predict the content of the listening with the aid of the illustration.)

2. While listening.

(1) Listen for the first time to circle "more" "less" or "fewer" . Check the answers by asking them to read the complete sentences.

(2) Ask students to watch the five sentences and pay attention to the structure of the five sentences and when we use "more" "less" or "fewer" and help them to analyze them by themselves.

(The tasks are designed to develop students' listening skills.)

(3) Predicting what they will hear by watching the illustration.

(4) Underlining the key words which can help them get the correct answers by listening.

(5) Lead students to read the instructions of 2b and read the following five sentences. Then ask them to listen and check the things they hear by listening to it for the second time.

(6) Talk about the answers with students.

(They are designed to help students to understand the grammar points well and cultivate their ability of watching and analyzing. Ask students to watch the five sentences and pay attention to the structure of the five sentences and "more" "less" or "fewer" and help them to analyze them by themselves.)

3. Post-listening.

Ask two students to read the conversation in 2c. Then ask them to work in pairs to talk about the five predictions in the conversations.

(It's designed to encourage students to use the target language in conversations.)

Step 3. Role-play

1. Ask students to watch the illustration and lead them to describe what will happen to the cities by using the target language they've learnt and learn some new words like environment, polluted, planet, earth, plant, play a part, etc.

(It's designed to help students predict what is in the conversation and learn some new words to help students understand the conversation well.)

2. Ask the following questions like:

(1) What will the future be like according to the book about the future?

(2) What can people do to save the earth?

(It's designed to help students to practice the target language by reading again.)

3. Ask students to read the conversation and answer the two questions.

(It's designed to help students to understand the conversation better.)

4. Ask them to listen to the recording and imitate the intonation and pronunciation.

(It's designed to help students to read better.)

5. Ask students to work in pairs to role play this conversation.

(It's designed to help arouse students' interests in learning English.)

Step 4. Grammar Focus

1. Ask students to read the sentences in Grammar Focus carefully.

(It's designed to help students to understand the target language in this unit well.)

2. Ask them to work in groups to analyze the structure of the simple future tense.

3. Review what they analyzed about the structure future tense of "there be" and when we use "more" "less" or "fewer".

(They are also designed to help students to develop their abilities to watch and analyze the information they got.)

Step 5. Practice

1. Ask students to fulfill the task in 3a by themselves first and then ask them to check answers in pairs.

2. Ask several students to read their answers one by one.

3. Students read the five sentences together.

(They're designed to help students to practice the target language they've learnt.)

Step 6. Survey on predictions

1. Tell students they are going to survey other students in class for the predictions.

(It's designed to help students to use the target language correctly and freely.)

2. Distribute the sheets of paper to each group of four students and tell them they will work together and write as many predictions for the future as possible in 3 minutes according to the instructions on the paper.

3. Ask several groups to read their predictions in the whole class.

(They're designed to help students to learn from each by cooperating with each other.)

Step 7. Summary

Ask students to sum up what they have learned in this class.

(It's designed to help students sum up what they have learned in this class and develop their habit of summarizing.)

Step 8. Homework

1. Listen to the conversations in 2a and 2d three times at home and imitate the intonation and pronunciation.

2. Write a short passage according to the survey of prediction we did in class.

(They're designed to help students to do more practice about what they have learnt in this class.)

板书设计

Board design	Will people have robots? There will be more+*C. pl.* / *U.* less +*U.* fewer +*C. pl.* Will there be... There won't be... S+ will + V S+ won't +V Will + S + V? Yes, S + will. No, S + won't.

教学反思

在这堂课中，学生不但复习了前一节课所学的内容，而且学习了更多的目标语言和词语，并且进行了相应的口头及笔头练习。整个教学过程能始终以学生为中心，以学法指导为重心，以学生能学会并正确运用所学知识为目标。教学设计中最大的亮点：

1. 整个教学设计体现了以学生为中心的教学理念，充分培养他们的观察能力、分析能力和总结能力，发挥了他们的主观能动性。比如，在圈出所听到的单词后，让学生自己观察五个句子的结构，并总结出什么时候用“more”“less”和“fewer”，自然而然地强调了重点（there be 句型的将来时结构），突破了本节课的难点（“more”“less”和“fewer”怎么用）。在 Grammar focus 的教授过程中也是让学生再一次总结结构和用法，巩固了所学的知识。

2. 教学设计的每一步都渗透了对学生的学法指导。比如，我能充分利用插图和所给文字的功能，指导学生对所听内容进行预设（2a/2d），使学生在听的过程中能更快地抓住重点。

教学设计存在的问题：

内容有些多，教学内容整合强度不够，基础较弱的学生可能很难完成任务。

教学设计改进策略：

1. 将第五步 3a 的内容提到第三步，并且先不给出全句，只告诉学生这是对未来的预测，并给出关键词让学生猜应该用“more”“less”还是“fewer”，进行一系列的讨论甚至辩论后，再让学生将书本翻到第 51 页完成句子。这样既巩固了刚学的知识，又增加了课堂的趣味性和活力。

2. 去掉 survey 环节，将 2d 设置成看图——对地球未来的预测，引导学生运用所学目标语言和词汇进行预测，并自编对话，将课堂推向高潮。

个人简介

王永洁，中学高级教师，西安市中小学教师继续教育专家库成员。在第二届全国英语教师技能大赛中获初中组一等奖，曾获“西安市教学能手”“陕西省教学能手”等称号。

专家点评

教师对教材及学情能够做出一定的分析，较好地理解和掌握了所授课程的教学目标，对教学内容的重、难点分析得当。在教学资源利用方面，教师能突出基础资源，以教师教学用书及学生教科书为主要依据，说明教师谦逊好学，课堂教学活动有据可依，避免了无序拓展、盲目引导学生生成的可能性。

正因为教师教学目标及教学重、难点分析得当，所运用的教学资源有极强的可靠性和权威性，使我们透过教学过程的阅读可以清晰地看到教师严谨、规范的教学作风和较为扎实的教学基本功底。

教学过程描述具体、明确，课程实施以Pre-，While-和Post-为主线，突出学科当代教学理念，注重教学的过程性，教师有效地将“听”“说”活动相结合，设计上突出两种能力的训练综合发展，符合新课标所倡导的培养、发展学生语言综合技能的理念。在此基础上，设计进一步引导学生观察、发现语言结构（特别是在“Step 4. Grammar Focus”环节），力图平衡语言流畅性和准确性之间的关系，并辅之以相关训练（“Step 5. Practice”环节）。最后，教师合理归纳课程内容的功能要点、引导学生自主总结出课程学习重点并布置作业，使得课程有较好的完整性。

总体说来，本课程设计清晰、自然，教学依据权威可靠，教学环节环环紧扣，突出了学生语言学习及运用的过程性，注重学科技能的综合性发展，课程设计完整，虽个别语言陈述有待修正、完善，但整体设计具有极强的可操作性和较强的可推广性。

希望对教材有更合理及更有深度的分析。

西安市第二十六中学　杨筱冰

Do You Like Bananas?
Period 2 Page 32 教学设计

兴平市兴化学校　周文华

教材分析

This Lesson is the second period of Unit 6, Grade 7, PEP New Target. Unit 6 is focused on talking about likes and dislikes. The teaching syllabus says language is for communication, the students should develop their listening, speaking, reading and writing skills. Students should be able to use "like" and "don't/doesn't like" after learning this unit. They are close to our daily life, so the students must have great interest in telling many things. And they also need to learn "Yes/No" questions and short answers. Students will meet many new words about food, fruit and vegetables in this unit. They need to divide the nouns into Countable or Uncountable nouns. On page 31, the students learn to ask and answer questions, such as, "Do you like...? Yes, I do. /No, I don't." In Period 2, they will go on using these expressions. They will meet some questions beginning with "Does", and they need to answer the questions with "Yes, she/he does. / No, she/he doesn't." They need to pay more attention to V-s/V-es and the use of "do/does".

学情分析

Students have learned English for about at least 4 years so far, so they can understand some words and some simple sentences. They have great interest in English and like to express themselves in front of class. But they lack listening skills. They need help to form their own proper learning habits, for example, they should get used to reading the listening material before they listen to the tape.

Learning methods：

Students need to develop their own proper learning habits with the teacher's help.

资源利用

We need to use the radio and PPT in this lesson. There are several pictures in the PPT. At the beginning of the class，students look at the pictures. These pictures can remind the students of many words about food，fruit and vegetables.

教学目标

1. Knowledge objects：

(1) In order to express their likes and dislikes，students need to remember more words about food，fruit and vegetables，such as burger/hamburger，vegetable，dinner，fruit，food，apple. On Page 32，they also need to learn to use birthday，week，think about，sure，right，then and how about...

(2) Target language：

—Do you like salad?

—Yes，I do. /No，I don't.

Let's think about...

Sounds good.

John likes hamburgers.

I don't like salad.

Let's have strawberries and apples then.

(3) Grammar：

Students should pay more attention to V-s/V-es and the use of "do/does".

2. Ability objects：

Students can express their own likes and dislikes with "I like... I don't like..."

3. Moral objects:

Students need to know the importance of caring about other people's likes and dislikes.

Students should know it's important to have a balanced diet.

教学重难点

Important point:

Students can express their own likes and dislikes.

Difficult point:

Students should know how to use V-s/V-es and "do/does".

教学过程

Step 1. Warming-up

1. Brain-storming.

Students have learned many words about food, fruit and vegetables. The teacher can ask some questions to help them review the words:

Do you like good food?

Can you tell us the food you like?

Can you spell the word?

Each student can write a word on the blackboard.

2. Students read the words on the blackboard. The teacher helps them divide the words on the blackboard into three groups:

Countable nouns, Uncountable nouns, Countable & Uncountable nouns.

Step 2. Presentation & Practice

Before listening to the tape, students should read the words or sentences, and they should also look at the pictures carefully that they have in the listening practice. Then students can get some information that they will meet in the listening material. This is a good listening habit. The teacher should help the students develop good learning habits.

1. Students read the words in 2a, then listen to the tape and circle the food they hear. The teacher and the students check the answers together.

2. Students look at the pictures and talk about some food they can see in the pictures. Maybe these words they will hear in the listening part. Then students listen to the tape again and fill in the blanks.

The teacher needs to call out some students to read the dialogue, and then the other students check the answers. If they didn't get the answers, it doesn't matter, they will listen to the tape for the third time.

3. The teacher plays the tape, and students listen to the tape again and answer the following questions:

Does the boy like the hamburgers?

How about the girls?

Does the boy like tomatoes/ice-cream?

The teacher should help the students answer the questions with "Yes, she/he does. No, she/he doesn't."

4. The teacher can write "I like... and I don't like..." on the blackboard. The students read the expressions first, then they look at the words they wrote on the blackboard.

The teacher needs to give students some examples:

I like apples. I don't like tomatoes.

Then students try to express their own likes and dislikes with these structures.

5. Introduction:

I know a boy. His name is John. His birthday is next week. So his friends are preparing for his birthday dinner. But they don't want John to know it.

Maybe the teacher can show a picture of a birthday cake to the students.

The teacher should write birthday and dinner on the blackboard and explain the two words to students.

Students read the dialogue in 2d. When they meet some new words they haven't learned, maybe they can try to guess the meaning of the new words according to the whole passage. If the word is not important, pass it. If the students can get the right meaning, give them praise. And the teacher can let students introduce his/her way of guessing words to the others.

The teacher and the students go on with the new words On page 99 together.

Students listen to the tape of 2d and read the dialogue together. Then they read the dialogue again. The teacher calls out several groups to act out the dialogue.

6. Language Notes:

—Do you like salad?

—Yes, I do. /No, I don't.

Let's think about...

Sounds good.

John likes hamburgers.

I don't like salad.

Let's have strawberries and apples then.

When talking about something important, the teacher can ask some students to explain the notes first. This can encourage the students to think of something new by themselves.

Step 3. Consolidation

Students should go on with these useful expressions in this period again.

I like...

I don't like...

—Do you like salad?

—Yes, I do. /No, I don't.

Let's think about...

Sounds good.

John likes hamburgers.

I don't like salad.

Let's have strawberries and apples then.

Step 4. Homework

1. Students should finish all the exercises.
2. Students need to remember the new words and expressions.
3. Students should recite 2d.

板书设计

Do You Like Bananas?

1. Some food

2. Groups of nouns

3. Language Notes：

I like...

I don't like...

—Do you like salad?

—Yes，I do. /No，I don't.

Let's think about...

Sounds good.

John likes hamburgers.

I don't like salad.

Let's have strawberries and apples then.

教学反思

回顾整个教学过程，实现了教学目标，教学环节齐全，重难点也较突出。其中，教师通过导入词汇及复习名词复数等环节，既迅速消除了学生与老师间的隔阂，又带动学生踊跃地参与到教学过程中来，师生互动情况良好。通过听力练习，教师引导学生养成在播放听力材料之前先浏览所给素材的好习惯。课后与学生交流，了解到学生都能在老师的引导下以轻松、愉快的心情完成整节课的学习任务。但是，还有一些遗憾，需要在今后加以改进。

1. 因为一直使用冀教版教材，对人教版教材不是很熟悉，部分可以进行整合的内容没有放在一起，教学内容还是按课本的布局来进行的，缺乏变通。

2. 在做教学设计之前，可以向其他老师请教该课时里可以整合或者改进的内容，这样在做教学设计的时候就能更有效率，同时在训练拓展方面也可以更深入一些，让不同基础的学生在这一节课里都能有所收获。

3. 在教学过程中，对学生的知识掌握程度估量不够，重点确实突出了，但是难点突破不足，在今后的课堂训练中应注意由易到难拉开梯度，适当拓展，这样才能照顾到所有学生，让不同知识基础的学生都能有收获，而不仅仅是完成课本上的教学任务。

进步之路漫漫，我还需要不断努力、学习、提高。

个人简介

周文华，中学一级教师，先后获得“咸阳市教学能手”“咸阳市初中英语学科带头人”及“陕西省教学能手”等荣誉称号。

专家点评

教师对教材及学情分析明确、透彻，较好地阐述了学生学习状况及课程内容与学生的关系；对所授课程的教学目标和教学内容的重难点分析妥帖、得当。

热身部分采用语词归纳整理，拓展强化了语词的运用，为下面的对话学习做了很好的铺垫。

教学过程描述具体、明确、完整，本课程设计对教材内容和学情状况分析透彻，有较为明确的教学重点、难点，陈述合理、得当。教学按照教材编排顺序依次展开，各个设计环节教授层次分明。

教学活动设计符合学生的心理特点，也符合学生的认知规律，有利于学生学习兴趣的稳定，可操作性强。

通过本单元的教学，学生学会了询问对方与了解别人喜欢与不喜欢的食物，学会谈论自己与他人喜爱吃的食物，为其今后能在交际中恰当地表达自己的情感、灵活运用已经学过的常用功能项目、进一步学习并掌握新的语言功能奠定了坚实的基础。

不足之处在于，本设计在教学资源利用层面略显单薄，教学过程描述部分似乎也未明确体现所列资源对教学过程所形成的支撑及帮助，需进一步改进。

西安市第二十六中学　杨筱冰

The Use of “*Like*” 教学设计

汉中市第八中学　杨　妍

教材分析

本节课的教学内容是新目标英语七年级上册第六单元第二节的内容，它是在第一节的基础上进一步学习和强化有关询问喜爱或不喜爱某种食物的功能项目训练。根据新课标的三级目标要求，全节课分为听力理解、小组活动和写作三部分，内容是与学生生活紧密联系的一节听说课，目的是要让学生掌握关于 like 的肯定句、否定句和一般疑问句以及主语为第三人称单数时动词的形式（likes）及否定式 doesn’t like 句型，为学生在日常生活中进行语言交流打下基础。

学情分析

本单元的教学句型“Do you like...”与前一个单元“Do you have...”的句型结构基本相似，而且学生在前一节课已初步学习了“Do you have...? Yes，I do. /No，I don’t.”并且还学习了一些关于食物的名词。因此，本节课的教学内容对学生来说应该不是很难，也许学生还不是很熟悉一般现在时主语为第三人称单数时动词的形式，但相信在老师的帮助下一定能学好。

教学目标

1. 掌握食物、水果等名词的单复数，能用以下句型谈论自己和他人对食物的喜欢与不喜欢的话题。

（1）I like ________.

（2）Do you like ________? Yes，I do. /NO，I don’t.

（3）I don’t like ________.

（4）John likes ________，but Jack doesn’t like ________.

2. 通过这一课的学习，学生能够具备听、说、读、写的能力，同时也提高相互交流和合作的能力。

3. 通过相互交流，激发学生学习英语的兴趣；通过谈论他们对食物的喜好，促进他们对生活的热爱。

教学重难点

1. 掌握食物、水果等名词的单复数。

2. 关于 like 的肯定句、否定句和一般疑问句以及主语为第三人称单数时动词的形式（likes）及否定式 doesn't like。

资源利用

1. 利用 PPT 课件中生动的图片引导学生对食物、水果词汇的复习；在阅读前，用 PPT 提前呈现问题，这样学生可以带着问题有目的地进行阅读；再以动画形式呈现句型的练习，激发学生的学习兴趣。

2. 利用单词卡片，学生能直观地掌握单词的发音及读写。

3. 利用录音机播放听力，学生能感受到纯正的英语。

教学过程

Step 1. Warming-up

1. Greetings.（通过句型 I like ________ . Do you like ________ ? 引出食物、水果词汇。）

2. 掌握食物、水果等名词的单复数。

【设计意图】以色彩鲜艳的图片激发学生的学习兴趣，通过复习强化记忆，起到以旧引新的作用。

Step 2. Presentation and listening

1. Listen and circle the food you hear in 2a.

2. Listen again. Fill in the blanks in 2b.

3. Activity. Guess the teacher's favourite food using the sentence patterns "Do you like ________ ? Yes，I do. /No，I don't."

【设计意图】学生对所要听的材料有所准备，并且有意识地进行听力训练。

Step 3. Pair work

Talk about students' likes and dislikes about food.

此部分，学生可以练习句型 I like ________ . Do you like ________ ? Yes，I do. /No，I don't like ________ .

【设计意图】鼓励学困生进行简单的对话训练，增强其学习信心，提高学生的听说能力。

Step 4. Read the dialogue

1. Listen to the dialogue and answer the question “What food does John like?”

2. Read the dialogue in roles（Jack，Tom，Bill）.

3. Translate the phrases into English.

（1）约翰的生日聚餐；（2）考虑；（3）蔬菜沙拉；（4）听起来不错；（5）喜欢沙拉。

4. Find out the sentences including the above phrases in the dialogue, and master the sentence patterns “John likes ________，but Jack doesn't like ________.”

5. Ask students to read them aloud.

Step 5. Group work：Food Survey

Divide the class into groups. Each group is made up of 4 students.

1. Interview their classmates' likes and dislikes，then fill in the chart.

A：Hello! Do you like...?

B：Yes，I do. I like...

/No，I don't. I don't like...

A：Does Lucy like...?

B：Yes，she does. She likes...

/No，she doesn't. She doesn't like...

2. Choose some volunteers to report their group members' results.

Hello，everyone! I like...，...and... But I don't like...，...or...

Lucy likes...，...and... But she doesn't like...，...or...

【设计意图】通过组织小组活动，运用本节课所学的句型，既加强了学生之间的相互交流，也大大地巩固和扩展了学生对目标语言的学习，给学生提供了充分的锻炼机会，活跃了课堂学习气氛。

Step 6. Summarize

What have we learned from this lesson?

1. I like ________.

2. Do you like ________? Yes，I do. /NO，I don't.

3. I don't like ________ .

4. John likes ________, but Jack doesn't like ________ .

Step 7. Homework

Talk about their family's favourite food, write a short passage. 请同学们谈论他们的家人最喜爱的食物，并写一篇小短文。

My name is..., I like..., but I don't like...

My father likes..., but he doesn't like...

My mother likes..., but she doesn't like...

板书设计

Topic

Words: Sentences:

Phrases:

(1) 约翰的生日聚餐。

(2) 考虑。

(3) 蔬菜沙拉。

(4) 听起来不错。

(5) 喜欢沙拉。

教学反思

通过这次在西安市第二十六中学的教学实践，我想谈谈我对自己在教学过程中比较满意的地方，以及自己的不足之处。

首先，整堂课教学过程完整，重点突出，知识点由易到难，循序渐进。坚持以学生的需要为出发点，坚持让学生学会运用语言，在用中学，在学中用，学有所得，学有所用。

其次，以学生的发展为本。新课程的价值取向是以人的能力和个性发展为核心。在本教学设计中，我先精心准备了贴近实际生活的任务活动，深入浅出，让学生根据生动活泼的图片进行会话，学生很快就可以在真实的语境中熟练地运用一般现在时。

再次，注重小组合作。例如，在教学的第三、第四和第五部分，四个人明确分工，有的分角色朗读对话，有的翻译重点词组，有的采访，然后通过对话、角色扮演、作报告三种形式展示出来。这样可以让不同层次的学生都能主动参与学习，让学生在自主学习中得到发展，并树立自信心，养成良好的学习习惯，形成有效的学习策略。我认为，小组学习最大的优点在于，培养了学生的合作精神，使他们学会了如何与他人合作，具备了合作学习的能力，让学生在课堂上始终保持浓厚的学习兴趣，让学生的兴趣和思维猛烈地碰撞，踊跃参与到课堂活动中来。

最后，我来谈谈本节课的不足之处。虽然我设计了多个任务让学生来运用一般现在时，学生也能熟练掌握，但由于缺乏大情景的设置以及缺乏主线，导致各环节之间过渡生硬。还有，所设计的任务对授课班而言相对简单，挑战性不够，使得学生的参与虽有广度但深度不够。此外，对时间的掌控还需要加强，最初设计的写作原本希望能在课堂上完成，但最后由于时间的问题，只能以作业的形式布置下去。在今后的教学过程中，我要努力做到使每个教学环节衔接自然，这样就能更节省时间，更好地完成教学目标。

总而言之，对本节课的教学反思，可以归结为一句话，那就是优化课堂教学，提高课堂效果。同时，我在业余时间应该加强学习，提高自己的英语教学水平。我要以此作为我的教学指导思想，更好地开展下一步的教学工作。

个人简介

杨妍，中学一级教师，陕西省汉中市第八中学英语教师，曾获“汉中市教学能手”“陕西省教学能手”等称号。

专家点评

该节课的教学设计过程完整有序，有教材分析，有学情分析。教学重难点把握准确，教学内容主次分明，重点突出，结构合理，衔接自然紧凑，组织严密，教师采用有效的教学手段，引导学生自主探究、合作交流，成功地教会学生“会学”。能运用恰当的教学方法和手段启迪学生思维，采用对话形式，创设真实语境，复习学过的食品英语名称，让学生直观思考，把语言拉进生活，真实运用语言。教学活动较为丰富，有 pair work，group work 等。解决重点、突出难点。精心设计练习，并在整个教学过程中注重对学生能力的培养，是一节优秀的课。

同时，板书设计科学合理，言简意赅，有艺术性，条理性强，字迹工整美观。本次教学效率高，学生思维活跃，课堂气氛热烈。学生受益面大，不同程度的学生都能在原有基础上有所进步。知识、能力、思想情感目标都能达成。有效利用课堂时间，学生学得轻松愉快、积极性高，当堂问题当堂解决，学生负担合理。

设计理念的要求很明确，帮助学生认识学习规律，端正学习动机，激发学习兴趣，掌握科学的学习方法，养成良好的学习习惯，逐步提高学习能力，有效地提高学习效率。

在教学过程中，教师能够创设良好的问题情境，强化问题意识，激发学生的求知欲，能充分确立学生在课堂教学活动中的主体地位。

希望在教学环节的衔接上能再有所突破。

西安市第二十六中学　杨筱冰

Do You Like Bananas? *Section A Period 2* 教学设计

杨凌高新中学　薛妍红

教材分析

1. 本节课是人教版新目标英语七年级上册第六单元第二课时。

2. 英语新课标倡导英语语言的学习要采用活动的途径，倡导参与体验，即通过任务型教学模式，让学生在教师的指导下，通过感知、体验、实践、参与、探究和合作等方式，实现任务的目标，在学习过程中进行情感和策略调整，以使学生形成积极的学习态度，促进其语言实际运用能力的提高。

3. 本单元是围绕“表达对食物的喜好”这一话题展开的，其中贯穿应用了以 like 为主要动词的一般现在时态。本节课学生通过参与多角度口语活动，能够学会询问他人的食物喜好和表达自己的想法，了解可数名词及不可数名词的运用规则并达到正确运用，最终在一定的情景下灵活运用所学知识进行口语表达。

本单元是在第五单元以 have 为主要动词的一般现在时的基础上再次进行的巩固和练习，学生易错点多。因此，本单元是学生水平逐渐分化的一个单元，它在本册书乃至七年级整个学年中的地位举足轻重。

学情分析

1. 年龄特点方面：初一学生多数喜欢轻松和可参与性强的游戏，他们喜欢表现自己，参与的积极性高，也乐于与他人交流。

2. 知识储备方面：（1）学生在第五单元已经学习了以 have 为主要动词的一般现在时态；（2）大部分学生在小学阶段储备了一定量的有关食物的词汇，但并不十分了解可数名词及不可数名词的分类及其在句子中的运用。

3. 学习策略方面：大部分学生可以借助自己的英语学习经验与伙伴沟通，解决学习中的一些困难。一少部分学生会主动与老师沟通以解决学习中的一些困难。但能主动借助工具书解决困难的学生占极少数。

教学目标

1. 词汇：birthday，dinner，week，think about，food，sure，how about，vegetable，right，fruit，apple，then。学生通过询问身边的人关于食物的喜好应用新词汇，练习 like 句型；通过多层次的练习，逐步学会表达自己和他人的喜好。

2. 学生通过参与师生互动、生生互动和组内合作的方式，感知语言意义，动手造句子发现问题，在教师的引导下，自主总结语言的部分规则，解决部分问题。

3. 在口语活动和小组活动中，学生学会聆听和关心他人，并敢于表达自己的不同喜好。

教学重难点

重点：再次巩固运用含第一、二人称的一般现在时态，学习含第三人称单数的一般现在时态。

难点：含第三人称单数的一般现在时在不同句式中的应用；将食物名词分类为可数名词及不可数名词，并正确运用可数名词及不可数名词。

资源利用

1. 教学环境的设计准备。

本节课的口语活动设计中既有四人小组活动，也有两人一组的 pair work，要求教师课前观察教室内的座位，以便合理地进行分组。

2. 教学用具的设计准备。

(1) 教师在导入环节中使用教学课件，自然引出本节课的话题并展示新词汇，力求简洁明了和突出重点。

(2) 给四人小组一份拼句纸条，教师根据班级学生人数，准备十几个不同人称的 like 句型的句子，将其裁成小纸片，再订在一起以便发放。

(3) 学生每人一张答题纸，内容包括课堂活动调查表和 pair work 的对话，以及课后再次修订的对话。

教学过程

Step 1：Greeting and warming-up

1. Self-introduction& Greetings.

2. Guessing game：First guess a word.

It's in four，not in sour. It's in some，not in same.

It's in wood，not in word. It's in card，not in cars. (key：Food)

3. Look at the pictures about food and guess what food I like.

Student A：Do you like...?

Teacher：Yes，I do. / No，I don't. I don't like...

(本环节直接导入话题 food，让学生明确学习的内容，同时利用 Guessing game 迅速抓住学生的注意力。)

Step 2：Survey

1. A survey：Do you know your friend well? (你了解你的朋友吗?)

Do you have a friend in your class? What food / fruit / vegetables does he /she like?

Name	likes	doesn't like
Cathy	tomatoes	salad

2. Pair work：Ask and answer the questions. Fill in the chart.

3. Report the survey. (Some students can add their own information if possible.)

e. g：I like strawberries but my friend Alan doesn't like them. He likes apples.

（本环节的讲解由第一、二人称顺利过渡到第三人称单数的应用，引导学生关注动词的形式以及助动词的选择。）

Step 3：Group work

1. Choose and put the pieces of paper together，then make a complete one.

salad，tomato，Jenny，like，likes→ Jenny likes salad. √

Jenny like salad. × Jenny likes tomato. √

2. The teacher gives the groups different tasks and let them read one by one.

e. g：My friend，like，doesn't，don't，vegetables→

Tom and Jack，likes，like，chicken→

Do，does，your parents，like，hamburgers→

（本环节通过学生动手选择卡片构成句子，让学生发现、比较、感知可数名词及不可数名词和动词用法上需注意的地方。）

Step 4：A conversation

1. Listen and repeat the conversation in 2d individually.

Ask questions about the conversation.

e. g：a. When is John's birthday dinner?

b. Who dislikes salad?

c. What do you eat for the birthday dinner?

2. Make a sample conversation and the beginning is given.

A：It's time for lunch. Let's go and have lunch.

B：...

C：...

3. Read or act out.

（本环节的小组活动，教师要求不同组根据同一个开头续写三人的对话，进一步练习第三人称单数形式，培养学生的发散性思维和创新能力。）

Step 5：Summary

What do we learn today?

What do you think is important?

（本环节，教师引导学生自主发现和感悟，最终总结可数名词及不可数名词的用法，以及一般现在时态中助动词和动词的变化形式。）

【Homework】

1. Write a short passage about the survey above.

2. Read and check the conversation you wrote today.

板书设计

Unit 6 Do you like bananas? Section A Period 2

like/likes		phrases:	Do you like bananas?
hamburgers	ice cream	birthday dinner	Yes，I do. /No，I don't.
pears	salad	think about	Does she/he like...?
bananas	chicken	sure	Yes，she/he does.
tomatoes	...	right	No，he/she doesn't.
[c]	[u]	how about	I like A and B.
			I don't like A or B.

教学反思

本节课教学重点突显，也解决了一些教学上的难点，学生可以通过观察、比较和运用发现可数名词和不可数名词在用法上的区别，能够比较熟练地运用句式 Do you like... 进行提问与回答，对第三人称单数形式的掌握也比我课前预想的要好一些。

大部分同学课堂参与的积极性高，但是由于对两个游戏的规则不是十分了解，在实施的过程中，出现了一些教师未预料到的情况，如学生不确定是否是续写对话，或者在拼词成句中不确定所给的词是否全部都用。在最后的环节中，因为很多学生积极分享自己续写的对话，而导致没有时间作最终的小结，我对此感觉有些遗憾，今后需要在课前预设环节多下功夫，在充分了解学情的基础上，做多种准备。另外，对话中的人称多数是第一和第二人称，使用第三人称的只有一部分，这样的情形也让我明白今后在预设和生成中要多思考。

本节课的亮点是拼词成句这一活动，学生积极动手参与，原本用口头表达的一个句子，现在通过动手动脑解决，这是传统英语课堂中很少见的一种方式。在拼句的过程中，由于其中有一个多余词汇，因此学生不断调换位置，并主动与他人讨论，在质疑和讨论助动词用法或可数名词及不可数名词用法的过程中，关注语法中的易错点，达到了本节课学法指导的目的。此外，在课堂活动续写对话中，教师鼓励学生表达他们真实的想法。学生们跃跃欲试，他们的语言贴近生活，不时出现亮点，是整堂课的一个小高潮。教师的“教”藏而不露，学生的“学”与“动”是一节课的外在表现，而且教师的教学理念也通过这些活动得以实现。

个人简介

薛妍红，陕西省杨凌高新中学英语教师，在 2008 年全国中小学教师技能大赛中荣获国家级二等奖，在 2010 年全国初中英语教师基本功大赛中荣获国家级二等奖，获得“杨凌区骨干教师”“陕西省教学能手”等称号。

专家点评

该节课教学环节清晰、完整、具体，有教材分析，有学情分析；准确把握了教材的重点、难点；会话教学目标定位明确，采用对话和调查表的方式呈现新课，创设真实语境，让学生直观思考，把语言拉进生活，真实运用语言；处理核心语言方式恰当；尤其能活化教学内容，使之生活化，体现了课堂教学的开放性、师生关系的民主性、教学模式的多样性，培养了学生良好的学习品质，表现出该教师具有很强的教学能力。

在教学过程中，在语言知识的呈现上，从第一人称、第二人称向第三人称过渡，重点突出一般现在时第三人称单数的用法，让学生感知理解、掌握用法；有板书设计，话题突出，重难点一目了然；教学资源较为丰富。

同时，在教材内容的基础上作了适当的、必要的扩展，精心安排学生进行自主学习、质疑、操作实践等活动，以对话、讨论、表演为主。学生在完成任务的过程中学会合作。设计的题量适当，激发了学生的学习兴趣，引导学生自主探究、合作交流完成任务，整个课堂效率非常高。在小组活动中引导学生学会沟通与合作，鼓励学生开展多渠道学习，培养发散性思维，体现了以学生为主体的教学指导原则。

学法指导帮助学生认识学习规律，端正学习动机，激发学习兴趣，掌握科学的学习方法，养成良好的学习习惯，有效地提高学习效率。

希望各教学环节的衔接能更流畅一些。

西安市第二十六中学　杨筱冰

物理学科

“平面镜”教学设计

西北工业大学附属中学　王　雯

教材分析

本节课的内容是苏科版初中物理八年级上册第三章第四节的教学内容，用1课时完成。在学习本节课之前，学生已经学习了光的直线传播及小孔成像的有关知识。教材在知识的安排上把这节课放在了“光的反射”之前而不是之后，凸显了《义务教育物理课程标准（2011年版）》（以下简称物理新课标）的理念，即遵循从生活到物理、从感性到理性、从实践到理论的逻辑思路。学生通过日常生活体验和对小学自然课的学习，对平面镜成像已经有了一些感性认识。在本节课的教学过程中，教师要利用学生已有的经验和认识，使他们在探究平面镜成像特点的过程中进行思考并掌握方法，从感性向理性过渡，而后对平面镜的应用及STS问题等形成一个完整而准确的认识。同时，本节课又是一节可以借助学习知识体会物理研究方法的好课。通过学习本节课，学生能提高利用知识解决实际问题的能力。因此，这一节课无论是在知识学习上还是在对学生的能力培养上都有着十分重要的作用。

学情分析

在学习本节课之前，学生已经认识了一些光现象，对平面镜也有一些感性认识。但是学生才接触物理不久，对学习物理的方法还不太了解，所以对于实验的设计、实验器材的选定、实验过程的步骤、实验现象的归纳，都需要教师来引导。

另外，学生正处在好玩的少年时期，在“做”中学，符合他们的年龄特征。在自由、宽松、和谐的探究活动中学习、归纳新知识，并不断发现和提出新问题，最后上升到应用，这样不但有利于知识的拓展和迁移，还能让学生感受到科学探究的意义，体验到探究成功的喜悦和发现问题的成就感，更有助于培养学生的问题意识。

资源利用

1. 教学环境的设计与准备。

在物理实验室上课，配备多媒体，将实验器材整齐摆放在实验桌上。

2. 教学用具的设计与准备。

教师用：实物投影仪、平面镜、玻璃板、蜡烛、水、烧杯等。

学生用：茶色玻璃、白纸、蜡烛等平面镜成像演示装置。

教学目标

1. 通过“做中学”的合作学习，学生能准确叙述平面镜成像的特点，了解日常生活中平面镜成像的现象和应用，初步认识科学技术对人类生活的影响（STS）。

2. 经历“学中做”的科学探究活动，学生能观察实验现象，感知“虚像”的含义，学习记录实验过程中的信息，实践科学探究的基本环节，掌握“替代法”等常见的科学研究方法。

3. 通过体验“做中思”的科学思维方法，学生能够领略物理现象的美妙，思考实验设计思想，感受科学探究的意义，体验实验成功的喜悦和发现问题的成就感，从而加深对实验过程的理解，并从中获得科学方法的启迪。

教学重难点

重点：探究并发现平面镜成像的特点。

难点：正确理解“虚像”，体会在探究活动中发现问题、解决问题的方法和乐趣。

教学过程

一、创设情境，引入新课

实验：“水浇不灭蜡烛”或“水中燃烧的蜡烛”（通过投影观看）。

通过实验制造悬念，引起学生探究的兴趣。

二、学生进行探究实验

探究内容：平面镜成像的特点

1. 提出问题：像与物的大小有什么关系？像与物的位置有什么关系？

2. 学生猜想。

3. 实验设计。

4. 进行实验。

(1) 将点燃的蜡烛放在玻璃板前，通过玻璃板看到此蜡烛的像；用另一根相同的蜡烛在玻璃板后移动，直到和像重合。

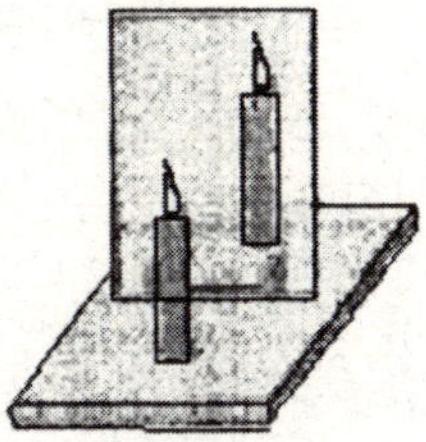

思考：为什么要这样做？

记录：物、玻璃板、像的位置。

(2) 移动蜡烛的位置，重复上面的步骤。

(3) 在玻璃板后像的位置处放一张白纸当光屏，观察屏上是否有像？

5. 分析和论证。

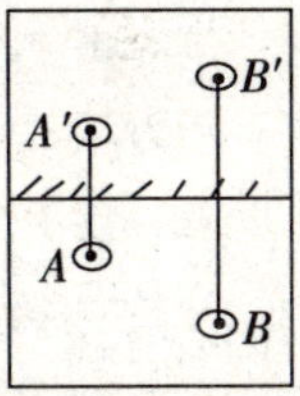

(1) 讨论：为什么要用另一根蜡烛在玻璃板后移动，使之与看到的像重合？此做法说明了什么？

生：这样做有两个作用。一是用有形代替无形，以便确定像的位置；二是可以证明像与物体大小相等。

(2) 观察两次实验中蜡烛及其像所在的位置，研究它们的关系。

以小组为单位进行探究活动。

教师提问：你们组是用什么办法研究它们之间的关系的？得出了怎样的结论？

学生方法一：我们的方法是连接 AA′、BB′，用三角板测量两条连线与镜面的夹角，再用刻度尺或圆规分别量出这四点到平面镜的距离。得出的结论是，像与物的连线跟镜面垂直，像与物到镜面的距离相等。

学生方法二：我们的方法是将这张“白纸”沿平面镜的位置对折，发现像与物的位置重合，说明像与物关于平面镜对称，那它们就应当满足轴对称图形的特点，即它们的连线垂直于镜面，它们到镜面的距离相等。

(3) 光屏没有在镜后接到像，说明平面镜所成的像是一个虚像。

6. 得出结论并板书。

平面镜成像的特点：

(1) 像与物大小相等；

(2) 像与物到镜面的距离相等；

(3) 像与物的连线垂直于镜面；

(4) 像是虚像；

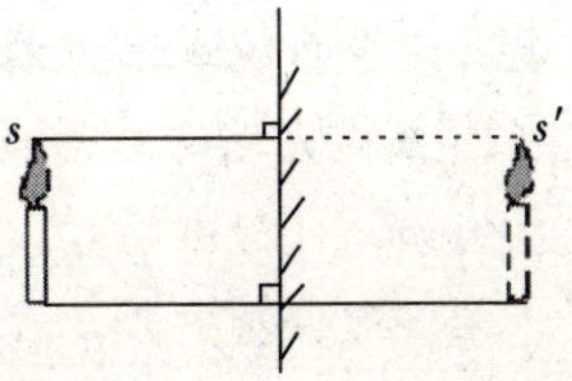

三、研究探讨实验中的几个问题

问题 1：为什么用玻璃板替代平面镜？

生：用玻璃板做实验，既能反射成像，又能透过镜子看到镜后的蜡烛。

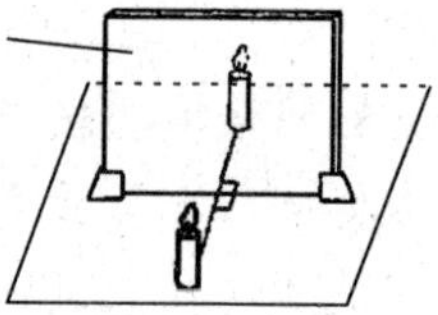

结论：便于确定像的位置。

问题 2：玻璃板的厚度对实验有无影响？

生：有，因为像距和物距有微小的差异。

结论：玻璃板越薄越好。

问题 3：为什么用茶色玻璃板做实验？

师：白天从窗户玻璃往外面看，能看到什么？

生：看到外面的景物。

师：晚上从窗户玻璃往外面看，能看到什么？

生：看到自己和屋内的摆设。

结论：褐色的玻璃板成像效果好。

讨论现象：夜间车内开灯会对司机造成什么影响？

生：分不清车内、车外的人和景，易造成交通事故。

问题 4：玻璃板的倾斜对实验有无影响？

生：有，因为在水平放置的纸面上找不到像。

结论：平面镜要垂直放置在水平纸面上。

讨论现象：小轿车的前挡风玻璃倾斜的原因。

生：使车内人的像成在车的前上方，以便司机区别车内外的人和景，防止发生交通事故。

问题 5：本次探究实验学习到的新方法是什么？

结论：等效替代法。

四、平面镜成像的应用

1. 成像。

举例说明（课件展示）：最初人们利用平静的水面梳妆，后利用抛光的金属面如铜镜，近代发展了利用玻璃制成的平面镜。练功房里宽敞又明亮，这是因为平面镜成像扩大了视觉空间。

2. 改变光路。

例如，自行车尾灯。

在实际生活中，常常把成像和改变光路结合起来用。

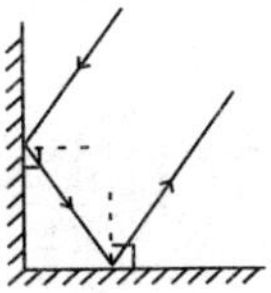

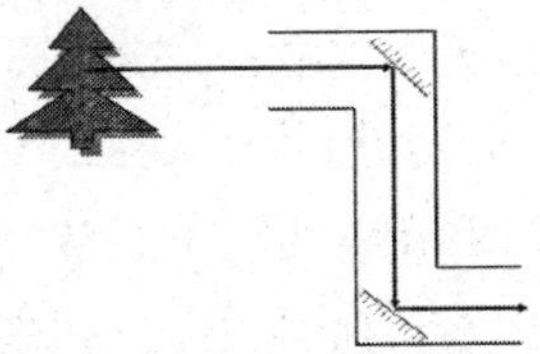

课件展示通过实验自制的潜望镜是否真的能看到上面的物体。

3. 讨论平面镜应用中的STS问题。

师：我们要注意观察生活，联系实际，了解平面镜的应用和由于使用不当带来的麻烦，使平面镜更好地服务于生活。

五、归纳总结，深化认识

1. 这节课我们通过探究实验发现了平面镜成像的四个特点。在实验中有两个巧妙设计，一个是用茶色玻璃代替平面镜，既能反射又能透射，让我们既能看到像又能看到后面的物；另一个是用两根一样大的蜡烛，使我们用等效替代法，研究出了像和物的大小关系和位置关系。

2. 我们还通过光路图分析了平面镜成像的原理。采用的“从物到点，再从点到物”的这种由简单到复杂的研究方法也是研究物理问题的一种常见方法。

六、练习巩固，作业布置

1. 思考：岸边的树木和房屋等在水中的像看上去都是倒立的，为什么？

2. 投影出一道中考题中的“光污染”问题，引导学生讨论。

3. 动手操作：就地取材，自制潜望镜或“魔镜”。

板书设计

第四节　平面镜

一、成像特点	二、探讨几个问题	三、应用（STS）
1. 像与物大小相等	1. 用玻璃板便于找像位	1. 成像
2. 像与物到镜面的距离相等	2. 玻璃板越薄越好	2. 改变光路
3. 像与物的连线垂直镜面	3. 玻璃板要垂直放置	
4. 像是虚像	4. 运用了等效替代法	

教学反思

本节课在自由、宽松的气氛中完成，很好地达成了拟定的教学目标。

本节课的设计是从以下两个方面考虑的。

从教的角度出发：本节课想放开手将课堂交给学生，让学生在探究实验的过程中发现和思索，不仅仅停留在对平面镜成像特点的探索，更重要的是思考实验为什么要这样设计，并从中学习物理研究的方法——等效替代法；充分利用学生已有的生活经验，让学生理解生活中平面镜的应用，刺激其继续探索平面镜成像原因的欲望，并在实验的过程中与同组成员、同桌进行交流，学会合作。

从学的角度出发：本节课想让学生在“学中做”，在“做中思”。让学生通过一系列的课堂探究活动，发现一个又一个成像的特点，仿照实验学习作图，并体会生活中平面镜的应用，从而实现从动手到动脑，从理论到实践，从自主学习到合作学习，让知识随着课堂的进展逐步深入学生的头脑中。

对于第一个问题，由于学生对平面镜用得多，研究得少，所以我就把教学的重点从知识传授转移到了学习方法和知识建构上，力图通过严谨地设计实验过程，让学生在潜移默化中体会物理学习、研究方法，并经历探究活动的整个过程，即提出问题、猜想、设计实验、进行实验、分析和论证、得出结论。因为学生是初学，加上上课时间有限，对于探究步骤的设计的教学，一定要详略得当，探究活动的重点实施项目可放在提出问题、进行实验、分析和论证三个环节上。先通过提出问题培养学生“提出问题”的能力，为逐渐培养其“会提问题”的能力打下基础；实验设计有现成的，所以让学生按步骤进行实验后，我把重点放在“分析和论证”上，使学生自始至终参与探究活动，通过实验、观察与分析论证，自己发现、感知现象，探索本质，从而总结出平面镜成像的特点。

教学设计的亮点是在研究探讨平面镜成像实验中的问题时采用提问、讨论、思考、实际应用的办法，通过系列问题，即“为什么用玻璃板替代平面镜?”“玻璃板的厚度对实验有无影响?”“为什么用茶色玻璃板做实验?”等，将问题讨论和生活中的实例分析相结合，引起学生思考，使难点得以顺利突破，并总结出实验中采用的物理方法。

关于第三个问题，除了常规的应用外，我还将着眼点放在了新教材要体现的一个新思想——STS 教育上，训练学生对每一个科学技术问题都从其对社会发展的利与弊两方面去考虑，使学生养成密切关注科学技术与社会的联系的习惯，在传授知识的同时，注意培养其社会责任感。

教学中存在的问题：（1）学生活动的时间不够充足，这也导致学生在探究活动中所采用的不同研究方法没有得到归纳总结；（2）时间没有安排好，学生练习的时间不够，对学生知识掌握情况的反馈信息不足，因而也失去了评价的机会。

改进的策略：将课时改为两课时，第一课时中，对学生活动进一步放开，让其大胆尝试，自主感知实验现象和结论，在探究与合作学习中发现并提出独创性问题；第二课时中，针对第一节课学生提出的问题，引导学生分组摆放不同的主要仪器，如薄玻璃与厚玻璃、无色玻璃和茶色玻璃、涂膜玻璃和无膜玻璃，甚至直接用平面镜、凹凸面镜等尝试，相信会取得更好的效果。

个人简介

王雯，中学高级教师，西北工业大学附属中学物理教师，物理教研组组长，曾荣获“陕西省教学能手”“西安市学科带头人”等称号。

专家点评

本节课的教学内容是光学部分的教学重点之一。教师依据物理新课标、教材和学生的特点，恰当地确定了本节课的三维目标。本节课的设计坚持“以学生发展为本”的教学理念，努力构建和谐高效的对话型课堂。本节课朴实无华而又精彩纷呈，给人一种“随风潜入夜，润物细无声”的感觉。其特点主要体现在以下几个方面。

1. 体现了以学生为主体的教学理念。

整节课以学生自主探究、小组讨论、组和组之间的交流为主。在学生的探究活动中，教师是学生的学习伙伴，与学生共同发现、共同协商解决探究中出现的诸多问题；教师又是学生探究新知的引导者，师生经历了“提出问题—猜想与假设—设计实验—进行实验—分析论证—得出结论”这一科学探究的完整过程；教师同时又是学生探究活动的指导者，给学生恰当的点拨，使学生体验由百思不得其解到茅塞顿开之愉悦。教师把发现的机会，思考的空间、时间还给学生，而不是牵着学生走。在教师与学生的对话中，学生对问题的认识逐步深化。在教师创设的这种学习氛围中，学生的学习是主动的、自觉的，这不仅有利于学生对知识的理解和掌握，更有利于他们素质的提高和能力的培养。

2. 加强了科学方法的教育。

在物理课堂中进行科学方法的渗透和教育，是许多教师都在进行的一项工作。王老师的这节课，在这方面显得更为突出、更为自然。注重过程与方法，是物理新课标提出的教学目标之一，让学生经历过程、体验方法，可以使他们对所学知识理解得更深、掌握得更牢，而通过自己的体验获得的方法，学生更能自觉地在解决问题中应用。不仅如此，王老师还利用“为什么用玻璃板替代平面镜?”“玻璃板的厚度对实验有无影响?”“为什么用茶色玻璃板做实验?”“玻璃板的倾斜对实验有无影响?”等一系列实验过程中遇到的具体问题，引导学生思考和研究，丰富了学习内容，使学生不仅知道“怎么做”，还了解“为什么这样做”，从而发展学生的实验技能，培养学生发现问题和解决问题的能力。

3. 教学内容注重联系实际。

学生基本掌握平面镜成像特点后，教师联系学生身边的生活现象介绍其几个方面的应用，通过分析，让学生了解物理知识就在他们身边，引导他们将所学知识应用于实践，使课堂与生活紧密联系，真正体现了“从物理走向生活，从生活走向物理”这一课程理念。对于“平面镜成像现象给人类又造成了哪些麻烦”问题的讨论，有利于培养学生尊重事实、实事求是、辩证地认识问题的正确态度。

总体来看，王老师的教学设计反映了教师将新的教育理念转化为教学实践的思考。但在探究平面镜成像的特点时，如果教师能给学生提供多根相同或不相同的蜡烛让学生去选择，即可避免对学生暗示探究结果的可能，以真正培养学生的探究能力；在探究平面镜成“虚像”的实验中，如果能与小孔成像的实验做对比，效果会更好。

陕西省教育科学研究所　梁　放

“摩擦力”教学设计

渭南市实验初级中学　霍西玮

教材分析

本节课属于苏科版物理八年级下册第八章第三节，是在学习了弹力和重力的基础上，对摩擦力进行的研究。物理新课标对本节课的要求：能通过常见的物理现象了解摩擦力，会用弹簧测力计测量摩擦力的大小。其中摩擦力的测量涉及二力平衡知识和弹簧测力计的具体应用，而增大和减小摩擦的方法是摩擦力知识在生产和生活中的具体应用。因此，本节课不论是在知识学习方面还是能力培养方面都有很重要的作用。

教材首先通过小实验让学生感知桌面对运动的物体有阻碍作用，从而引出滑动摩擦力的概念。对于影响滑动摩擦力大小的因素，教材没有平铺直叙直接给出结论，而是从改变摩擦力的大小入手，引导学生提出猜想，进而设计实验进行探究。在探究过程中，用五个关键问题引导学生进行思考。实验验证采用每个小组探究一种猜想，然后进行交流汇报，接着通过观察日常生活中增大和减小摩擦的方法，引导学生通过自主探究得出一般性结论。为了降低难度，教材将有关静摩擦的知识从正文中移至“读一读”栏目中，对于滚动摩擦的呈现则从如何减小摩擦的角度出发，引出有关滚动摩擦的知识。

基于物理新课标要求和教材内容，我将本节课分为三个小单元：认识摩擦力；探究影响滑动摩擦力大小的因素；增大和减小摩擦的方法。在设计中，突出了学生的体验和自主探究。

首先用小游戏引入新课，创设情境，激发学生的学习兴趣和探究热情。在第一单元的教学中，让学生通过实际操作体验摩擦力的存在，引出摩擦力的定义。在第二单元的教学中，突出学生猜想及实验设计环节，渗透控制变量法，让学生在探究活动中了解影响滑动摩擦力大小的因素，并在探究过程中提高解决具体问题的能力；知道用弹簧测力计测量滑动摩擦力大小的方法，并通过实验体验这一方法。实验结束后引导学生通过交流评估，对实验进行改进。在第三单元的教学中，先引导学生辩论：摩擦力是有益还是有害的？进而寻求增大有益摩擦和减小有害摩擦的例子，激发学生运用所学知识解决实际问题，体现了“从生活走向物理，从物理走向生活”的思想。

学情分析

八年级学生正处于青春发育期，科学的人生观和世界观尚未形成，但感性认识丰富，求知欲望强烈，学习精力充沛，是学习科学文化知识的最佳时期。学生在生活中及对小学科学课的学习中，对于摩擦力已经有了初步的认识，但是还没有建立起科学的物理概念，对于影响摩擦力大小的因素等问题更没有深入的思考。但他们有好奇心、有探究欲望，而且经过一个多学期的学习，他们对于物理课有了一定程度的认识，对于物理的思想方法也有了初步的感知。学生的抽象思维能力、动手操作能力都比第一学期有了很大的发展和提高。加之通过前两节课对于弹力、重力的学习，学生对力学有了初步的了解。在此基础上进行摩擦力的教学，引导学生将三种力进行对比学习，可以使学生对于不同的力有更深入的体会。

在以往的教学过程中，我发现在探究实验过程中，学生还存在一定的问题，诸如自主性较差、依赖性较强、分工不合理等，这就要求教师在实验探究环节要激发学生内在的学习需要，使其积极主动地参与实验设计，合理地进行小组分工；在实验过程中要加强指导，给学生以及时的方法指导；在实验评价和改进环节要启发、鼓励学生积极发言，真实地反映实验过程中发现的问题，通过深入讨论和互相交流得出改进意见。这样一来，学生的实验设计及操作能力、分析处理数据的能力、合作交流能力都会得到进一步的提高。

资源利用

1. 多媒体设备及课件，用于实验设计环节及改变摩擦力大小环节的教学。

2. 学生分组实验器材：木板、木块、毛巾、棉布、钩码、弹簧测力计若干，用于学生实验探究。

教学目标

1. 能够动手小实验，能说出滑动摩擦力是一个物体在另一个物体表面上滑动时所受到的阻碍它运动的力；通过实验探究活动，能总结归纳出滑动摩擦力的大小跟压力大小和接触面的粗糙程度有关；通过讨论摩擦力的利与弊，结合实际，总结出生活中增大摩擦力和减小摩擦力的方法，并能解释相关的物理现象。

2. 能够通过自己的亲身体验来感知滑动摩擦力的存在。学生通过参与分组实验，探究摩擦力跟物体表面受到的压力以及接触面的粗糙程度、接触面积大小之间的关系。

3. 在实验探究活动中，学生的实验设计能力、操作能力、团队协作能力得到进一步的提高；对实验的改进过程促使学生逐步养成善于反思、敢于质疑的习惯，并能有意识地把所学的科学知识应用到实际生活中去。

教学重难点

重点：探究影响滑动摩擦力大小的因素；运用所学知识解释生活中的摩擦现象。

难点：如何进行科学自主的实验探究，如何对实验进行评估改进。

教学过程

环节	教师活动	学生活动	设计意图
创设情境 导入新课	组织学生进行趣味游戏：拔河比赛。	男、女同学各一名，用一根金属棒进行拔河比赛（男同学握的金属棒那端涂上润肤霜），先请学生猜测结果，然后观看比赛。 学生会猜男生赢，可结果恰恰相反。学生对此产生了强烈的好奇心，顺势导入课题。	游戏引入，可以激起学生的学习兴趣；与猜想截然相反的结果，让学生产生认知冲突，从而迸发出探究热情。

（续表）

环节		教师活动	学生活动	设计意图
合作交流　解读探究	活动一：感知摩擦力	1. 谈话提问：摩擦力是生活中一种很常见的力，你能设计一些简单的动作，来感知摩擦力的存在吗？ 2. 点拨：能谈谈在做这些动作时你的感觉吗？你能从中得出什么是滑动摩擦力吗？	1. “动手动脚”，设计一些动作，感知摩擦力的存在。 2. 交流在活动过程中的感受。 3. 通过讨论得出滑动摩擦力的概念：一个物体在另一个物体表面上滑动时，会受到阻碍它运动的力，这个力叫作滑动摩擦力。	学生利用自己的身体来感知滑动摩擦力的存在，对摩擦力有具体而形象的认识。
	活动二：探究影响滑动摩擦力大小的因素	1. 探究问题：滑动摩擦力的大小和哪些因素有关？ 2. 学生提出猜想，并说出猜想的依据是什么。 3. 设计实验。 （1）怎么测量滑动摩擦力的大小？ 点拨：摩擦力的大小不能直接测量，注意联系二力平衡的知识进行引导设计，还可以通过播放动画帮助学生理解。 （2）影响因素有两个或两个以上时，应该采用什么方法来研究？如何设计实验来分别研究这些因素对滑动摩擦力的影响？ （3）如何设计实验表格？ 4. 学生进行分组实验，搜集证据。教师进行巡回指导。 点拨：实验中一定要匀速拉动弹簧测力计。 5. 引导学生对实验数据进行分析，得出实验结论。 点拨：滑动摩擦力的大小和压力大小、接触面的粗糙程度有关，和接触面面积大小无关。 6. 谈话：在实验操作过程中，你发现了哪些问题？想一想，应该如何改进？ 有同学可能会发现要使弹簧测力计保持匀速运动较难做到，这就使得测力计读数不稳定。	1. 根据前面的体验，提出要探究的问题。 2. 提出猜想，进行交流。 学生可能会做以下猜想。 （1）滑动摩擦力的大小可能和压力大小有关，因为压桌子时用力越大，感觉摩擦力越大。 （2）滑动摩擦力的大小还可能和接触面有关，因为下雨时穿鞋底光滑的鞋容易滑倒。 （3）滑动摩擦力的大小还可能和接触面的面积大小有关，面积越大，摩擦力可能越大。 …… 3. 小组讨论：针对猜想及老师的问题，完成实验过程以及实验表格的设计。 4. 交流展示讨论结果。 （1）测量滑动摩擦力时运用了二力平衡的知识，因此要拉动弹簧测力计和木块做匀速直线运动。 （2）本实验要采用控制变量法。 5. 分组实验，将数据填入表格，每组的代表将本组搜集到的数据填入电脑上的表格中。 6. 分析数据，得出结论。 7. 交流实验中发现的问题，互相讨论，谈谈改进的方法，并进行验证、展示。 经过小组讨论、验证，大家会发现，改拉木块下的木板，这样弹簧测力计的读数比较稳定，测量出的摩擦力大小比较准确。	通过经历提出猜想、设计实验、进行探究、得出结论、评估交流等环节，学生的实验设计及操作能力、分析处理数据能力、合作交流能力、抽象思维能力都得到了不同程度的提高。 通过对实验的反思、评价和改进，学生敢于质疑、善于创新的科学素养得到了培养和提高。

（续表）

环节	教师活动		学生活动	设计意图
合作交流　解读探究	活动三：增大摩擦力或减小摩擦力的方法	1. 提出问题：摩擦力对我们有害还是有益？ 2. 生活中，有哪些增大有益摩擦的例子？引导学生交流，并总结出增大摩擦力的方法。（播放图片，略） 3. 生活中，怎样减小有害摩擦？引导学生交流，并总结出减小摩擦力的方法。（播放图片，略）	1. 针对问题进行辩论。 2. 交流生活中增大摩擦力的例子：防滑链、轮胎上的花纹、笔杆上的花纹……总结出增大摩擦力的方法。 3. 交流生活中减小摩擦力的例子：车轮、圆珠笔芯、轴承、磁悬浮列车、气垫船……总结出减小摩擦力的方法。 还有哪些问题？	通过大量的生活实例，学生对滑动摩擦力有更进一步的认识，从而体现出“从物理走向生活”的理念。
课堂小结	提问：本节课你学到了哪些知识？你学到了哪些研究方法？		学生交流展示。	回顾总结，形成知识体系。使学生发现问题的能力得到提高。
课堂练习	多媒体出示练习题。		认真思考，完成练习，互相评价。	应用中加深学生的理解，提高学生的知识运用能力。
作业布置	研究自行车上的摩擦，并以此为题，完成一篇科学小论文。			课外实践作业能增强学生的学习兴趣，引导其学以致用。

板书设计

摩擦力

一、滑动摩擦力

一个物体在另一个物体表面上滑动时，会受到阻碍它运动的力，这个力叫作滑动摩擦力。

二、影响滑动摩擦力大小的因素

1. 压力的大小

2. 接触面的粗糙程度

三、增大和减小摩擦的方法

1. 增大摩擦的方法

(1) 增大压力；(2) 增大接触面的粗糙程度。

2. 减小摩擦的方法

(1) 减小压力；(2) 减小接触面的粗糙程度；(3) 用滚动代替滑动；(4) 使接触面分离。

教学反思

摩擦力是力学部分较难的知识点之一。因为摩擦力是发生在两个相互接触的物体之间，是对物体间相对运动的阻碍作用，而物体间的相对运动和物体实际所表现出来的运动往往不一致，所以单从物体表面上往往是不能直接看出是否有摩擦力存在的。这就给学生的学习和研究带来了一定的困难。

在本节课的教学中，我注重让学生获得感性体验，使其通过探究活动将感性体验上升到理性认识，达到知识的内化和深化。通过设置有利于学生主动探究学习的情境，并提供充分的指导与帮助，让学生通过提出问题、设计实验、系统观察、收集分析信息、得出结论等过程进行学习，充分发挥了学生自主学习的积极性，体现了合作学习的重要性。特别是在改进实验环节，学生的思维被充分调动起来，畅所欲言，集思广益，虽然有些方法还值得商榷，但学生的思辨能力、表达能力、反思能力都得到了一定程度的提高，教学目标基本实现。

通过反思教学过程，我觉得比较成功的地方具体表现在以下几个方面。

1. 引入课题环节，对教材进行了改变，没有用问题引入，而是用学生更感兴趣的游戏进行导入。游戏中与猜想截然相反的结果，使学生产生认知冲突，迸发出强烈的探究热情，从而迅速地进入了学习状态。

2. 实验设计环节，充分利用学生已有的生活经验，尽可能引导学生提出更多的猜想。同时要指导学生进行科学的猜想，在各种猜想列出后，师生共同分析，逐一排除，得出本节课要研究的问题：滑动摩擦力的大小是否与压力有关？是否与接触面的粗糙程度有关？是否与接触面的大小有关？……这对学生深入理解摩擦力是有好处的。

3. 控制变量法是初中物理常用到的思想方法。采用控制变量法进行的实验，学生在实验结论的表达上往往忽略了前提条件。因此，在每个影响因素的探究过程中，教师要着重指导学生注意哪些因素是要控制不变的，哪些因素是要改变的，在归纳实验结论时再次提醒学生注意前提条件的设定。通过实际体验和训练，学生思维的严谨性和语言表达的严密性都有了提高。

4. 在实验反思与评价环节，学生能对实验设计以及实验过程进行真实的反思和评价，看看有没有失误之处，如拉动木块运动是否匀速、弹簧测力计示数是否稳定、怎样改进实验可以减小误差等。有学生提出将拉木块改为拉木板，这样使弹簧测力计产生示数的力就是因为木板对木块的摩擦力，所以测力计上显示出来的示数就等于摩擦力的大小，而且改进后的实验不受拉力是否匀速的影响。虽然学生对于其中的道理理解不是很透彻，但在这一过程中，学生进一步养成了交流合作、评估反思的良好习惯。

教学是一门充满遗憾的艺术。本节课还存在一定的不足之处，表现在以下几个方面。

1. 本节课中对摩擦力的测量要用到二力平衡的知识，但苏科版教材中二力平衡是第九章第一节才学习的，这给学生设计实验带来了不小的困难。教师在此要补充这一部分知识，但因为时间关系，学生理解不够透彻。建议教材编排时将二力平衡知识前置。

2. 课堂上会出现很多上课前预想不到的情况，如在探究摩擦力与接触面面积是否有关的实验过程中，就有一组学生由于没有控制好条件，从而得到摩擦力与面积有关的结论。作为教师，这时候不能把你认为正确的结论强加给学生，而应及时作好指导，让诊断与矫治伴随学生的学习过程，真正走进学生发展的真实世界。在学生的探究过程中，教师要作适时的指导。该什么时候指导，指导的程度如何，这都是需要教师适时把握的。过早地介入，学生思考得不够成熟，会丧失反思的机会；过迟地介入，学生由于长时间地碰到难题而没有得到解决，会丧失以后探究的信心。这要求我们在教学中不断地思考、尝试，找到解决问题的最佳时机。

3. 静摩擦力也是生活中常见的一种力。它是发生在两个有相对运动趋势但没有实际相对运动的物体之间，所以物体表现为相对静止。这是一种典型的平衡状态，对于学生在物理学习中培养受力分析能力很有用处。教材将这一部分内容设置在了“读一读”栏目。我觉得这一部分很重要，但如果放在本节课学习，教学时间又很紧张，所以我建议将教学时间分为两课时。第一课时学习静摩擦力和实验探究影响滑动摩擦力大小的因素，第二课时在第一课时的基础上学习摩擦力的分类及增大与减小摩擦的方法。

个人简介

霍西玮，中学一级教师，陕西省优秀教学能手工作站站长，曾获“临渭区优秀班主任”“陕西省教学能手”等称号。

专家点评

霍西玮老师的“摩擦力”教学设计，能充分把握物理新课标的要求，深入领会教材编写意图，在准确全面了解学生学习基础和身心发展现状的基础上，设定本节课的教学目标，提出本节课的教学重难点，结合物理学科特点，创设情境导入新课，以问题为线索，引导学生“质疑、猜想、设计、验证、交流”等，实现以探究为载体的认知过程，使学生在活动中体验、感悟、内化新知，在探究中学会合作，在交流中启发思维。

教学的生命力在于生成。在教师这样精心的设计下，充分发挥学生的思维能力和合作能力，将会产生意想不到的生成。教师如果能及时抓住生成，引导学生深化，将会使课堂教学收到意想不到的效果。比如，在创设情境处，对于结果学生会直接说出正确的结论，这时教师怎样面对学生回答和实际不符的教学预设等，这对教师的教学应对提出挑战。

本节课实验探究比较多，对于问题的提出，教师尽可能结合生活中的实例，启发、引导学生提出问题，尽量将解决问题的方法、途径交给学生，及时抓住学生的困惑进行点拨。在交流中，尽量让学生做出评价，教师最后点评，用学生思维引导学生学习。另外，如果教师的教学语言能更精炼点，课堂教学组织的节奏能再紧凑点，那么教学效果会更好。

总之，本节课设计新颖，教学流畅，达成了目标。

渭南市教育科学研究所　郭九胜

化学学科

“化学使世界变得更加绚丽多彩”教学设计

宝鸡市虢镇初中　王玉梅

教材分析

《绪言》是人教版九年级化学学科学习的第一个课题——入门课，教学课时为1课时。本节课在学生对化学的情感中占据非常重要的地位，所以教材从学生认知兴趣的角度出发，利用具有丰富想象力的问题以及身边的具体事例，引导学生了解化学是一门使世界更加绚丽多彩的科学，它研究物质的组成、结构、性质和变化规律。教材以丰富的图片和简洁的语言介绍了化学的发展历史以及化学和人类进步与社会发展的关系，强调了化学是一门实用的、与时俱进的学科，再次展示了化学学科的魅力。《义务教育化学课程标准（2011年版）》（以下简称化学新课标）要求让每一个学生以轻松愉快的心情去认识多姿多彩、与人类息息相关的化学，积极探究化学变化的奥秘，形成持续的化学学习兴趣，增强学好化学的自信心。使学生初步了解化学对人类文明发展的巨大贡献，认识化学在实现人与自然和谐共处、促进人类和社会可持续发展中的地位和作用，相信化学将为实现人类更美好的未来继续发挥它的重大作用，这也是本节课的编排依据所在。

学情分析

学生刚升入初三，面对一门比较陌生的学科，不知从哪里学起，该怎么学。因此，本节课是教师能否带领一个个茫然的孩子走进奇妙的化学世界，让他们对化学产生强烈爱好的关键一课，也是看教师的教学魅力对学生产生怎样的影响力的关键一课。如果学生在这一堂课能领略到化学的奇妙和乐趣，必将给以后的学习带来巨大的潜力和动力。所以在这一节课，教师要充分调动起学生的学习积极性，这样才会有理想的教学效果。学生也会通过本节课的学习，了解化学的学习方法，树立起学好化学、用好化学的信心。

资源利用

1. 灵活地、创造性地使用教材，使教材真正成为促进学生主动学习的“媒介”和“资源”。培养学生的反思意识，设计有价值的评价活动，使学生获得终身学习的方法和能力。

2. 充分利用趣味实验、身边的化学知识，尽可能使教学过程生动有趣、丰富多彩。利用多媒体展示教师和学生搜集的资料、图片，丰富学生的学习阅历。

教学目标

1. 知道化学是研究物质的组成、结构、性质以及变化规律的自然科学。

2. 通过学习化学知识，进一步了解认识自然、适应自然、改造自然和保护自然的重要性。

3. 通过具体的事例，体会化学与人类进步及社会发展的密切关系，认识化学学习的价值，体会学习化学的方法。

4. 通过本节课的学习，学生能产生亲近化学、热爱化学并渴望了解化学的情感，关注与化学有关的社会问题。

教学重难点

重点：知道什么是化学，化学与人类的关系；激发学生对化学的热爱之情、探究之欲。

难点：了解什么是化学。

教学过程

教师活动及情境设计	学生活动	设计意图
活动一：创设情境，引入新课 课前在一张白纸上用无色酚酞试液写上“化学”两字，将纸张贴在黑板中央。 【引入】从今天开始，我们将走进一个新的学习领域——化学。（让一位学生同时将氢氧化钠溶液喷在纸上）	学生将氢氧化钠溶液喷向白纸，出现红色的“化学”两字。	创设趣味性化学情境，激发学生的好奇心。
【投影展示】教材中的插图。 【讲解】这些精美的图片都与化学密切相关，都是用化学方法制成的特殊材料产生的神奇效果。或许你对化学怀有许多疑问和好奇，接下来，我将与大家一起走进化学世界，消除你的疑问，领略化学的魅力。	学生欣赏图片。	让学生在欣赏精美的图片中感知化学的魅力，激发强烈的求知欲。

（续表）

教师活动及情境设计	学生活动	设计意图
活动二：设置情境，感知化学的存在及其重要性 【播放录像】“绚丽多彩的物质世界”：蓝天白云、高山流水、草地树木、汽车奔驰、高楼入云、基因解谜、克隆技术、纳米材料、三峡工程…… 教师演示“小魔术”： 1.“清水变牛奶”——将碳酸钠浓溶液和澄清石灰水混合。 2.“烧不着的手帕”——点燃酒精和水浸泡过的棉布。	观看影像资料。 观察变化的现象，思考讨论问题：你见到过魔术师所演示的一些魔术吗？你猜想他们是否应用了许多化学知识在里面？体会化学与生活的密切关系，明白化学无处不在。 阅读教材1～2页相关内容。 思考问题，讨论作答。	让学生深切感受到学习化学的重要性，培养学生树立良好的化学情感。 创设问题情境，激活学生的思维，使学生在轻松愉快的氛围中感知化学就在我们身边。 培养学生的自学能力，提高学生的阅读水平。 通过交流讨论，培养学生的交流意识和表达能力。
活动三：探讨化学的研究对象及什么是化学 【设问】那么化学到底研究什么，什么是化学呢？ 组织学生阅读教材，并思考下列问题：化学的研究对象是什么？什么是化学？ 【总结】化学的研究对象是物质，化学是研究物质的组成、结构、性质以及变化规律的科学。 【提问】你能举出一些自然界原来不存在，而是科学家们后来根据需要研究创造出来的物质吗？ 【总结介绍】塑料、许多药物、合成纤维……都是通过化学手段创造出的物质。 介绍纳米铜、隔水透气的高分子薄膜材料、玻璃纤维、尼龙绳的性质与用途（配图片）。 【提出问题】你能说说你对我们最熟悉的空气有哪些了解吗？ 【深化理解】同学们知道的只是有关空气的一些表面的知识和用途，在化学中我们要从空气的组成、性质以及一些成分会发生什么变化和其中的变化规律来研究它。就像了解一个人，我们要了解他的本质，化学就是从最根本的组成结构来研究物质，再到它的性质、用途，目的是更好地利用物质为人类服务。	与老师一起总结。 分小组讨论，举例。 观看、倾听，理解化学有研制新物质的任务和作用。感受制造出的新物质的巨大魅力。 畅所欲言，说出对空气的了解。 通过教师以空气为例进行的分析，进一步明确化学的研究对象和研究的内容。	加深学生对化学研究内容的认识，引导学生确立“从生活走进化学，从化学走向社会”的学习意识。 让学生真正理解化学研究内容的内涵，树立学好化学、造福人类的远大理想。

（续表）

教师活动及情境设计	学生活动	设计意图
活动四：了解化学发展史 【设问】化学成为一门独立学科的发展史是短暂的吗？ 【引导自学】引导学生阅读教材相关内容，了解化学发展史。 【总结】引导学生归纳总结化学发展史。	阅读教材，自学整理，归纳化学发展史，并了解几位科学家。 1. 萌芽阶段：古代（火、陶瓷、造纸……） 2. 近代化学的基础：原子论、分子学说的创立。 3. 门捷列夫发现元素周期律，使化学学习和研究变得有规律可循。 4. 现代，先进仪器和分析技术的应用，使化学研究深入微观世界。 5. 绿色化学（环境友好化学）。	通过自学了解化学发展史，培养学生的自学能力，提高学生的归纳总结能力，同时培养学生热爱化学的情感。
活动五：了解化学与人类的关系 【提问】通过以上的学习，你认为化学与人类的关系应怎样形容？能否举例说明？ 【总结】从人类衣、食、住、行的角度，列举大量的事实，说明化学与人类发展具有密不可分的关系。 【提问】设想如果没有了化学，我们的生活会变成什么样？ 【结论】生活中处处有化学，学好化学，用好化学，能造福人类，使世界变得更加绚丽多彩。 【提问】怎样学习化学？根据你的学习经验，谈谈你将如何学习化学。 【指导】化学和物理、生物一样，是以实验为基础的自然科学，我们在学习过程中要注重实验，做到仔细观察、规范操作。 【总结】化学学习方法： 1. 勤思考、敢提问、善交流、常总结。 2. 讲规范、勤动手、细观察、务求真。 课堂整理： 【提问】学完本节课你知道了什么？ 布置作业：查资料完成有关化学小论文。 参考题目： 1. 日常生活中的化学 2. 化学在现代社会的应用 3. 我感兴趣的化学前沿知识 4. 探索学好化学的方法	小组讨论，提交结论。 体会化学的重要性。 畅所欲言。 倾听，理解。 总结，体会。 整理总结，积极发言并完成作业。	通过探讨化学与人类的关系，加深学生对化学重要性的认识。 结合化学学科特点，在学习方法和学习要求上，给予学生指导。 培养学生的归纳总结能力。 帮助学生巩固知识，引导学生及时反馈。

板书设计

绪言　化学使世界变得更加绚丽多彩

一、化学：研究物质的组成、结构、性质以及变化规律的科学。

二、化学的发展史

萌芽阶段：古代（火、陶瓷、造纸…）→近代化学的基础：原子论、分子学说的创立→门捷列夫发现元素周期律，使化学学习和研究变得有规律可循→现代，先进仪器和分析技术的应用，使化学研究深入到微观世界→绿色化学（环境友好化学）

三、化学与人类的关系：人类离不开化学，化学无处不在。

四、怎样学化学：
- 勤思考、敢提问、善交流、常总结。
- 讲规范、勤动手、细观察、务求真。

教学反思

学生的第一堂化学课非常重要，特别是在第一节课上要让学生带着浓厚的兴趣和强烈的学习欲望走进化学学习的殿堂，是一件很不容易的事情，因此我在本节课的教学设计中，先通过几个趣味实验，让他们觉得化学很神奇，充分激发了学生对化学的好奇心和学习兴趣。接着采取探究式讨论教学的方法学习课本内容，再结合生活中种种现象作为真实的例子来解释学习，让学生亲身感受化学的魅力，将教学资源扩展到生活，还原于生活，基本上使教材和学习资源得到了充分利用。之后提出学习化学的要求及介绍学习化学的方法，这样就让学生很自然地进入化学乐园，也较容易地达成了教学目标。

我在教学中深有体会的是：我们教学的对象是人，每个人都是有思想的。因此，在教学设计中要充分了解并尊重学生，充分考虑学生的主体地位，教给学生学习方法比教给学生单纯的化学知识更重要；培养学生的学习能力比单纯地教会学生知识更有意义。在以后的教学中，一定要以人为本，以发展学生能力为最终教学目标。

个人简介

王玉梅，中学二级教师，获“陕西省教学能手”称号。多次在《化学学习报》上发表教育教学文章，撰写的教学论文多次获得区级一等奖、二等奖。

专家点评

能在合理分析本节课的地位作用和初三学生认知特点及心理特点的基础上，以科学理念设定三维教学目标，重点、难点把握准确。教学方法与手段丰富多样，教学内容层次分明，教学环节完整紧凑。注重学生观念与知识形成的过程性设计，尤其是通过整合多层次的课程资源设计了富有实效的学习活动，以促成师生之间从知识到情感的良性互动。以实验和观察为主要手段突破本节课的重点和难点，素材和媒体的选择恰当合理。板书设计较好地体现了本节课的主题内容，同时有一定的学法指导。本节课需要进一步改进的是实验设计不够多，应该再增加几个趣味实验，完全调动起学生的学习兴趣，并可以让学生动手实践没有危险的实验，让学生更主动地去学习。

陕西省教育科学研究所　辛　梅

“珍惜和保护金属资源”教学设计

咸阳高新一中　习曼利

教材分析

本节是粤教版九年级化学下册第六章第四节的内容，授课时间为 1 课时。本节课是在学习了金属性质、金属活动性顺序及应用、合金知识、金属冶炼的基础上，进行新知探究。化学新课标对本节课的要求是，学生能探究得出铁生锈的条件、防止铁生锈的方法及归纳得出保护金属资源的措施。通过本节课学习，能使学生充分感受到生活中处处有化学，有利于激发学生的学习兴趣和探究欲望，从而培养学生珍惜和保护金属资源的意识。

学情分析

九年级学生已有一定的生活经验积累，有较细致的观察能力以及强烈的求知欲，在前面已经学习了金属性质、金属活动性顺序及应用、合金知识，加之生活中铁制品比比皆是，铁生锈的现象也非常常见，所以防止铁生锈的方法易于学习、归纳，只需要列举大量生活中的实例即可，最后自然而然就会得出保护金属资源的措施。因此结合学生的学习需要和行为，我设计了一些学习方法，如图片展示、阅读、探究、归纳、拓展引申、讲解等，通过设计新颖的教学方法、预设典型问题，使学生学得轻松、学得快乐，兴趣高涨。

资源利用

本节课难度不大，和生活联系紧密，我采用多媒体教学，运用的具体方法是：提前布置家庭实验，课堂上让学生展示实验成果，并上台讲解实验过程和出现的实验现象，学生分析、讨论、归纳出铁生锈的条件；结合生活实例，小组讨论交流防止铁生锈的具体方法。本节还通过图片展示、学生阅读、小组讨论交流、归纳，并拓展引申大量实例，使学生在一步一步的学习中，充分实现有效教学。

教学目标

1. 通过图表学习，能归纳金属资源的消耗开采情况。

2. 通过家庭实验，能探究得出铁生锈的条件，逐渐养成良好的学习习惯，形成有效的学习方法。

3. 通过讨论、归纳、举例学习，能列举防止铁生锈的几类简单方法。

4. 通过自主、合作学习，能归纳出保护金属资源的措施，初步形成保护和节约金属资源的意识。

教学重难点

重点：铁生锈条件的探究，金属资源的保护意识。

难点：铁为何生锈，如何防止生锈。

教学过程

一、导入

展示一张生锈的铁碗图片，通过问题“我生病了，现在浑身起色斑，身上有小孔，我这是怎么了”导入新课。

【设计意图】问题导入新课，能激发学生的学习兴趣和探究欲望，一下子把学生的思维引入到课堂中来。

二、自主学习、合作交流、重点展示

（一）金属资源的消耗

1. 自主学习：P180 常见金属开采年限表。

2. 问题：通过此表，能得出什么结论？

3. 讨论展示。

(1) 金属铝、铁、铜被人类利用的先后顺序。

(2) 金属开采顺序与________________________有关。

【设计意图】 通过联系生活中常见金属和教材相关知识，学生自主学习，并设计典型问题，培养学生的思维能力和归纳能力。

4. 讲述：在众多金属资源中，最容易锈蚀的是铁，每年因生锈而损失的铁约占世界年产量的四分之一。

(二) 探究铁生锈的条件

1. 联系生活实际，小组讨论、上台展示并讲解家庭实验。

现象：____

乙中铁钉生锈最严重的部分是______________________

2. 讨论与交流。

(1) 通过实验，你认为铁在什么条件下容易生锈？

(2) 铁锈是什么颜色的？主要成分是什么？写出化学式。

3. 拓展引申：铝的活动性比铁强，为什么铝不容易生锈？

【设计意图】 提前布置家庭实验，在课堂上让学生展示实验成果，并上台讲解实验过程和出现的实验现象。教师应诱导学生指出液面附近铁钉生锈情况最严重，通过分析、讨论、归纳出铁生锈的条件、铁锈颜色及主要成分，并写出化学式，教师适时追问、补充，所以是教师诱导学生在一步一步地学习，这样教学效果才会更好。

(三) 钢铁防锈的原理及措施

1. 思考讨论：钢铁防锈原理。

2. 钢铁防锈的具体方法。

(1) 讨论展示。

(2) 思考：被雨水淋湿的自行车为什么要先用干布擦，再用带油的布擦？

(3) 讨论与交流。

① 自行车的支架、链条、钢圈各采用什么防锈措施？

② 如何保护家中的切菜刀？

【设计意图】通过铁生锈条件的学习，学生自然而然能得到防止铁生锈的原理，课堂还将生活中的实例设计成问题，学生感觉非常亲切，能使学生感受到生活中处处有化学，从而达到学以致用的目的。

（四）金属资源的保护

1. 自主学习 P182～183。

2. 讨论归纳。

【设计意图】学生自学、讨论、归纳得出保护金属资源的措施，培养学生的节约意识。

三、巩固应用

1. 如图所示：试管中的铁丝放置一段时间，会出现________________的现象，原因是____。

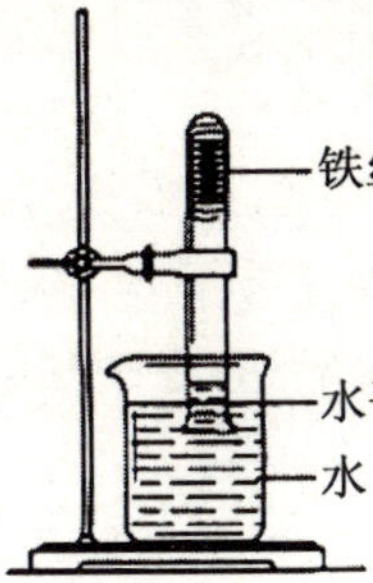

【设计意图】对于将铁生锈的素材和物理中的压强知识结合起来设计的理化综合题，一些学生理解、应用不到位，语言叙述不准确，所以本道题重在培养学生的理化结合思想和实验探究能力。

2. 解释课前导入时锈迹斑斑的铁碗是怎么形成的，今后如何保护它。

【设计意图】和课堂导入的问题相呼应，使得本节课更完整。

四、归纳小结（学生谈收获）

【设计意图】让学生畅所欲言谈收获，使学生能体验到学会知识的喜悦感和成就感，也能达到复习总结的目的。

五、当堂检测

1. 能解释“古代铁制品保存至今的很少”的理由是(　　)。

A. 铁元素在地壳里含量少　B. 冶炼铁的原料少，且冶炼困难

C. 铁易置换出其他金属　　D. 铁易生锈，且铁锈对铁制品无保护作用

2. 埋在地下的铸铁管道在下列哪种情况下腐蚀最慢(　　)。

A. 在干燥、致密的土壤中　B. 在干燥、疏松的土壤中

C. 在潮湿、致密的土壤中　D. 在潮湿、疏松的土壤中

3. 下列厨房用具在空气中最易锈蚀的是(　　)。

A. 铜制火锅　　B. 铁制烧锅　　C. 铝制水壶　　D. 不锈钢餐具

4. 如图所示，在盛水的试管中放一根洁净的铁钉，用带U型管的胶塞塞紧，U型管内水面处于同一高度。数天后观察到U型管内的水面(　　)。

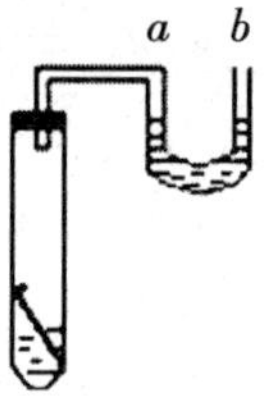

A. a 比 b 高　　B. b 比 a 高　　C. 一样高　　D. 无法判断

5. 比较吐鲁番盆地和海南岛两地，铁生锈相对较慢的地区是________，理由是________________________。

6. 金属铁、铜、铝开采的先后顺序是____________________，金属开采顺序与______________有关。

7. 写出两种具体的防止铁生锈的方法：__________；__________。写出保护金属资源的措施：__________；__________；__________。

【设计意图】课堂检测题紧扣学习目标，能检测学生学习中的问题，也能检验教师的教学效果，为课后作业布置和辅导提供第一手资料。

六、布置作业

1. 调查家庭金属垃圾的种类，分析回收利用的价值和可能。

____

2. 家庭实验：怎样防止菜刀锈蚀？

____

3. 家庭实验：铜在空气中锈蚀的条件是什么？

____

【设计意图】作业布置家庭实验，适时设计学化学的情境，能进一步激发学生的学习兴趣和探究欲望，使学生感受到化学和我们的生活息息相关，学化学不仅可以在课堂上，而且可以在生活中。

板书设计

珍惜和保护金属资源

展示学习目标

1. 了解金属资源的消耗情况。
2. 学会探究铁生锈的条件。
3. 会列举防锈的几类简单方法。
4. 知道保护金属资源的措施。

金属资源

- 1. 金属资源是有限资源，金属的开采顺序与金属活动性顺序有关
- 2. 铁生锈
  - (1) 家庭实验：探究铁生锈的条件
    结论：与空气中氧气和水接触
  - (2) 铁锈的主要成分为氧化铁（化学式 Fe_2O_3），颜色为红棕色
    （问题）铝的金属活动性比铁强，铝在空气中不易生锈的原因是铝在常温下与空气中氧气反应生成一层致密的氧化膜。
  - (3) 防止铁生锈的方法：刷漆、涂油、电镀、搪瓷、制成合金等
- 3. 保护金属资源的途径

【设计意图】板书设计采用框架式，非常直观，能展现教师的教学思路，并且有助于学生及时复习。

教学反思

新课程改革的目的是改变学生的学习方式，因为教师教过了，学生不一定就学会了，课堂上学生的思维要充分动起来，要体现学生的自主性学习、合作性学习、探究性学习。本节课每个学习目标的学习，都是教师在诱导、学生在学习，有了学生的充分参与，就能顺利实现学习目标，从而也可以培养学生良好的学习习惯和学习能力。本节课还通过典型问题链的设计，一步步点燃学生的思维火花，激发学生的学习兴趣，课堂气氛非常活跃，真正把教学理念转化为教学行为。本节课的不足之处是，学生课堂举例、讨论、展示花费时间较多，导致课堂检测时间仓促，所以教师要对课堂教学各个环节定时间，做到宏观掌控，这样效果会更好。

个人简介

习曼利，陕西咸阳高新一中化学教师，曾获“陕西省教学能手”“咸阳市学科带头人”“永寿县教学能手”“永寿县素质教育目标教学教改先进个人”等称号。

专家点评

该教学设计目标恰当、内容恰当、方法恰当，运用新课程改革理念，改变学生的学习方式，使学生真正成为课堂的主人，课堂充分体现了学生的“自主性、合作性、探究性”学习。该教学设计有以下几个亮点：

1. 导入新颖。教师先展示一张生锈的铁碗图片，并配有问题“我生病了，现在浑身起色斑，身上有小孔，我这是怎么了”，这样导入新课，能激发学生的学习兴趣和探究欲望，一下子把学生的思维引入到课堂中来。

2. 设计家庭实验，课堂展示讲解，并设计典型的问题链，能点燃学生的思维火花，培养学生的实验探究能力。

3. 将生活中的实例设计成问题，使学生感觉非常亲切，感受到了生活中处处有化学，达到学以致用的目的。

4. 课堂检测题紧扣学习目标，布置家庭实验的作业，进一步激发了学生的学习兴趣和探究欲望。

5. 板书设计采用框架式，非常直观，能展现教师的教学思路，并且有助于学生复习。

针对教学反思中教师对课堂时间掌控不好，建议教师提前下发导学案，将学生的自主学习放在课外进行，课堂上针对问题主要进行讨论、展示、点拨、归纳、应用，并限时完成课堂检测，将存在的问题在课堂上及时解决，这样效果会更好。

咸阳市秦都中学化学特级教师　于海玲

陕西省中小学教学能手优秀教学设计集

生物学科

“生物体的基本结构”教学设计

安康市汉滨高级中学　唐　军

教材分析

“生物体的基本结构”一节是苏教版生物七年级下册第七章第一节的内容。这一课时在前面已观察了洋葱鳞片叶表皮细胞和人口腔上皮细胞等装片的实验基础上，结合图片，比较动植物细胞在结构上的主要异同。然后，介绍细胞主要结构的功能，让学生能较全面地认识细胞。最后，通过分析“多利羊”的诞生过程，帮助学生认识细胞核在生物遗传中的作用。

《义务教育生物课程标准（2011 年版）》（以下简称生物新课标）中明确指出“理解有关细胞的知识是学习生物学的基础”，因此这部分内容的学习在初中生物课程中有着十分重要的地位。首先，细胞是生物体结构和功能的基本单位，这些知识是学生理解生物体进行新陈代谢、生长发育、生命活动调节、遗传变异等生命活动的基础。其次，本节内容也是学生学习生物体结构层次等章节不可或缺的基础知识。学好本节内容是学生掌握本单元乃至本套教材中生物学知识的基础。

学情分析

通过上节课制作细胞临时装片并观察动植物细胞结构的实验，学生对细胞的结构和功能有进一步探究的欲望。由于细胞都很微小，一般情况下看不见、摸不着。所以这部分知识对学生来说，是比较抽象、不易理解的。另外，七年级学生的认知发展规律要求在教学中要充分调动他们的学习积极性。他们不喜欢枯燥的说教，但乐于观察、分析图片，喜欢自己参与。所以，在教学中可以通过各种活动把抽象的内容形象化，借助活动让学生在体验中掌握知识，提升能力。

资源利用

多媒体教室、多媒体课件、黑板画（动植物细胞结构）、写有细胞各结构名称的小卡片 9 张（其中细胞膜、细胞质和细胞核各两张，细胞壁、液泡和叶绿体各一张）。

教学目标

1. 阐明细胞是生命活动的基本结构和功能单位；区别动植物细胞在结构上的主要异同点；描述细胞核在生物遗传中的重要功能。

2. 通过本节内容的学习，初步具有处理图文资料，运用观察、分析、比较等方法解决生物学问题的能力；会组织语言表达自己的观点，提高口头表达能力；进行合作讨论，提高探究学习的能力。

3. 通过活动、游戏等学习过程体验同学之间相互合作的重要性，认同结构与功能相适应的生物学观点。

教学重难点

重点：细胞的基本结构；动植物细胞在结构上的主要异同点。

难点：细胞核在生命活动中的重要作用。

教学过程

一、导入

请两位同学上台分别展示其上节实验课所绘的“洋葱鳞片叶表皮细胞”和“人口腔上皮细胞”图。

【设计意图】让学生展示作品，激发学生的学习兴趣，并结合图片引入新课。

二、自主学习

1. 分小组进行，一般前后六个学生，方便易行，确定一人为组长，及时准确记录该小组成员的活动情况。

2. 多媒体出示自主学习问题，并提出自主学习要求。

问题一：动物细胞和植物细胞各有哪些基本结构？

问题二：细胞各结构各有什么主要功能？

要求：阅读课本，先独立完成问题，在课本中找出相关句子，如有困难可找组内同学交流。

【设计意图】让学生带着明确的问题认真阅读课本，用好课本这个手边的最好资料；同时兼顾小组内不同学生学习能力的差异，提出明确要求。

3. 教师利用这段时间，在黑板上分别绘出规范的动物和植物细胞模式图

教学反思

教学中，教师通过自主学习、设计“组合细胞”的游戏和角色扮演活动等方式尽可能地把课堂还给学生，而教师转变角色，成为课堂资源的开发者、学生课堂学习的合作者、学生课堂学习和发展的激励者。在教学中，学生能独立或通过合作解决的问题，教师都尽量不参与，让学生自主或合作完成，让学生真正成为学习的主体、课堂的主人。通过这些方式，学生的学习兴趣得到极大提高，既定的教学目标也得以顺利实现。

需要反思的是：第一，对于七年级的学生而言，生物是一门新学科，所用的教材又是新教材，学生尚未进入正轨，尚未养成良好的学习习惯、讨论风气、合作精神，出现了课堂气氛松散的现象，在以后的教学中要从这一方面狠抓学风，分组时采取责任制，责任到人，做到组内“人人有事做，事事有人做”；第二，以后的教学中要认真解读、努力钻研生物新课标，尽量达到更高的要求。

个人简介

唐军，中学一级教师，陕西省安康市汉滨高级中学生物教师，曾多次参加各级各类教学大赛并获优异成绩。荣获“陕西省教学能手”称号。

专家点评

这一教学设计，是唐老师在多次实战教学中的一个尝试、一个总结。历经磨炼、交流，该篇教学设计从思想、理念、行为等诸多方面，完全可作为一份新课程背景下教学设计的模板。

唐老师对教材把握、分析到位，熟悉教材的重难点，洞悉学生的生理特点和心理特征，因此，教材分析和学情分析具有基础性和真实性，符合学生的认知规律。

本节课的内容虽然简单，但微观、抽象。如何使知识直观化，又能调动学生学习的积极性，是唐老师设计本节课的一大亮点。她从培养学生的学习愿望、兴趣及学习能力从发，设计了全员参与的学生活动。通过“组合细胞”的游戏和角色扮演，把整个课堂归还给学生，让学生在自主、合作的基础上，进行交流、展示、评价，不仅实现了师生角色的有效转换，而且使每一个学生的学习能力、表达能力等得以发展和提升，并让每个人享受到了学习成功的喜悦。同时，由于将知识形象化、直观化，在规定课时内，师生高效完成了教学任务，使教学的三维目标有效达成，实现了学生主体、教师主导的教学理念。

总之，以课标为纲，学生为本，活动为主线的教学规律，将是我们每位教师在完成教学设计时必须把握的焦点。因此，希望唐老师的这份教学设计能起到抛砖引玉的作用，通过教学研究，使我们每位教师不断成长，让学生得到实惠。

西北大学附属中学　芦竹艳

政治学科

“情趣与兴趣”教学设计

西北大学附属中学　刘海蓉

教材分析

“情趣与兴趣”是人教版思想品德七年级上册第三单元第七课的第一框题，按照《义务教育思想品德课程标准（2011年版）》（以下简称思想品德新课标）的要求，学生应该主动锻炼个性心理品质，陶冶情操，形成良好的学习、劳动习惯和生活态度。因此本框题既是对情绪内容的延伸，又是对后面陶冶情趣和情操做的铺垫，起到承上启下的作用。本节课主要是帮助学生了解和认识情趣与兴趣的关系，引导学生分清哪些情趣是健康的、高雅的，哪些情趣是不健康的、庸俗的，不同的情趣对人的作用不同。

学情分析

进入中学后，随着新课程、新知识的增多，学生的信息量也明显加大，这为学生提供了许多新的生活情趣，其中有健康的、高雅的，也有不健康的、庸俗的。但这些对于十二三岁的学生来说，由于他们缺乏经验和必要的科学知识，常常不能正确区分生活情趣的高雅与庸俗。有的学生还会误把庸俗的、低级的情趣当成健康的、高雅的情趣。所以，学生需要区分一些基本的概念，同时提高联系生活分析问题的能力。

资源利用

利用教室内的布置，针对富有特色的班训、班徽及名人字画，创设积极向上的教学氛围；多媒体，包括视频和音频；有针对性地分组，收集学生身边的故事。

教学目标

1. 通过本节课的学习，学生能够追求高雅情趣，鄙视庸俗趣味，养成积极、乐观、向上、健康的价值观与人生观。

2. 在对身边故事的分析、理解中提升分析和解决问题的能力，培养广泛的兴趣，丰富文化生活，从而抵制庸俗情趣，提高品格修养。

3. 在学习的过程中能够明确知道情趣与兴趣的关系及情趣有雅俗之别。

教学重难点

重点：了解和认识情趣与兴趣的关系。

难点：学会辨别和区分情趣的雅与俗。

教学过程

教学环节	教师活动	学生活动	设计意图
新课导入	引导学生阅读课本第70页的活动设计，思考问题：你有过类似这些同学的感受吗？与同学交流自己在做感兴趣的事时的感受。 过渡：同学们有着非常广泛的兴趣爱好，唱歌、跳舞、弹琴、踢足球、制作模型，等等。当我们在做这些我们感兴趣的事时，都会很投入，不怕苦，而且印象深刻。这就是兴趣带给我们的快乐体验。那么，我们所说的兴趣是不是情趣呢？情趣和兴趣的关系是什么？如何看待情趣呢？让我们一起进入今天的学习旅程。	学生先阅读，后思考、讨论教师提出的问题。	通过真实的情感体验来体会兴趣带给我们的感受。
讲授新课：事例引导	播放视频，列举名人的兴趣，引导学生理解兴趣与情趣的关系。 学生活动结论：瞿秋白酷爱治印和绘画。他自幼爱刻石章，读中学时曾得到国文教授史蛰夫的精心指点，石章刻得很好。瞿秋白亦爱作画，风格颇似明朝有名的“四王”画派，上海博物馆就藏有瞿秋白赠予同学李子宽的山水图一幅。叶剑英擅长七律。1915年，18岁的叶剑英写下了“放眼高歌气吐虹，也曾拔剑角群雄。我来无限兴亡感，慰祝苍生乐大同”的诗篇。夏衍爱好集邮，从1915年开始集邮，留学日本后，集邮兴趣更浓，致力于收集日本邮票及实寄封。新中国成立后，他将集邮的重点放在收集红印花加盖邮票及大龙、小龙邮票上。这些名人的兴趣是不是情趣呢？兴趣与情趣的关系是什么呢？	学生通过事例分析，思考兴趣与情趣的关系。	通过名人兴趣，让学生明白兴趣与情趣的关系，培养他们积极、健康的情趣。

（续表）

教学环节	教师活动	学生活动	设计意图
分析理解	（教师与学生共同分析实例）俗话说：“兴趣是最好的老师。”它可以让我们学到很多在课堂上学不到的知识，使我们的知识面更广，学到的知识更多，还可以培养兴趣爱好，陶冶我们的性格、情操，提高我们精神生活的质量。因此，情趣是以兴趣为基础而产生的，没有兴趣就谈不上情趣，同时，情趣又是通过兴趣表现出来的。高雅的情趣体现了一个人对美好生活的追求、乐观的生活态度和健康的心理。心理健康的人总能从日常生活的平凡小事中发现乐趣，体验情趣。	学生通过阅读课本第 71 页的内容和教师的讲解，理解情趣与兴趣的关系。	让学生明确兴趣与情趣的关系。
图片展示	（教师展现多媒体图片） 在我们身边有许许多多美的事物，自然风光、艺术创作等，我们能够从众多的美好事物中感受生活的美，体会各种各样的情趣。例如，爱书法有益于延长寿命，爱下棋有益于思维敏捷，爱音乐有益于增强食欲……请同学们阅读课本第 72 页水岛士兵的故事，思考：岛上水兵们的生活情趣体现在哪些方面？这些生活情趣对他们克服困难有什么意义？	学生列举生活中丰富多彩的情趣，而不同的情趣又带给我们不一样的乐趣与体验。 学生阅读课本内容，思考、讨论教师提出的问题。	让学生通过图片，了解丰富多彩的情趣，培养广泛的兴趣爱好，丰富文化生活。
联系实际	教师引导学生观察教室周围环境。	学生分析班训、班徽的内涵。 学生交流对班级悬挂的名人名言的理解和感受。	提高学生分析，交流能力。

（续表）

教学环节	教师活动	学生活动	设计意图
突破难点	通过水岛士兵的故事，我们看到水岛士兵们的生活处处充满情趣，他们非常向往和热爱美好的生活。对我们而言，情趣不但能使我们因学习而紧绷的神经得以放松，疲劳得以解除，还能让我们充分感受到生活中的美，使我们即使在艰苦的环境中也能让生活充满欢乐。那么，是不是所有的情趣都是积极健康的？请大家讨论并且列举高雅的生活情趣和庸俗的生活情趣。	学生阅读课本内容，思考、讨论教师提出的问题。 根据教师的问题总结高雅的生活情趣和庸俗的生活情趣的不同。 每组派一个代表进行全班交流。	让学生明白情趣的作用，感受生活的美好，体验生活的欢乐。
学以致用	教师通过多媒体图片展示，让学生分辨哪些是高雅的生活情趣，哪些是庸俗的生活情趣。	学生总结两种不同情趣的区别，观看图片判断哪些是高雅的生活情趣，哪些是庸俗的生活情趣。	让学生学会分辨不同的生活情趣。
身边故事	阅读课本第 74 页中关于静静和于丽丽的故事，思考：两种不同的生活情趣，对于她们个人的生活学习各有什么影响？	思考并且讨论高雅的生活情趣和庸俗的生活情趣所产生的不同影响。	通过对身边同学的行为分析，让学生明白不同的情趣会带来不同的影响。
提升拓展	高雅的生活情趣有益于个人的身心健康，有利于开拓眼界、开发智力，有助于提高道德文化修养，还能使我们充分感受到生活的美好；庸俗的生活情趣则会损害人的身心健康，使人眼界狭隘，丧失远大志向，使人道德水平低下。	学生联系自己的生活，针对周围的现象，判断哪些行为属于庸俗趣味，并展示自己的承诺书。	让学生追求高雅情趣，鄙视庸俗趣味，进而形成积极、乐观、向上、健康的价值观与人生观。

（续表）

教学环节	教师活动	学生活动	设计意图
课堂总结	今天我们收获了什么？	学生板书：通过这节课的学习，我们懂得了高雅的生活情趣是健康的情趣、向上的情趣、文明的情趣、科学的情趣。高雅的生活情趣反映了一个人有较高的品格和个人修养，因而是我们青少年应该追求和向往的生活情趣。 学生也可根据自己的体会进行发散性交流。	培养学生的总结能力及语言表达能力。

板书设计

情趣与兴趣

一、情趣源于兴趣

1. 情趣与兴趣的关系

2. 情趣的作用

二、情趣的雅与俗

1. 高雅生活情趣对人生的意义

2. 庸俗生活情趣的危害

教学反思

本次新课程的宗旨是构建中国特色的、现代化的基础教育课程体系，贯穿其中的核心理念是：为了中华民族的伟大复兴，为了每位学生的发展。因此，促进学生全面而有个性的发展，促进学生学习方式的多样化，促进学生自主获取知识的愿望和能力是新课程改革的主要任务。本节课就力图体现新课程理念，通过师生之间、生生之间的交流与合作促使学生主动探究，成为学习的主人。

本节课我从生活实际出发，让学生谈自己的兴趣，创设情境，引入情趣与兴趣的课题。学生通过事例分析，引出了兴趣与情趣的关系，体会到各种各样的情趣。我再通过多媒体图片和视频向学生列举生活中丰富多彩的情趣，让学生通过合作学习，讨论并列举高雅的生活情趣和庸俗的生活情趣，并结合教材中的素材“静静和于丽丽的故事”思考两种不同的生活情趣，明确不同的情趣对每个人的生活学习各有什么影响，从而引导学生追求和向往高雅的生活情趣。

以下是本节课比较成功的地方。

第一，本节课能够利用学生身边的资源（教室内的布置），联系学生生活实际，使学生对教学主题产生共鸣，有话可说，达成了思想品德新课标中所说的“陶冶情趣和情操”的教学目标。

第二，以学生为本是本节课的主线，在选材上广泛和学生交流，结合学生身边的故事，使学生有话可说，调动了学生的积极性。

第三，采用多种多样的教学方式。本节课有讨论、交流，有视频、音频，也有自主探究、联系实际，以多种形式给学生视觉、听觉上的冲击。

当然本节课还有信息量大、图文并茂等传统教学不可比拟的优势。但教学是一门遗憾的艺术，如何达到认知和行动的统一，如何调动更多学生参与的积极性是本节课需要改进的问题。思想品德课是学生德育的一个重要环节，若能将班级、课堂和学校的德育活动、家庭的教育生活融为一体，效果会更好，这也是我以后的努力方向。

个人简介

刘海蓉，中学高级教师，西北大学附属中学教务主任，西安市教研室兼职教研员，西安市教育学会政治教学理事，陕西省教育学会中心教研员，西安教育电视台“三秦名师名校”栏目特聘教师，获“陕西省教学能手”称号。

专家点评

刘海蓉老师设计的教学环节环环相扣，为学生实现教学目标打下了坚实的基础。清晰的教学思路，扎实的基本功，先进的教学理念，都让人耳目一新。

1. 导课新颖别致。

教师从学生的兴趣入手，结合学生自身实际自然得体地导入新课知识。导入方法新颖，激发了学生的兴趣。新课程倡导的教学模式就是让学生在教师的指导下，通过感知、体验和合作等方式，完成学习目标，感受成功。这是一种以人为本，以应用为动力，以应用为目的，以应用为核心的教学途径，它为学生提供了更大的实践空间，能更好地发挥学生的主动性和创造性，有利于形成民主、和谐的教学氛围。在教学中，刘老师注重情境的创设，有机地把单个情境与整体情境统一协调，让学生对文本进行有意义的生成与拓展。

2. 采用有效的教学方法。

现代化教学呼唤现代化教育手段，刘老师借助多媒体设计了课件并且使用了多样性的教学方法。在教学中，她注重引导学生将获取的新知识纳入已有的知识体系。由于话题接近学生的生活实际，更容易引起学生的共鸣，以至于成为发展学生智力情感的纽带，将教学活动从单一向多样推进。每个环节的教学都能体现学生主体性的发挥，没有独自掌控课堂，使学生自由表达的机会很多。

3. 注重情感教育的渗透。

刘老师能在教学中渗透情感教育，与思想品德的内容结合起来，使学生在学习中抒发自己的情感，当学生感觉到教师对他的关心和关注时，便会自然地产生一种积极的学习情绪。

西安市教育科学研究所　陈海兰

陕西省中小学教学能手优秀教学设计集

历史学科

“改变世界面貌的蒸汽革命”教学设计

西安高新第一中学　张洪琪

教材分析

本课在整个世界近代史教学中起着承前启后的作用。通过对第一单元“跨入近代社会的门槛”的学习，学生明确了欧美主要国家的资产阶级革命是第一次工业革命发生的政治前提，有利于学生对本课“改变世界面貌的蒸汽革命”，即第一次工业革命的学习。通过对本课的学习，了解第一次工业革命的进行和后果——使整个世界发展格局发生巨大变化，为后面的第三、第四单元的学习奠定基础。第一次工业革命是18世纪中期率先从英国开始的，这场革命使机器生产代替手工劳动，推动了社会的发展，大大地改变了世界面貌。

教材大体上对珍妮机的发明、瓦特改良蒸汽机、史蒂芬孙成功研制火车机车、工业革命的后果等方面作了介绍。

在这一课中，教材关注了三个问题：一是生产组织形式的变革，即从过去的作坊式生产转变为大工厂生产；二是生产手段的变革，即从过去的手工劳动转变为机器生产，而这种生产手段的背后，是先进的科学技术的支撑；三是这种生产方式所带来的社会变化和对人终极关怀的变化，如阶级关系、人的价值观念、人生存的终极目的、生活方式、城市化程度、文化教育的发展以及社会问题和阶级矛盾的新含义，等等。

经济从本质上说也是一种大文化的内容，它渗透着人们的许多文化追求，因此我们不应简单地把经济同社会的综合发展隔离开来，而应从中挖掘出更多的文化含义、政治含义和社会含义。只有这样，才能使学生在这一课的学习过程中不至于只把眼光局限于物质和生产上，而是能够把眼光从经济领域扩展到其他社会领域，并从整个社会发展的高度来认识经济领域中的每一次进步。

学情分析

我所在的学校是省重点中学，学生基本素质普遍较好，通过两年多的学习，已经具备了自主探究能力和一定的思考、处理问题能力，思维有了一定的深度和广度，对事物之间的内在联系有了一定的分析理解能力。同时，这一年龄段的学生思维活跃，喜欢独立思考，喜欢怀疑、争论，不满足于课本上的知识，喜欢涉猎课本以外的知识，喜欢发表个人见解。

教学目标

1. 知道哈格里夫斯发明珍妮纺纱机、瓦特改良蒸汽机、史蒂芬孙成功研制了“旅行者号”火车机车等基本史实；通过对工业革命后果的分析，认识到工业革命使生产力获得迅猛发展，使社会面貌发生翻天覆地的变化，理解“科学技术是第一生产力”及“科教兴国”的道理。

2. 通过读图、阅读、思考，理解工业革命过程中各环节相互的连带关系，培养比较、判断、推理能力；通过阅读教材，进行自主学习，掌握阅读的基本方法，提高获取有效信息的能力；通过分组讨论、探究，多角度、多层次、多途径地去探究问题，寻找解决问题的方法。

3. 通过对“工业革命对我国今天社会主义现代化建设的借鉴意义”的探讨，学会辩证地认识历史与现实，思考中国与世界的内在联系；了解和思考人与人、人与社会、人与自然的关系，进而关注社会经济的可持续发展。

教学重难点

重点：瓦特改良蒸汽机对工业革命的推动及其对大工业生产的巨大影响。

难点：理清各部门科技发展的相互关系及其发展过程。

资源利用

教材、视频、图片、课件等。通过多媒体课件辅助教学，将多媒体形象直观的优势与本课教学内容相结合，符合学生的学习兴趣和爱好，使学生乐于学习。

教学目标

1. 通过问题情境，培养问题意识，促进思维发展。

2. 通过史料学习，提高读史能力，掌握学史方法。

3. 通过观察情境、分析情境，提高观察能力，以及学会利用辩证法的观点分析问题，并提高解决问题的能力。

4. 通过小组合作，培养协作精神，在学习过程中，互相学习，增进友谊。

教学过程

一、创设情境，导入新课

教师活动：展示有关2013年“嫦娥三号”探测器成功落月，中国首次实现地外天体软着陆的视频和图片，向学生说明这是第三次科技革命的重要成就。引入历史上发生的三次工业（科技）革命，本课所学内容是工业革命的开端。导入新课。

学生活动：身临其境，体会科技的魅力。

【设计意图】创设情境，激发学生兴趣，导入新课。

二、合作探究，完成课程

活动一：基础知识掌握

教师活动：展示本课知识结构图，指导学生阅读课本及相关资料，完成相关内容。

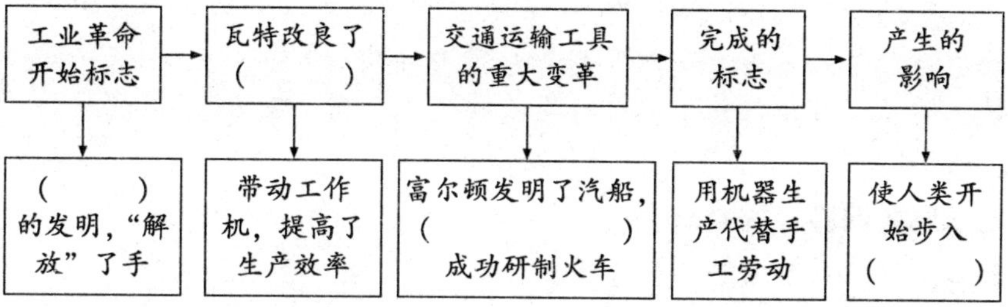

学生活动：阅读课本及相关资料，完成工业革命结构示意图。

【设计意图】历史知识结构示意图能将历史知识化繁为简，是形象直观地掌握历史知识的好方法。这一环节可以引导学生掌握基本知识。

活动二：重点问题探究

教师活动：展示相关图片，分析问题。（图略）

1. 图一、图二、图三反映了工业革命中的哪些发明？

2. 图二所示的动力机械所用能源是什么？你认为工业革命的发生给人类的社会生产和生活带来了哪些影响？

3. 说出与三幅图片相对应的发明者。我们从这些人物身上可以学习到什么精神？

学生活动：合作探究，共同分析，回答问题。

【设计意图】利用历史图片，从图片中获取有效的历史信息是探究式学习的一种方法。这一环节的目的在于提高学生阅读分析材料的能力。

活动三：阅读总结归纳

教师活动：展示材料，提出问题。

材料一：工业革命的概念包含技术变革和社会变革两个方面。技术变革是生产力的发展，社会变革则是生产关系的改变。

材料二：工业革命开始后，英国社会生产力迅速提高。18世纪初，棉花输入每年不过100万磅，1764年约380万磅，到1789年则增至3200多万磅；煤的产量1700年约为260万吨，1790年增至760多万吨，1795年更增至1000多万吨；生铁产量1740年仅17000多吨，1788年为68000多吨，1796年增至125000吨以上……

材料三：恩格斯写道，新生的工业能够这样成长起来，只是因为它用机器代替了手工工具，用工厂代替了作坊，从而把中等阶级中的劳动分子变成了工人无产者，把从前的大商人变成了厂主。它排挤了小资产阶级，并把居民间的一切差别化为工人和资本家之间的对立。

从材料中可以看出工业革命带来了哪些影响?

学生活动：结合材料及教材内容，讨论、分析、概括。

【设计意图】 收集材料、分析材料是进行历史探究学习的又一种方法。

三、解决问题，提高能力

教师活动：展示材料，引导学生回答。

材料一：1851年，伦敦举办第一届世界工业产品博览会。在博览会期间，最受参观者瞩目的展品是蒸汽机、水力印刷机、纺织机械等技术型产品。上海英商"宝顺洋行"买办徐荣村携自己经营的"荣记湖丝"参加了伦敦世博会，并获奖。

材料二：工业化之后，伦敦的工厂如雨后春笋般出现，高大的烟囱林立，处处浓烟滚滚，能见度极低。……在19世纪后期的英国，呼吸系统疾病，特别是肺结核、支气管炎、肺炎和气喘等，已成为非常严重的公共健康问题。……1873年、1880年和1892年，伦敦相继发生由燃煤造成的毒雾事件，先后夺去了1800人的生命。

2013年12月18日～25日，持续8天的重雾霾，让每一个西安人对雾霾有了刻骨铭心的记忆。大雁塔被"发射"了，钟楼隐身了……人们不敢开窗，不敢张口呼吸，天天盼着雾霾散去，蓝天显现……

1. 依据材料一并结合所学知识，说明中国参加世博会的展品与西方资本主义国家参加的展品有何不同，并说明其原因。对比中英参展产品的不同，你有何感想？

2. 依据材料二，说明工业化给人类带来哪些严重后果？结合西安市的雾霾状况，谈谈你的认识。

学生活动：分组分析、探讨，回答问题。

【设计意图】历史学习是一个从感知历史到积累历史知识，再到理解历史、升华历史知识的过程。这一环节旨在培养学生收集史料的能力和语言表达能力。

四、课堂小结，拓展延伸

教师活动：18世纪中期，英国率先开始第一次工业革命。这场革命使人类开始用机器生产代替手工劳动，大大地改变了世界面貌。

提出问题：实现中华民族的伟大复兴，是100多年来中华儿女矢志不渝的奋斗目标。结合今天的探究活动，谈一谈为真正实现“民族复兴”的梦想，我们应该怎么做？

学生活动：课后思考，作答。

【设计意图】通过思考，学生认识到社会主义经济发展必须重视科技，加快工业化进程，要协调好经济发展与环境保护的关系，关注人口、资源、环境与社会的可持续发展问题。充分发挥历史学以史为鉴的功能，激发学生关注和参与社会生活的热情。

板书设计

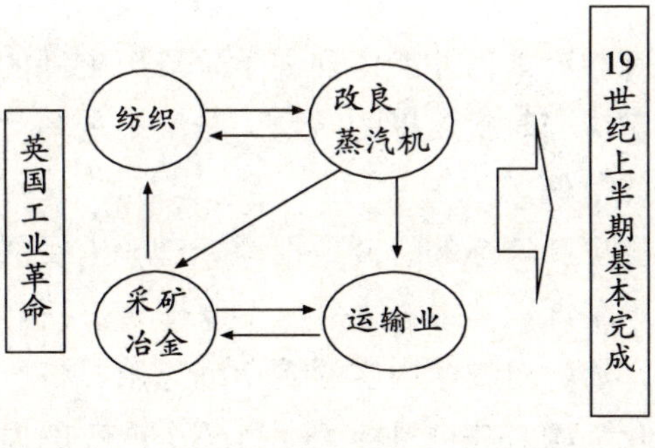

教学反思

遵循历史新课改中教学评价的基本理念，在本节课的评价中我努力做到评价目的的人本化、评价内容的多元化、评价主体的互动化、评价重心的过程化、评价形式的多样化，促进了学生的全面发展。

我用富有感情的语言、动作、表情来增进师生的感情交流，给学生以更多的肯定与激励，帮助他们树立自信，引导他们自评与互评。

我在课堂上让学生充分发表见解，使学生通过对比进行自评和互评、相互学习和相互探讨，这样可以使学生学会相互交流和相互学习，学会欣赏他人，懂得和同学友好相处，达到智力、能力和情感态度价值观共同发展的目的。

在整个教学活动中，我通过对学生参与课堂活动等情况的观察，获取反馈信息，以此对自己的教学行为进行反思和适当地调整。

总之，在尊重《义务教育历史课程标准（2011 年版）》（以下简称历史新课标）、分析教材和学生的基础上，我完成了本课的教学，并达到了“面向全体学生”的目的，突出了“为学生学习服务”和“充分发展学生个性”的理念。本课让学生讨论的问题较多，能够彰显学生在课堂上的主体作用，但在实际课堂中，如何控制讨论时间和思维的发散度，还是一个值得再修改与再实践的过程。

个人简介

张洪琪，西安高新第一中学初中校区高级教师，教育部“国培计划”培训专家，西安市教育局“阳光师训”项目讲师团成员，获得“陕西省教学能手”称号，多次承担陕西省“名师大篷车”送教下乡任务。

专家点评

中学历史该怎么教？如何才能体现中学阶段历史课的课程价值？这是每一位中学历史教师都应当时常反思的问题。张洪琪老师对本节课的教学为大家提供了一个很好的范例。

第一，重视对历史新课标的研究，把课标对学生发展的宏观要求转化为课堂的具体操作。本节课以“最近发展区”原理为依托，以第一次工业革命内容的学习为载体，通过对教学内容的多角度运用，将历史新课标所要求的育人目标具体地转化为课时三维目标。通过整个课程的展开，经过精心设定的课时目标前后关联，搭建起学生成长的阶梯，为实现将历史新课标要求转化为学生发展成果创造了条件。

第二，关注学生的生活世界，有意识地引入现实问题，为历史学习与现实生活搭建桥梁，突显了历史学习对构建学生美好生活的指导意义。本课教学以现实生活中的重大事件——2013年“嫦娥三号”探测器成功落月导入，以对雾霾天气的历史回顾与现实关照结课，有意识地引导学生将历史与现实联系起来，在学生历史学科能力获得提升的同时，拓展学生的视野，引导他们关注社会，激发社会责任感；引导学生跨越由于分科学习所带来的思维深刻性与生活碎片化之间的矛盾，使课堂学习成为学生构建真实的整体性生活的跳板，从而促进学生全面而有个性地发展。

第三，教学设计合理，课时目标的落实方法设计得当。整个教学设计不仅关注教师的教，更着重于学生的学。从学生独立梳理知识到小组合作解决问题，从对史料信息的提取到对现实生活问题的思考，一系列环环相扣的课堂活动的设计，引导学生经历了完整的思维过程，形成了完整的思维链路，使学生在智力操作的过程中消化知识、体悟情感，从而使三维目标真正与教学活动相融合，克服了常见的目标、操作“两张皮”的现象。

教学是一门遗憾的艺术，本课教学也存在一些需要改进的地方。如本节课的课堂活动基本上都是学生小组活动，这样设计能够使学生在学习状态良好的情况下，充分调动参与讨论的积极性，获得多方面发展，但是在学生学习状态不佳的情况下，其学习效果会大打折扣。因此，为了能在大班教学的现实情况下尽可能做到因材施教，教师应该设置备选方案，以保证无论在怎样的课堂氛围下都能组织学生有序学习，实现教学目标。

西北大学附属中学　周　宏

陕西省中小学教学能手优秀教学设计集

地理学科

“人口与人种”教学设计

咸阳市金山学校　何军科

教材分析

本节课是人教版地理七年级上册第四章“居民与聚落”第一节“人口与人种”的第一课时，是学生在了解世界自然地理基本概况后，开始学习人文地理的第一课时，具有承上启下的作用。《义务教育地理课程标准（2011年版）》指出，本节课主要让学生了解世界人口的数量、人口增长和分布的特点，使学生通过读图、分析图表，认识世界人口的增长趋势和各大洲人口时空分布差异；能初步说明、分析、归纳人口增长和分布的特点及原因，培养学生运用地图的能力；为下一课时“世界人口问题的探究”和后面世界区域地理的学习奠定基础，创造条件。

学情分析

七年级的学生好奇心、求知欲强，学习兴趣浓厚，积极性高，课堂参与性强，能读简单的数学曲线图，具有一定的分析和判断能力。因此教学设计要符合学生的实际，紧密联系学生的亲身体会和所见所闻，使之感知、感悟身边的地理现象与规律，通过总结归纳，识读地图。学生读图、运用地图获取地理信息的能力较弱，结合社会、经济、历史现象说明、分析问题能力较弱，需要教师在教学过程中加以引导和培养。

资源利用

制作多媒体课件，联系社会热点、生活实际，启发引导学生思考、探究、分析说明。准备世界人口增长示意图、表格和曲线图，世界各大洲人口增长率示意图和世界人口分布图。

教学目标

1. 通过读图和资料，归纳世界人口数量、增长和分布的特点。

2. 通过读人口资料、填写表格，分析人口曲线图和分布图，归纳、对比说明问题，并能分析人口增长和分布的自然原因和社会原因。

3. 逐步养成读图和运用地图的能力，树立正确的人地观。

教学重难点

重点：世界人口增长特点、人口分布不平衡的原因。

难点：人口自然增长率和人口密度的概念。

教学过程

一、导入新课

教师提问：当今世界社会经济发展过程中最突出的问题是什么？

（学生思考回答，教师小结：人口、资源与环境。）

【设计意图】 提出问题，创设情境，激发学生求知欲。

承转过渡：随着社会的进步、科技的发展，世界的人口数量剧增，人口问题越来越严重。面对复杂的自然地理环境，为了人类更好的生活，“我们应该怎样发展自己”已成为当今世界的又一大主题。这节课让我们一起来了解一下世界人口数量、增长和分布的特点。

二、讲授新课

教师提问：到 2011 年 10 月 31 日，全世界人口的总数是多少？（到 2011 年 10 月 31 日，全世界人口达 70 亿）

【设计意图】 提出问题，由人口基数入手，关心时事，激发学生学习人口知识的兴趣。

教师提问：算一算，假设每秒钟数一个人，70 亿人口能数多少年？围绕赤道站的话，70 亿人口可站多少圈？目前西安市常住人口是 850 万人，全世界人口相当于多少个西安市？（约 222 年，262 圈，824 个）

【设计意图】 让学生通过计算，感悟人口数量之大，体会人口多的问题，为第二课时奠定基础，埋下伏笔。

活动一：读图，认识世界人口增长特点

1. 组织学生依据“世界人口增长示意图”提供的资料，计算出世界人口从 1830 年的 10 亿到 2011 年的 70 亿，人口每增长 10 亿所需的时间，并把计算所得的数据填入课本的表中。

2. 组织学生根据计算所得到的数据讨论：

(1) 从 1830 年至 2011 年，世界人口每增长 10 亿，所需的时间有何变化？

(2) 这种时间的变化，说明世界人口增长的速度有何变化？

(3) 归纳从1830年至2011年世界人口增长的规律。（从1830年至2011年，世界人口每增长10亿人口所需时间逐渐趋短，这表明在这段时间内，世界人口增长的速度逐步趋快）

【设计意图】通过读图，分析问题，总结规律，判断人口增长的数量与时间的关系，得出“人口增长速度快”的结论，使学生懂得用数据说明问题的方法。

活动二：分析“世界人口增长曲线图”，说明世界人口增长的趋势

组织学生计算每增加10亿人所需要的时间，得出人口总数随时间增长，但时间的变化速度不同的结论，并分析其原因。（生活水平、医疗技术、人的寿命、婴儿的死亡率、战争等）

【设计意图】利用曲线图，学会用对比法判断人口增长趋势和速度变化，并结合历史现状分析原因，培养学生分析问题的能力。

过渡：人口增长不但在时间上有明显差异，而且在空间上差异也很大。通常用什么来表示人口增长的速度？

【设计意图】引出下一个问题：人口增长的计算公式。

公式：人口自然增长率=人口出生率−人口死亡率。

这一知识较难理解，以教师讲解为主，引导学生分析三种现象的含义。

$$\begin{cases} >0 & \text{表示人口增长。} \\ =0 & \text{表示人口停止增长。} \\ <0 & \text{表示人口负增长。} \end{cases}$$

【设计意图】突破难点，举例说明。

活动三：读“世界各大洲人口自然增长率示意图”，分析人口自然增长率的差异及分布

引导学生得出结论：从全球来看，不同的地区人口自然增长率的大小有差异。欧洲、北美洲增长较慢，亚洲、非洲、拉丁美洲增长较快。

【设计意图】学会读图，利用地图中的数据判断各大洲的人口增长差异。

过渡：就一个地区或国家而言，人口多少、自然增长率快慢会造成人口分布有的地区稠密，有的地区稀少，那么用什么来表示人口分布呢？请看第二个问题“人口密度”。

人口密度=人口数÷所在地区的总面积

教师讲解，学生体会公式意义，举例。

【设计意图】突破难点，学会计算。

活动四：读世界人口分布图，判断人口分布特点，说出四个稠密区和四个稀少区的名称

引导学生说出读图的方法：与其他等值线图一样，先看图例，颜色表示人口密度的大小。了解每种颜色代表的数值范围，在图中找出这种颜色的分布地区。颜色越深，密度越大。着重在图中看人口密度最大（红色）和最小（黄色）的两个极值分布区，从而找出四个人口稠密区和四个人口稀少区。世界人口的分布特点——不平衡。

【设计意图】让学生学会读图的技能和方法，能指出相应的位置，用地图说明问题。

想一想：联系世界人口分布图，思考并完成下列问题。

1. 人口稠密区的纬度和海陆位置特点是什么？（中低纬度、沿海）

2. 人口稠密区的地形各是什么？（平原）

3. 人口稀少区的原因各是什么？（气候湿热、干旱、寒冷，地形陡峻崎岖）

【设计意图】学会运用地图联系位置、自然条件等分析人口分布地区差异的原因，培养学生综合分析问题和解决问题的能力。

三、小结本节内容

引导学生小结本节课内容。

【设计意图】回顾知识，让学生概括、总结、归纳，得出“人口多、增长差异大、分布不平衡”的结论，从而实现课程目标。

四、课堂检测

（一）选择题

1. 目前，世界人口增长在速度和数量方面的特点是(　　)。

A. 速度慢，数量少　　B. 速度慢，数量大

C. 速度快，数量少　　D. 速度快，数量大

2. 世界人口达到 70 亿的时间是(　　)年。

A. 1999　　B. 2005　　C. 2011　　D. 2013

3. 人口自然增长率的大小取决于(　　)。

A. 经济发展程度　　B. 出生率和死亡率

C. 生活医疗水平　　D. 文化教育水平

4. 关于世界人口分布叙述正确的是(　　)。

A. 世界上中低纬度近海平原地区人口稠密

B. 世界上人口稠密的地区都分布在发展中国家

C. 世界上的大平原都是人口稠密地区

D. 世界上人口稠密地区的人口增长都很快

（二）读“世界人口分布示意图”，完成下列要求

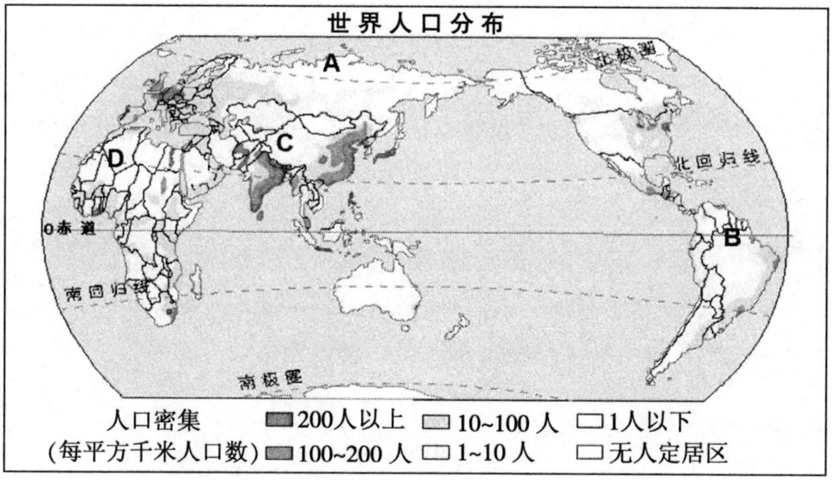

1. 图中 A、B 两地区人口稀少的原因是什么？（气候寒冷、湿热）

2. 图中 C、D 两地区属于哪个洲？为什么人口稀少？（亚洲、非洲，地势高峻、气候干旱）

【设计意图】 通过课堂练习，检查学生的学习效果，并使学生通过读图巩固新知、培养能力，举一反三，达到教学目标。

板书设计

世界人口
- 人口数量
  - 多
- 人口增长
  - 变化趋势：缓慢→加快→更快→变慢
  - 指标：人口自然增长率
- 差异大　增长地区差异
- 人口分布
  - 四个稠密区
  - 四个稀少区
  - 原因
- 不平衡

教学反思

在本节课开始我先联系社会热点创设情境，引入思考，激发学生的求知欲，增强学生的学习兴趣，再通过算一算、想一想、读一读、讲一讲、练一练等活动，实现并完成了教学目标。整节课用数据说明问题，方法多样，讲练结合。地图教学贯穿始终是本节课的最大亮点，特别是启发引导得好，让学生利用图表，学会了对比读图，通过图表分析说明和解决问题。这是一节比较成功的课，但课堂内容较多，学生的参与度、教师语言的严谨性有待提高，对有些学生在课上提出的问题应积极解决、评价，对涉及的知识没有必要追究太深，点到即可。

个人简介

何军科，中学高级教师，中国地理学会及咸阳市地理学会会员，获“陕西省教学能手”“咸阳市地理学科带头人”等称号。

专家点评

本节课以新的教育教学理念为指导，注重多元化、多层次处理教材，方式灵活，方法合理，设计新颖，有一定程度的创新和突破。整个教学过程紧紧围绕读图这一主线，优化组合使用多种教学资源，让学生在算、想、读、讲、练中学习，层次清晰，目标明确，要求适度，学生学习兴趣浓，教学效率高。

1. 教学过程有趣。

教学设计从当今社会经济发展中最突出的问题入手，把世界人口总数与西安市人口相比较，从现今世界人口数量在地球赤道上能站多少圈、每秒数一个人需要多长时间才能数完等有趣的问题入手，打开学生思维，激发想象力。用地图从感观上吸引学生，激发学生探求新知识的好奇心理。整个教学过程充满了趣味，充满了探究性。

2. 教学内容有理。

通过读图计算培养学生的读图能力，变抽象为形象，让学生从感官上感受到人口的增加，并培养了他们分析、总结问题的能力。通过举例说明，培养学生运用数据、文字材料等分析、总结、解决问题的能力。通过图表和数字的运用，让学生对世界的人口增长和人口分布情况有了一个大致的了解，使学生的人口忧患意识得到初步的加强，使之树立正确的人口观。把地理教育教学思想变为了课堂教学行动。

3. 教学环节有序。

本节课注重学生的认知规律，层层递进，步步深入。教学以图为主线，围绕地图看，围绕地图想，围绕图中数据算，学生从被动学习变成主动学习，当堂检测，当堂巩固，自始至终处于一种亢奋的学习状态，层次清晰，主线明了，环节有序。

今后还需要在小组合作学习的方式与方法上多下点功夫，多利用一些图像和资料，让学生主动合作、有效学习，增强课堂教学参与的广度与深度。

陕西省教育科学研究所　吴积军

体育学科

“篮球双手胸前传接球”教学设计

安康市初级中学　穆晓锋

教材分析

本节课选自人教版体育与健康“篮球传球”部分（水平四）。《义务教育体育与健康课程标准（2011年版）》（以下简称体育与健康新课标）中要求学生通过本节学习基本掌握篮球双手胸前传接的技术，其评价以学生在比赛中运用此项技术的熟练程度为要点。篮球的传球技术主要包括双手胸前传球、双手头上传球、单手肩上传球、单双手传反弹球等，本课学习的双手胸前传球，是篮球技术中最基础，也是比赛中运用最多的技术之一。

学情分析

本次授课的对象为初二学生，预计40人左右。整个初中阶段学生对篮球比较喜欢，都有一定的篮球技术基础，但是女生在这个时段开始出现不爱运动的迹象，加之平时对篮球接触较少，学习的动力和能力不会太强。没有基础的学生在练习中可能会由于不能全身协调用力而无法有效完成动作。

资源利用

篮球场2块，篮球场以罚球圈圆心为点扩圆4个，跑道设30米接力区1块，篮球20个，标志物4个，移动音响1台。

教学目标

1. 能够积极参与，对篮球产生浓厚的学习兴趣，体验篮球运动带来的乐趣。

2. 通过本课学习，能够归纳总结篮球双手胸前传接球技术的动作要领和方法，通过自主练习和与人合作，能够基本掌握传接球技术。

3. 发展上、下肢力量，提高身体的灵活性、协调性。

4. 通过学习和相互交流，学生之间相互鼓励配合，不埋怨，不指责，为形成良好性格打下基础。

教学重难点

重点：手型正确，缓冲柔和。

难点：全身协调用力。

教学过程

教学程序	教学内容，师生活动	时间	次数	组织方法及要求
运动前准备与热身	1. 课堂常规。 （1）体育委员整队报告人数。 （2）师生互礼。 （3）宣布本节课的内容目标。 2. 运动热身。 （1）注意力、反应力游戏。 随教师口令做相应动作，将学生注意力迅速调回课堂。 （2）随音乐徒手模仿篮球比赛中的防守、抢断、传球、投篮和扣篮等动作。	30″ 1′ 3′～5′	1 3～5 5～8	学生排成四列横队，队形如下图： × × × × × × × × × × ○ ○ ○ ○ ○ ○ ○ ○ ○ ○ △ 要求：精神饱满，注意力集中。
	（3）徒手操四节。 ① 手腕、脚踝运动。 ② 全身运动。 ③ 振臂运动。 ④ 弓步压腿。		4×8	学生跟随教师口令，充分活动各个关节。

（续表）

教学程序	教学内容，师生活动	时间	次数	组织方法及要求
运动技能学习与探究	1. 男女分成四个小组，围成圆圈集体“斗牛”，初探双手胸前传接球技术。 教师巡回观察，引导学生自我探索、及时总结。学生通过平时观察和观看比赛所形成的双手胸前传接球印象，相互交流尝试传接球技术。	3′ 5′	5～8	各小组组长组织本组队员在下图的四个圆上分别站立，相互传接球，避免圈中的“牛”抢、触、摸到球，传球人要避免传球失误。重点是强调接球，避免手指受伤。 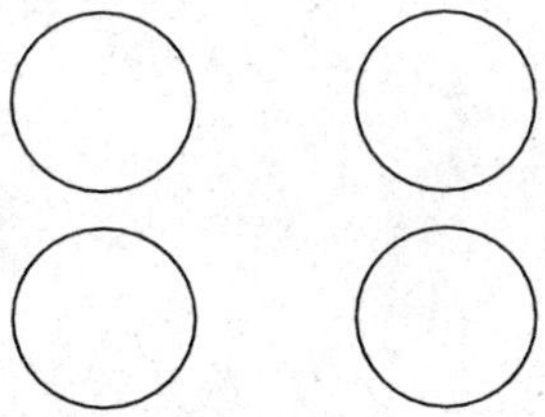
	2. 教师语言提示要领，每个小组选派两名学生示范双手胸前传接球动作。学生观察总结技术动作要领，教师示范讲解，学生双人面对面做无球和有球传接练习。 教师巡回指导，及时纠正错误。学生相互观察，积极练习。 传：蹬（地）、伸（臂）、翻（腕）、抖（腕）、拔（指），动作协调连贯，双手用力均匀。 接：伸臂迎球，收臂缓冲，动作连贯一致。	3′～6′	8～10	队形如下图： ○ ○ ○ ○ ○ ○ ○ ○ △ × × × × × × × × × × 要求：学生相互观察，及时总结技术动作要领。

（续表）

教学程序	教学内容，师生活动	时间	次数	组织方法及要求
运动技能学习与探究	3. 学生3人或4人一组，进行“三传一抢”或三角传球练习，提升难度，增加实践运用能力。 教师巡回指导，对现场出现的问题及时纠正，并鼓励学生积极练习。学生认真、积极练习，相互指导，动脑、动手尽快熟练掌握技术动作要领。	5′～8′	5～8	队形如下图： 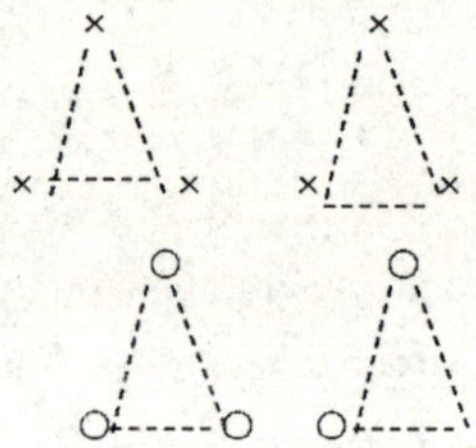 要求：动作舒展，时机恰当，练习积极主动。
	4. 接力游戏：持球30米往返跑。 游戏方法：学生分为四组，分别对抗。每组两个球，第一个学生持球跑动到30米标志处交换篮球后持球回跑至传球标志线，将球双手传给下一个同学，依次进行，先完成队为获胜队。 教师语言鼓励并提示学生完成好传接球过程，并及时给学生加油呐喊。学生积极跑动，体会手触球感觉并做好传接球动作。	8′～10′	1～3	队形如下图： 传球区域 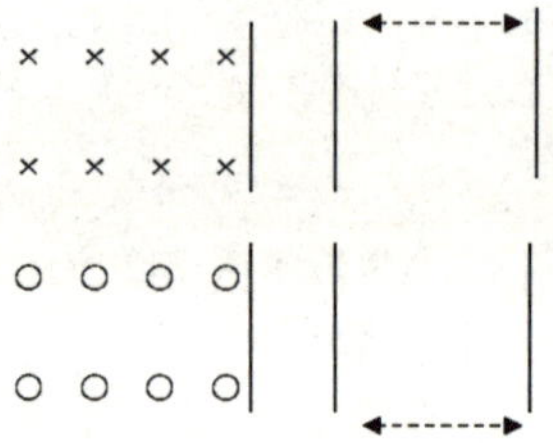 要求： 1. 每名队员必须在标志线处交换篮球后回跑。 2. 传接球在规定线内完成情况。 3. 不能越线起跑，不可手击球。 4. 传接球动作柔和到位。
运动后放松与小结	1. 放松。 （1）呼吸调整。 （2）做放松操四节。 2. 小结。 （1）评价目标完成情况。 （2）师生道别，收还器材。	3′～5′	 1 1	队形如下图： × × × × × × × × × × ○ ○ ○ ○ ○ ○ ○ ○ ○ ○ △ 要求：动作轻柔舒缓。
预计运动负荷	最高心率：155次／分；平均心率：125次／分。			

教学反思

本节课圆满完成了预期目标。学生参与积极性高，通过设置不同的练习方式，让每一个学生都获得了成功和喜悦，提高了学生学习篮球的兴趣，85%以上的学生基本掌握了双手胸前传接球技术的动作要领和练习方法，传球技术得到了提高。通过学习，学生的身体素质进一步提高。在小组练习和接力比赛中，学生很好地诠释了团结协作的力量，他们相互鼓励加油，不抱怨，促进了学生良好品质的形成。

本节课开始部分设计的注意力、反应力的热身游戏都达到了预想目标，营造了热烈的学习氛围，调动了学生学习的积极性。本次教学过程体现了学生的主体地位，使每一个学生在不同程度上都得到了提高。本节课充分利用了学校的篮球场地，保证了每一个学生的练习空间，增加了学生的练习次数，有效保障了练习的密度。

通过设计不同环节，层层推进，让学生由易到难逐步掌握了此项技术。通过小组互助比赛，培养了学生的合作竞争意识。在教学中，我力求讲解言简意赅，示范动作准确到位。在进行分组练习时，考虑到学生的个体差异，我让学生根据自己的实际水平自主选择、自由组合，并且为自己选择不同的学习目标。针对水平较差的学生，我组织他们进行集体徒手练习，降低学习难度，鼓励他们大胆尝试，勇于挑战自我，体会成功的快乐。

总之，本堂课顺利完成了预定的教学目标，达到了预期的效果。但我感到还存在一些不尽如人意的地方。教学中我对教材细节处理得不够好，本次教学中对接球技术强调得不够，本课教学前后衔接不够。这些问题是需要我及时改正的，同时也是我今后教学中需要加强的。

个人简介

穆晓锋，安康市初级中学体育教师，先后荣获“安康市优秀共产党员”“安康市优秀少先队辅导员”“安康市优秀体育教师”“陕西省教学能手”等称号。

专家点评

穆老师在“篮球双手胸前传接球”一课的教学中，创设了一种轻松、愉悦的，符合学生身心特点的课堂氛围。在这个氛围中，学生基本掌握了原地双手胸前传接球的基本技术动作。

首先，讲一下穆老师这节课的亮点：

1. 穆老师自始至终注重以学生发展为主体，通过分组练习，让学生积极参与到练习中，培养了学生自主学习的好习惯。

2. 课前研究深入。本次课设计前，穆老师对教材、学情及体育与健康新课标的理念进行了研究学习，掌握了学生学习的实际情况，提出了自己的设想。在练习形式上，无论是开始部分，还是基本教学部分穆老师都是由易到难、由简到繁、循序渐进的，为学生创设了一个良好、和谐的课堂氛围。

3. 在教具的运用方面，穆老师整节课一材到底，既提高了篮球的利用率，也为学生的技术动作练习和身体练习增加了乐趣。

其次，说一下穆老师本次课的不足之处：

一节课设计得是否合理、有效，通过教学实施就能得到验证。课堂教学是一门艺术，更是一门有缺憾的艺术。穆老师在教授原地双手胸前传接球时，接球动作没讲，技术动作的教授不够细腻。建议提高和加强技术动作教授的细腻化程度和教学设计的严谨性。

西北工业大学附属中学　屈中乾

“蹲踞式跳远”教学设计

宝鸡高新中学　田　菲

教材分析

“蹲踞式跳远”是人教版体育与健康八年级“田径”章节中的教学内容。这是现代奥林匹克田径运动中重要的比赛项目之一，它具有趣味性高、教学意义强的特点，深受学生的喜爱。因此，跳远在初中体育教学中占有重要的地位。根据体育与健康新课标的有关精神和要求，本课以基本掌握蹲踞式跳远的助跑与起跳技术为重点，培养学生果断起跳的意识，发展学生的力量、灵敏、协调等素质。

学情分析

本课的教学对象是八年级学生，由于现阶段的学生正处于青春发育期。从生理上看，身体的骨骼、肌肉、韧带、关节都处在快速增长时期；从心理上看，这一阶段的学生思维敏捷、模仿能力强、体能恢复快，有多半学生爱争强好胜，求知欲望高，因此正是开展体育锻炼的黄金阶段。虽然学生在小学田径模块中已经学习了跳跃知识，具备一定的知识基础，但不同学生的跳跃能力却有很大的差异，这从学生平时的课外锻炼中就可以看到。很多学生由于身体不协调，有力量却使不上劲；还有些学生由于采用不正确的跳远动作，导致下肢过早落地，或摔倒受伤。因此，合理地利用学生的生理和心理特点，有效地设计教学方法及手段，成为本课的重中之重。

资源利用

田径跑道 30 米直道、篮球场地；橡皮筋 8 根、体操垫 4 块、录音机 1 个、体操棒 8 根。

教学目标

1. 通过本课的学习，积极进行蹲踞式跳远的学习，领悟动作要领，提高学习的主动性与积极性。

2. 通过练习，能基本掌握蹲踞式跳远中助跑与踏跳的技术动作，提高弹跳、协调能力及速度与灵敏度，促进下肢肌肉、关节、韧带和内脏器官机能的发展。

3. 发展思维的敏捷性和有序性，并能和同伴相互探讨交流，表达成功的心理体验，培养勇敢、果断和勇于克服困难的意志品质，提高团队合作意识，体验学习跳跃动作的乐趣。

教学重难点

重点：踏板有力，起跳积极。

难点：助跑与踏跳的衔接。

教学过程

一、情境导入

1. 师生问好，检查人数，整理服装。

2. 结合2012年伦敦奥运会，以我国破世界纪录的体育健儿为突破口，引导学生说出跳远项目的世界纪录及保持者，然后导入本课。

3. 进行安全教育，安排见习生，要求在教师讲课时，见习生要旁听，并协助教师做好其他工作。

【设计意图】通过奥运会这一热门话题，激发学生主动学习的兴趣，明确本课的教学任务，为建立良好的师生氛围奠定基础。

二、激发兴趣

1. 集中注意力练习。

【设计意图】集中注意力练习以使学生更好地融入课堂。

2. 游戏“躲避电网”。

教师讲解游戏规则，各组长组织本组队员按规则进行游戏比赛，并强调注意安全。

【设计意图】激发学生兴趣，培养团队协作意识，让学生在快乐的氛围中得到充分的热身。

3. 专项辅助练习。

(1) 一步、三步助跑起跳。

(2)“欢呼雀跃”(收腿屈膝跳的同时双手高举做欢呼状)

【设计意图】通过专项辅助练习，为后面的内容做正确的引导及铺垫。

三、发展运动能力

1. 实践探索——学生合作实践、探索正确的助跑方法。

教师提出助跑、准确丈量步点的问题与要求，安排各小组有序地到指定地点进行体验练习、讨论，并得出结论，教师加以总结概括，确立正确的技术概念。

【设计意图】通过小组讨论，给学生充分的空间，让每一位学生都开动脑筋，积极参与，充分体现学生的主体地位，同时也培养学生善于思考、快速组织语言、大胆阐述的能力。

2. 超级模仿——一步助跑踏跳和三步助跑踏跳摸高练习。

教师讲解要领，做一步、三步助跑踏跳摸高的完整示范，学生分组练习、体会。

【设计意图】学生通过观察对比，巩固对在助跑与踏跳时手臂位置的印象，建立完整的助跑与起跳的技术动作概念，加强学生模仿动作的能力。

3. 完美结合——5～10 米距离助跑踏跳练习。

(1) 各小组组长明确任务，带领组员做完整动作练习，教师巡回指导，及时纠错，时刻提醒学生注意安全。

(2) 各组推选优秀队员进行展示，交流自己的练习心得，教师和学生共同观摩、讨论、评价。

【设计意图】完整练习是为了让学生体会助跑与起跳的完整技术动作，同时通过优秀生示范，使学生学会欣赏与评价。

4. 学以致用——游戏“跨过大渡河”。

观察学生在游戏中对新学技术的实践与应用，并不时提醒学生注意技术要点，以此来巩固本课学习的技术动作。

【设计意图】游戏环节并不是为了比出胜负，而是为了让学生感受学习的快乐，感悟技术提升的乐趣，享受运动带来的激情及成功的喜悦，同时也可以培养学生的团结协作意识，创造一个和谐的学习氛围。

四、恢复身心

1. 意境、拉伸放松。

【设计意图】配着柔和的音乐，听着意境放松的提示语，调节呼吸节奏；通过拉伸肌肉，使身心都得到放松。

2. 小结。

【设计意图】让学生学会自我评价，贯穿思想教育。

3. 师生再见。

课的部分	教学内容	教学措施与组织方法	时间（分钟）
开始部分	1. 体育委员集合整队，报告出勤情况。 2. 师生问好。 3. 宣布本课内容，明确任务。 4. 检查服装，安排见习生。	1. 教师提前布置场地。 2. 以跳远世界纪录保持者的话题引入本课，并提出要求。 3. 落实学习小组。 集合队形图示： ●●●●●●●● ●●●●●●●● ★★★★★★★★ ★★★★★★★★ ▲	2～3

（续表）

课的部分	教学内容	教学措施与组织方法	时间（分钟）
准备部分	1. 集中注意力练习。 2. 游戏“躲避电网”。 游戏方法：分为四组，每组各由两名同学手拉橡皮筋从队伍的前端向后跑动，再由后向前跑动。一个来回后，将橡皮筋交给排头的两位同学，并迅速跑回到队尾站立。以此类推，直至循环一轮结束（橡皮筋的高度在膝盖以下）。 要求：中间站立的同学做原地踏步跑加跳跃，躲避来回拉过的橡皮筋。在游戏过程中，各组在哪里触及橡皮筋，就从哪里继续进行，先轮换完的组为胜队。 3. 专项辅助练习。 (1) 一步、三步助跑起跳。 (2)“欢呼雀跃”。	1. 教师讲解游戏规则，各组长组织本组队员按规则进行游戏比赛，并强调要注意安全。 练习队形图示： 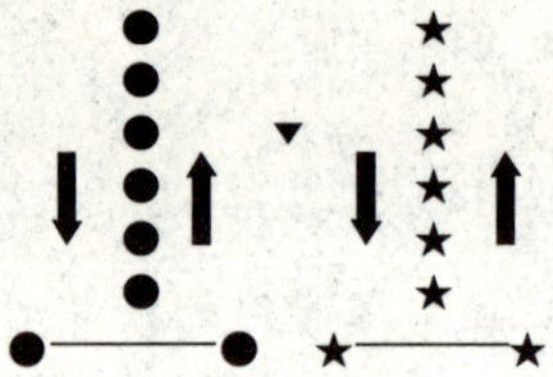 2. 教师示范专项练习，学生听口令集体学做。 练习队形：四列横队成体操队形站立。	8～9
基本部分	一、学习蹲踞式跳远的助跑与踏跳 1. 了解动作方法。 (1) 蹲踞式跳远助跑技术动作。 要点：放松自然，逐渐加速，最后几步加快步频，步点准确。 (2) 蹲踞式跳远踏跳技术动作。 要点：起跳脚踏上起跳标志后，蹬伸用力起跳快，摆臂摆腿配合快。 2. 学习助跑踩点——“看谁踩得准”。 3. 一步助跑踏跳和三步助跑踏跳摸高练习——“超级模仿”。	助跑与踏跳练习方法： 1. 各组进行助跑踩准练习，并在练习中归纳总结最佳方法。 2. 模仿一步助跑加踏跳和三步助跑加踏跳的摸高练习。 3. 分组练习一步、三步助跑加踏跳摸高练习。 4. 各小组自主尝试练习 5～10 米距离的完整助跑踏跳动作。 5. 优秀生示范，与大家交流经验。 教法： 1. 教师提出关于助跑、准确丈量步点的问题与要求，安排各小组有序地到指定地点进行体验练习、讨论，并得出结论，教师加以总结概括，给学生确立正确的技术概念。 2. 教师讲解要领，做一步、三步助跑踏跳摸高的完整示范，学生分组练习、体会。 3. 教师要求各小组组长明确任务，带领组员做完整动作练习，强调注意安全。	17～19

（续表）

课的部分	教学内容	教学措施与组织方法	时间（分钟）
基本部分	4. 5～10米距离助跑踏跳练习——“完美结合”。	4. 在练习时，教师巡回指导，及时纠错，时刻提醒学生要注意安全。 练习队形图示1： 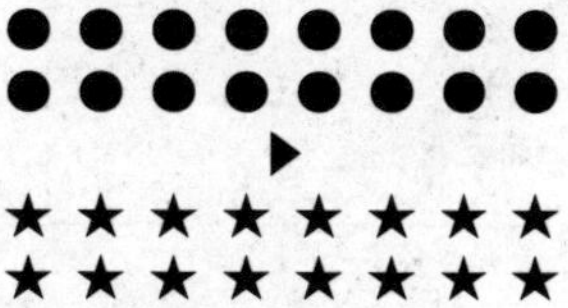 练习队形图示2： 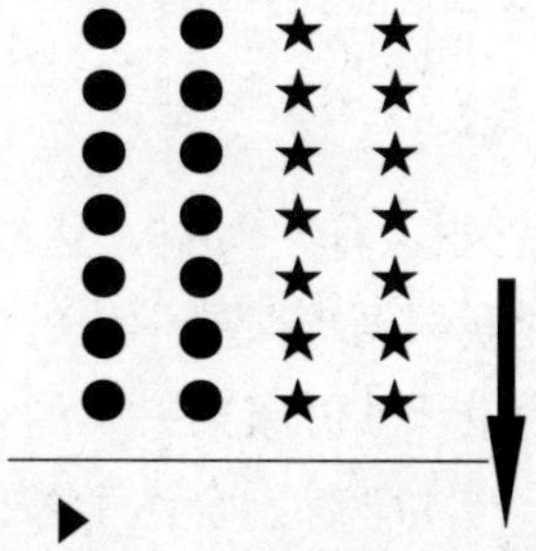	17～19
	易犯错误1： 起跳时，起跳腿蹬伸不充分。 产生原因：(1) 蹬伸用力不足，没有积极送胯；(2) 起跳腿落地时重心太低。	纠正方法1：同伴互助，反复做蹬伸及送胯练习；强调起跳脚在落地瞬间上体上提。	
	易犯错误2：助跑与踏跳衔接不连贯。 产生原因：(1) 起跳动作不熟练；(2) 助跑步子不稳定，动作紧张，节奏不明显。	纠正方法2：多做原地起跳模仿练习；反复做助跑练习，尤其是在最后几步时要加快节奏，快速转入起跳。	
	二、“跨过大渡河”游戏 游戏方法：全班同学平均分成人数相等的四组同学，成纵队站于起跑线后，在距离15米的场地中间放有四块垫子，比赛开始后，每组第一位同学跑出，经过垫子的时候必须采用本课学习的“助跑与起跳的技术动作”跨过体操垫，然后由折返点返回，跑回到起点，与本组第二名同学击掌后，第二名同学跑出，如此循环，先完成的一组为胜。	教法： 观察学生在游戏中对新学技术的实践与应用，并不时地提醒学生注意技术要点，以此来巩固本课学习的技术动作。 游戏队形图示： 	4～5

体育学科

（续表）

课的部分	教学内容	教学措施与组织方法	时间（分钟）
结束部分	1. 放松。 (1) 意境放松。(调节呼吸) (2) 拉伸练习。(放松肌肉) 2. 小结。 3. 安排学生收还器材。 4. 师生再见。	教法：教师示范，学生跟随练习。 要求：(1) 放松充分，认真听教师的小结；(2) 学生按要求收还器材。 组织：成四列横队站立。	3～5
负荷预计	中强		

教学反思

1. 明确任务，有序实施，达成目标。

本课课前我根据现阶段学生的生理、心理特点制订了相应的教学目标。教学中，我始终秉承“健康第一”的教育思想，以体育与健康新课标为依据，通过游戏引导、自主学练、合作学习的方式让学生了解蹲踞式跳远的相关知识，掌握本课的学习内容及技巧方法，激发学生在尝试、交流、体验、展示过程中的学习兴趣，培养学生的创造性思维能力和解决问题的能力，建立积极参与体育活动的态度和行为，同时也顺利圆满地完成了本课的教学目标。

2. 转变理念，挖掘教材，激发兴趣。

新课改以来，新课程理念要求我们更新观念、更新知识、转变角色，改变课程过于注重知识传授的倾向，让学生学会学习、学会合作，倡导学生主动参与，在教学中尊重学生，让学生做课堂真正的主人。因此，在课中我深挖教材，并结合学生的实际，利用相关游戏，调动每一位学生学习的积极性，充分发挥教师的主导作用，体现学生的主体地位，以教师鼓励、学生之间相互激励的教学手段，使学生在探讨中学习，在挑战中进步，逐步树立自信，逐渐获得真理，并在自定目标的挑战中提高运动技能，获得成功的体验。

3. 保持特色，发现问题，合理改进。

(1) 亮点特色。

在本课中，我采用了递进式的教学手段，利用多种引导练习使原本不易理解的技术动作变得由浅入深、循序渐进，确保了技能教学的有效性，合理运用“以学定教”的理念，积极探索蹲踞式跳远有效的“教”与“学”的方法，使教师的“教”真正为学生的“学”服务。与此同时，本课还加强了对学生的个体差异的关注，根据差异进行教学，培养学生合作分享的意识，让学生真挚的情感流露，让有效的技能方法在队友的相互诚挚拥抱中交流，让每个学生都能树立积极学习的自信与勇气，并使每个学生通过自己的探索，体会创造的魄力，提高创新的能力。

（2）存在的问题及改进措施。

再好的教学方法在实施过程中也有不尽如人意的地方，我的这节课也不例外，如本课的助跑踏准环节对知识面拓宽延伸不够，使得学生掌握的知识面略显局限；在观察评价环节里，学生的思维模式有些僵化，但我没能给予一定的引导和提示，让学生多角度、全方位地进行高效的、有意义的评价。针对这些问题，我将从以下几点进行改进：

第一，设置一些探索性问题，留给学生充分思考的空间，让解决问题的途径多样化，这样才能有利于培养学生的探索意识、创新意识，使所有学生都能够积极参与到课堂活动中来。

第二，要善于运用多种受学生欢迎的手段和方法，激发学生的学习动机，唤起学生的求知欲，给学生更多的时间和表现机会。

总之，成功的课堂教学是教师智慧的展现，也是教学经验的积累，它将深深地留在我们的记忆里，值得我们细心回味和深刻反思，也激励着我们不断探索教学的真谛。

个人简介

田菲，中学一级教师，任教于陕西省宝鸡高新中学，曾获“陕西省教学能手”“校先进教育工作者”等称号。

专家点评

本课的设计以“健康第一”为指导思想，以发展学生个性、激发学生练习兴趣为出发点，创设开放性的课堂教学氛围。教师采用多种方法，激发学生兴趣，关注学生差异，让学生在学练的过程中既掌握了知识技能，又陶冶了情操、培养了能力，使课堂成为学生创造和展示的舞台，让学生真正成为课堂的主人。整个教学过程将“乐学、自学”贯穿始终，使学生始终处于积极、活跃、主动的状态，为学生的终身体育学习打下良好的基础。

1. 创设情境，让教学在互动中导入。

一年之计在于春，一课之际在于“头”。课堂的导入犹如戏剧的序幕、乐曲的前奏，导入的效果对整节课的教学起着“定调”的作用。在本节课中，田菲老师用生动的语言与富有情趣化的问题唤起学生的认知情感，激发学生的学习兴趣，通过有效的情感沟通，让学生不知不觉地进入角色，为课的进一步推进埋下伏笔。

2. 抛砖引玉，让主体在参与中愉悦。

在本课教学中，教师打破了原有的教学模式，精心预设问题，为引发学生的讨论抛砖引玉，变先教后学为先学后教，把学习的自主权交给学生，让学生在讨论中互动探究、各抒己见、取长补短、归纳总结，最终达到学生自我解决问题的目的，使学生的自主意识得到了增强，也让课堂氛围显得“活”而不乱。

3. 相辅相成，让技术在体验中生成。

田菲老师在本课中特别注重前后衔接，在学生学完新知后，选配与内容衔接的游戏进行练习，旨在让学生对已学知识进行练习，使学习的新技巧和游戏相得益彰、复习巩固的环节过渡自然。学生在追逐玩耍中自然地巩固了技术动作，既使身心得到愉悦，又使技能得以实践，真正达到了“乐中学、学中乐”的教学效果。

4. 鼓励拥抱，让分享在诚挚中升华。

“嘀!”随着响亮的一声哨响，学生的游戏结束，看到学生那一张张因为兴奋而红扑扑的脸庞，有的充满了喜悦，有的却充满了惋惜、不服和埋怨。按照常规，做游戏输的一方要接受惩罚，可田菲老师的决定让我眼前一亮，她让胜利的同学给失败的同学一个有力的握手和一个大大的拥抱，并告诉对方自己成功的方法和窍门。这样的分享，这样真挚的感情传递，无形中让学生学会了包容，懂得了分享。

对于本课教学，我有这样一些教学建议。

第一，在观察评价环节，应让学生学会多角度地观察、全方位地评价。

第二，通过体育课，给学生渗透友好、合作、竞争、公平、公正等体育精神，使“我运动，我健康，我阳光，我快乐”深入学生的心灵。

总体来说，本节课无论从设计上还是实践上，始终大胆地让学生自己自主、合作、探究地学习，这是寄寓于学生的差异和需要的有效教学。在教学方法上开放、多元，面向全体，关注每一个主体，从“一对多的教学”转向“多对多的教学”。理性的思考、快乐的合作在充满活力的体育课堂上得到了充分体现。

西北工业大学附属中学　屈中乾

“接力跑——下压式传接棒”教学设计

榆林市实验中学　李　鹏

教材分析

“接力跑”是体育与健康八年级第二章第一课时田径教学的主要内容，教材为华东师范大学出版社出版。“接力跑”是发展学生接力跑和速度素质的教学内容。通过接力跑练习，不仅可以提高学生的接力跑能力、快速反应能力、机体无氧代谢能力，而且可以培养学生勇往直前、奋发向上的精神，对于促进学生生理、心理健康发展起着积极作用。初中阶段的接力跑教学要求学生在体验接力跑乐趣的基础上，激发学生的学习兴趣，发展学生的接力跑能力，掌握传接棒的基本技术与技能，以积极进取的态度和行为参与接力跑锻炼。同时，接力跑作为人类的基本活动能力之一，在日常生活中，特别是在进行一些积极性身体活动方面，有着极为重要的意义。

学情分析

本次课的授课对象为八年级学生，学生组织纪律性欠缺，与他人合作方面有一定困难，存在体质普遍较弱、运动技术较差的现象。但他们的求知欲强，学习积极性高，上进心强，平时活泼、好动，心理素质较好，好胜心强，敢于表现，而且该年龄段的学生掌握技术动作比较快，接受能力较强，具有较强的创造力和自学能力。

资源利用

运动场地、哨子、接力棒等。

教学目标

1. 通过接力跑的学习，让大部分学生参与到教学中，培养学生对接力跑运动的兴趣，体验参与运动的快乐，养成体育锻炼习惯。

2. 通过学习接力跑技术，能分析归纳自主、合作、探究性学习的方法，打好技能基础。

3. 通过接力跑的学习，使学生形成热情、开朗的性格，具有进取精神和合作交往的能力，提高自我评价能力，培养团结协作、密切配合的集体主义精神。

教学重难点

重点：初步掌握“下压式”传接棒的技术，进一步发展学生的快速跑能力。

难点：掌握传接棒的时机及稳定性（稳、准、牢、快）。

教学过程

教学过程	时间	教学内容	教师活动	学生活动	组织要求
开始部分	2分钟	课堂常规。	1. 督促学生集合。 2. 向学生问好。 3. 宣布本次课的教学任务和内容。 4. 安排见习生。 5. 认真做好准备活动，以防意外事故发生。 6. 整理服装。	1. 听口令在指定地点集合。 2. 教师问好。 3. 听教师讲解。 4. 见习生在旁边听课。	○○○○○ ○○○○○ ○○○○○ ○○○○○ △ △表示教师 ○表示学生
准备部分	8分钟	1. 听哨音跑。 一声哨音：逆时针跑。 两声哨音：前踢腿跑。 2. 报数游戏。 3. 关节操。 (1) 小步跑。 (2) 摆臂练习。 (3) 体转运动。 (4) 高抬腿运动。 (5) 踢腿运动。 (6) 腹背运动。 (7) 侧压腿。	1. 教师讲解听哨音跑的方法。 2. 教师组织学生进行听哨音跑。 教师讲解报数游戏。 1. 教师讲解，示范动作，练习次数4～8拍。 2. 教师口令，师生同练。	1. 听教师讲解。 2. 在哨音的带领下进行练习。 1. 听教师讲解。 2. 听数抱团。 1. 认真听教师讲解、看示范。 2. 在教师的口令下进行练习。	学生围成一个圆圈进行学习。

（续表）

教学过程	时间	教学内容	教师活动	学生活动	组织要求
基本部分	25分钟	1. 学生徒手分组接力跑练习。 2. 教师讲解下压式接力跑传接棒技术。 3. 学生原地练习传接棒技术。 4. 间隔5到10米练习传接棒技术。 5. 绕圈练习传接棒技术。	1. 教师观察并提出问题。 2. 教师讲解示范。 3. 教授口诀。 （1）接棒：一合二张三夹四伸。 （2）交棒：一放二压。 4. 分组进行练习教师指导并讨论。 5. 鼓励学生展示。 6. 讲解方法及要求并纠错。 7. 指导练习。 8. 评价。 9. 教师讲解比赛的方法和要求。 10. 组织学生进行分组比赛。	1. 学生认真听讲，观察示范。 2. 原地进行徒手练习。 3. 原地进行交接棒练习并讨论。 4. 学生展示。 5. 分组练习并讨论。 6. 学生间相互评价。 7. 学生认真听讲解，选出参赛人员。 8. 分组进行比赛。	○○○○○ ○○○○○ ○○○○○ ○○○○○ △ 分组间隔5到10米进行练习。 分组绕圈比赛。
结束部分	5分钟	1. 课堂常规。 2. 放松操。	1. 讲解、示范。 2. 带领学生一同练习。	1. 尝试模仿学习。 2. 与教师一同练习。	集合队形。

教学反思

本节课的亮点：

1. 在教学中坚持“健康第一”的指导思想，充分体现以学生为主体、教师为主导、练习为主线，不失时机地表扬鼓励学生，激励他们积极参与体育教学的全过程，关注每一位学生的发展，使他们都获得不同程度的提高。

为了实现这一教学理念，在教学结构上，我设计了以学习下压式传接棒的技术为主线，以各种游戏、趣味练习和教学比赛为副线的教学情境，激发学生的学练兴趣，培养学生的良好习惯，开发学生的创新思维。在教学环境中，充分利用有限的运动场地进行合理的布局，给学生尽可能大的活动空间；在教学手段上，利用示范建立概念，利用讲解加深印象，利用练习体会技术；在评价方式上，把学生的自评、互评与教师的点评相结合，使学生的鉴别能力得到发展；在能力培养方面，通过小组互助学习和小组竞赛等形式，培养学生的协作能力和主动锻炼身体的习惯，发展学生的终身体育。

2. 在教学中力求讲解言简意赅，示范动作准确到位。在进行分组练习时，考虑到学生的个体差异，让他们根据自己的实际水平自主选择、自由组合，鼓励他们大胆尝试，勇于挑战自我，体会成功的快乐。在教学中，始终注意对体育骨干的培养工作，小组长由学生自己推选，积极协助教师进行课堂的管理与教学。最后通过教学比赛全面提高学生的身体素质，在实践中运用、巩固和提高学过的技术，培养学生的组织能力和团队意识。

本堂课顺利地完成了预定的教学目标，达到了预期的教学效果。通过总结，我感到还存在一些不尽如人意的地方。

1. 在教学中，对学生存在的共性问题能及时进行指导，但对于学生的个体问题的纠错不够及时、不够透彻。

2. 在教学中应进一步加强德育渗透。

3. 在讲解和指导学生时，普通话不够标准，导致一部分学生没有理解教师的意思。

4. 课前要告知学生评价规则，避免学生在小组评比时，情绪激动，不遵守课堂纪律。

存在的这些问题，都是我在今后的教学中需要努力改进的，希望通过自己的积极探索和不断总结，使每一名学生感受到体育的快乐和成功的喜悦。

个人简介

李鹏，中学一级教师，现任职于榆林市实验中学，担任体育教研室主任，主管学校体育教育教学和教师培训工作。获得“陕西省教学能手”称号，并多次被评为市级优秀教师、优秀党员。

专家点评

本课教学，从场地器材的布置到练习形式的多样化都体现了新课标的可操作性和可检测性，是在以学生为主体、教师为主导的教学理念下，让学生学习下压式接力跑。本课值得学习的地方是：

首先，李鹏老师把激发学生的兴趣放在首位，以“趣”贯穿始终，活跃课堂，为学生营造了轻松、愉快的学习氛围。

其次，同一个技术动作采用了不同的练习形式，同时不同的练习形式都围绕学生与学生之间的互相合作进行，教师的主导作用得到了充分发挥，真正体现了学生在学习中的主体地位。整堂课，学生和学生、学生和教师融为一体，为体育教学创设了一个良好、和谐的课堂氛围。

再次，教学过程中，李老师时刻关注学生的个体差异，并及时进行诊断性评价，帮助学生树立信心，让学生在愉悦和谐的氛围中学习，达到了教与学的和谐统一。

本节课有待改进的地方是教师还需加强现有知识结构，改进教学方法和教学手段，提高教学设计的水平。相信经过努力，每一位在工作中勇于探索的教师都能做得更好。

西北工业大学附属中学　屈中乾

“水平四田径：快速跑——终点撞线技术”教学设计

咸阳长庆子弟学校礼泉分校　陈拥军

教材分析

本课内容选自人教版体育与健康教材。快速跑是以最快速度跑完规定距离的项目，它是中小学田径教学的主要内容之一，虽然学生从水平一到水平四都要学快速跑，但是不同水平段的要求却不相同。根据体育与健康新课标“以‘健康第一’为指导思想，以学生发展为中心，激发学生的运动兴趣，关注学生的个体差异，保证每一名学生受益”的理念，遵循体育知识、技能螺旋上升的教学规律，我在水平四八年级快速跑单元教学中，共设计了六个课时，其中，终点撞线技术是第三课时。它主要针对在径赛短跑类项目比赛与测试中，学生跑过终点时经常会出现跳过、跨过、身体后仰或急刹车等现象，而有目的地设计的短跑技术规范与提升课。同时，本课也对途中跑技术进行了专项提高练习。

学情分析

本次教学对象是中学八年级男生。这一年龄段的学生正处于青春期，他们的生理发育进入了一个高峰期，运动能力大幅度提高，有很强的求知欲和表现欲。同时，这一年龄段的学生因受遗传和后天锻炼等因素的影响，存在着个体差异，而且部分学生的身体素质相差悬殊。此外，八年级学生也已具备一定的自学、自练和合作能力，在教师的引导下，他们初步具备了探究、分析、解决问题的能力。

教学目标

1. 通过自主与合作练习，学生能简述终点冲刺跑的动作要领，能正确区分途中跑和终点冲刺跑的不同之处；85%以上的学生能在 50 米直道上较规范地完成终点冲刺撞线技术；通过各种快速跑练习发展学生的灵敏性、协调性与奔跑能力。

2. 以终点跑为载体，逐渐培养学生的合作意识和顽强拼搏的意志品质，提高学生面对失败时的抗挫折能力。

教学重难点

重点：终点冲刺跑撞线技术动作（上体前倾，跑动中以胸部或肩撞过终点线）。

难点：撞线的时机（纠正学生可能过早做撞线或提前减速动作）。

资源利用

本次课的主要教学内容在 6 条 80 米田径跑道上进行，利用 4 条软梯进行步频专项练习；使用终点撞线教学挂图和用 2 根长跳绳、8 根短跳绳做终点线相结合的方法，通过学、练，让学生形成一个正确的终点冲刺撞线技术动作概念；最后用两段音乐创设情境，提高教学效果，从而较好地完成教学目标。

教学过程

课的结构	课的内容	组织教法与要求	时间（分钟）	强度
开始部分	1. 体育委员整队、清查并报告人数。 2. 师生问好，检查着装。 3. 宣布本课内容、任务及要求。（中国的100米纪录是多少？张培萌10秒，引出课题） 4. 安排见习生。（让见习生参与他能参与的活动）	组织队形如下图 * * * * * * * * * * * * * * △ 要求： 1. 集合做到静、齐、快。 2. 精力集中、精神饱满。 3. 见习生随堂听课。	3	小
准备部分	1. 绕场慢跑：做“突出重围”的游戏。 2. 原地徒手操。 (1) 扩胸运动。 (2) 振臂运动。 (3) 体转运动。 (4) 腹背运动。 (5) 侧压腿运动。 3. 跑的专项练习。 (1) 原地摆臂练习。 (2) 小步跑。 (3) 高抬腿跑。 (4) 后踢脚。 4. 学生分成六组，完成两组30米加速跑。 5. 途中跑技术提高专项练习。 跑软梯方格（步频练习），每人4至5次。	引导学生养成有序运动的习惯，培养学生遇到困难能巧妙解决的能力。 学生原地做行进间徒手操。 要求：动作整齐、到位，各4×8拍，师生共同进行热身活动。 充分热身，并通过专项练习规范学生的技术动作。教师领做，并指导纠错。 纠正与规范学生的途中跑技术。 重点：蹬地与前摆。 引导学生根据自身情况进行针对性练习，全班分成四组，在羽毛球场地有序进行练习。	2 3 2 3 4	中

（续表）

课的结构	课的内容	组织教法与要求	时间（分钟）	强度
基本部分	1. 学习终点冲刺跑。 终点冲刺跑指全程跑中最后一个跑程，包括终点跑和撞线技术两部分。它是指全程跑最后15～20米的一段距离，动用全部力量，以最快的速度跑过终点。 撞线技术要领：加强蹬地力量和两臂的摆动，到终点一步时，上体迅速前倾，用胸或肩撞线，顺利跑过终点（不停、不有意减速）。 易犯错误：到终点跳步压线，提前减速，提前做压线动作。	1. 请几位学生做一组冲过终点的动作展示。 教师示范一遍（蹬地、前倾、挺胸、顺势跑过）。 师生动作对比（请同学们认真观察、思考、讨论、发言）。 教师利用教学挂图讲解终点冲刺跑技术。 终点跑距离长短应根据径赛项目特点和运动员训练水平确定。通常100米跑项目冲刺跑距离为15～20米。	2	小
	2. 学生集体练习。 方法：原地练习；慢跑几步练习；中等速度练习。	2. 练习。 （1）慢跑做上体前倾撞线动作。 要求：（原地、慢跑利用跑道线做动作）上体前倾要急速。 （2）中速跑做撞线动作。 要求：不减速，不跳跃，不跨大步。	3	中
	3. 分组练习。 全体学生分成六组，并请学生当小组长，协助教师组织练习。	3. 利用跳绳当终点线，让学生分角色轮换练习。 重点：让每一名学生体验自己第一个冲过终点撞线的成功喜悦。 教师巡回指导，学生自主练习。	3	中
	4. 小组展示。	4. 教师可根据不同学生情况，让他们让距跑，减小学生之间的先天速度差异。	3	高
	5. 全班合练。 模拟运动会短跑比赛，进行终点撞线技术的应用实践。	5. 播放运动员进行曲，分组进行模拟运动短跑比赛。	3	中

（续表）

课的结构	课的内容	组织教法与要求	时间（分钟）	强度
结束部分	1. 放松活动。 先拉伸，后拍打与抖动放松。 2. 课堂小结。 3. 布置课外作业。 4. 安排收归器材。 5. 师生问好，下课。	组织：二列横队站立。 要求：全身放松、心情愉快。 * * * * * * * * * * * * * * Δ 作业：学生利用课余时间复习终点撞线技术。	3	小
预计脉搏曲线图	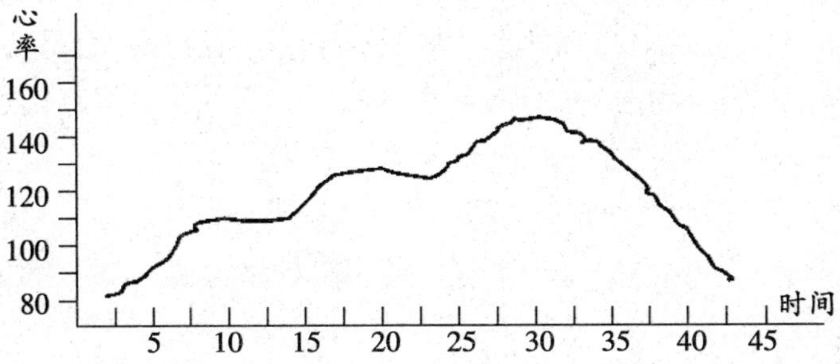 		练习密度	35%左右

教学反思

本节课是八年级快速跑单元教学的第三课时。在教学中，我始终坚持“健康第一”的指导思想，充分体现以学生发展为中心，辅以教师的引导，并结合快速跑项目的教学特点，采用了讲解示范、分组练习、分层教学、合作学习、趣味竞赛等多种教学方法，循序渐进、层层深入，让学生在练习中实践与应用撞线技术动作，较好地完成了本课所设置的教学目标。在评价方式上，我将学生的自评、互评与教师的点评相结合，使学生养成客观评价自己和他人的习惯。本节课较为成功的地方主要有三点。

1. 教学环节清晰，主辅教学内容搭配合理。

主教材为学习快速跑终点撞线技术，辅教材为复习途中跑技术动作，这样的设计既有利于短跑单个技术的重点学习，也有利于短跑整个单元系统的学习，同时借助跑软梯的练习，教给学生提高步频的方法，体现了“授之以鱼，不如授之以渔”的教学理念。

2. 教学重点的突破直观高效。

为了让学生形成正确的终点撞线技术，我利用学生、教师不同撞线动作的对比示范与讲解教学挂图相结合的方法，使学生直观且准确地学习了终点撞线技术的动作要领，并通过原地撞线练习、慢跑几步撞线练习、中等速度撞线练习，循序渐进地让学生较好地完成了教学目标的学习。

3. 准备活动新颖，体现了寓教于乐的理念。

学生通过慢跑绕圈“突出重围”的游戏，既完成了热身活动，又体验了遇到困难，应该有序不慌乱，集思广益想出合理办法，协同突破困境的成功乐趣。

本次课不足之处主要有两点。

1. 教具选择不合理。本节课因是异地上课，为了便于准备器械，我选择用长短跳绳做终点线。这个办法简单实用，但在实际教学中，因学生的本能与好奇心，他们拿到跳绳后就想玩跳绳，而不是用它做终点线。我认为，如果选用长短跳绳做终点线，可在准备活动部分中引入花样跳绳练习，这样既丰富了教学内容，也有利于后面的终点撞线教学。此外，也可直接选用红丝带做终点线进行教学，避免学生因好奇而做“多余”练习。

2. 课前准备不充分，音响没有提前调试好，用音乐营造运动会的环节和放松部分都没有音乐的配合，影响了部分活动效果。

个人简介

陈拥军，中学高级教师，咸阳长庆子弟学校礼泉分校体育教师，曾获“陕西省教学能手”“德育先进工作者”“陕西省石油普通教育管理移交中心中学体育学科带头人”等称号。

专家点评

本课教学理念符合新课标要求，教学设计科学合理，教学反思客观务实。教师根据学生的身心特点，结合学生自身运动水平，设计了一系列教学活动。教学整体以学生为主体，注重学生自身体验，通过合作学习，使学生掌握技术技能。教学过程中有学生的个体活动，也有分组活动。通过这些练习，不仅让学生掌握了基本技能，也让学生学会了思考和合作，这是本节课最大的亮点。

这节课有待改进的地方有：首先，教师在教学方法方面需要做得更完善一些。其次，该设计能突出学生发现问题、探究问题、理解问题的过程，在突出重点上，如果能把学生探索学习重点环节凸显出来，效果会更好一些，特色会更鲜明一些。

西北工业大学附属中学　屈中乾

陕西省中小学教学能手优秀教学设计集

音乐学科

《嘎达梅林》教学设计

西安市第六十七中学　陈　煜

教材分析

交响诗《嘎达梅林》是人民音乐出版社（2001版）八年级上册第四单元“音诗音画”中的欣赏内容。《嘎达梅林》音乐素材取自于一首同名蒙古民歌，并运用奏鸣曲式的结构创作而成。乐曲内容描写并歌颂了蒙族英雄嘎达梅林率领牧民起义，及其与当时残酷的封建王爷、军阀英勇战斗的悲壮事迹。

《义务教育音乐课程标准（2011年版）》（以下简称音乐新课标）中明确指出：“应将我国各民族优秀的传统音乐作为音乐教学的重要内容。通过学习，学生熟悉并热爱祖国的音乐文化，增强民族意识、培养爱国主义情操。”嘎达梅林是一个传奇的民族英雄，《嘎达梅林》是对英雄的致敬与颂赞，通过欣赏作品，学生不仅能感受音乐的丰富表现力和音乐的美，还会对其人生观、价值观起到一定的影响作用。

学情分析

由于《嘎达梅林》这首民歌流传较广，学生对歌曲的旋律并不陌生。因此，会对欣赏交响诗《嘎达梅林》产生浓厚的兴趣。尤其是乐曲结尾部分出现的歌曲《嘎达梅林》的旋律，使学生更容易贴近作品、表现作品，并更好地理解作品的内容和情感。

资源利用

多媒体课件、民歌《嘎达梅林》、叙事长诗《嘎达梅林》片段。

教学目标

1. 了解交响诗的定义及特点。

2. 分析音乐要素（如节奏、旋律、音色、速度、力度）在营造意境、塑造形象时的作用。

3. 理解音乐所表现的内容及意境。

4. 通过欣赏作品，了解民族英雄嘎达梅林的故事，产生爱戴民族英雄、感悟民族精神的情感体验。

教学重难点

重点：引导学生通过各种形式感受作品所要表达的情绪情感，分析音乐要素（如节奏、力度、速度及旋律特点等）在表现音乐时起到的作用。

难点：参与体验音乐要素使用的变化，及其在表现音乐形象及内容时的作用。

教学过程

一、导入

1. 聆听《嘎达梅林》。(马头琴演奏民歌主题)

【设计意图】 通过感受美，点出“这样的草原美景，值得我们去歌颂，值得我们去赞美，更值得我们去保护”的主题，为之后的拓展意义做铺垫。

2. 了解《嘎达梅林》故事概要。

二、出示课题：交响诗《嘎达梅林》

1. 认识作曲家。

聆听交响诗《嘎达梅林》的音乐片段，想象作曲家的年龄、性别、性格特征。

【设计意图】 帮助学生理解作曲家辛沪光的创作心理及其具有的刚毅性格和高尚情操。

2. 欣赏并分析作品。

(1) 欣赏第一主题“美好的家园，幸福的生活”。

学生通过唱每小节以主音感受作品。

【设计意图】 借助“柯尔文手势”帮助学生继续建立音高概念，并通过演唱主音、聆听主题的方式，培养学生对音乐和声的感受。

(2) 第一主题发展对比。(使用音乐波形图)

学生通过听觉和视觉感受对比音乐情绪的变化，分析变化产生的原因。即音乐要素中力度、速度及配器的变化。

(3) 第二主题“号召起义”。

学生通过各种形式的参与，找到音乐中最具号召力的部分并探寻原因。

【设计意图】点出附点节奏，具有推动效果。

(4) 第三主题“驰骋草原”。

学生通过骑马的动作、打响舌等形式感受作品情绪。

【设计意图】发挥学生想象，让学生参与到音乐的表现当中。

(5) 第四主题“嘎达牺牲”。

让学生找出该场景使用了之前哪个主题的旋律，结尾处加入了什么乐器，预示了怎样的结局。

【设计意图】点出使用定音鼓能将英雄的牺牲表现得恰到好处。

(6) 多次聆听，感受《嘎达梅林》民歌主题。

民歌主题出现四次，第一次静静聆听，第二次加入教师朗诵，第三次加入学生朗诵，第四次引导学生小声歌唱。

【设计意图】由于这是学生熟悉的旋律，静听四次会显得十分单一。加入教师及学生声情并茂的朗诵，容易使学生走进故事情节，融入音乐情绪中。第四次的小声跟唱，让学生由被动感受转为主动感受，并为之后演唱《嘎达梅林》歌曲环节做好铺垫。

(7) 演唱歌曲《嘎达梅林》。

运用所学的演唱知识和技能，表现歌曲《嘎达梅林》，进一步体会作品所表达的情感，加深主题印象。

【设计意图】通过欣赏使学生的情感、态度发生变化，通过演唱让学生记住音乐主题，通过自己的表演加深对作品内容、情感深度的理解。

(8) 尾声。

学生分析乐曲尾声段落出现了之前哪几个音乐主题或主题动机，具有怎样的不同意义。

【设计意图】让学生领会主题意义的升华，情感、精神的延续。

(9) 交响诗的定义及特征。

① 定义：一种单乐章的标题交响音乐。特征：把标题交响乐和诗歌联系起来。

【设计意图】在欣赏、感受音乐的基础上来理解交响诗的定义及特点，就会变得更容易、更深入。

② 播放民间叙事长诗《嘎达梅林》朗诵片段。

【设计意图】深入理解交响诗的特征，揭示嘎达梅林起义的意义以及传奇故事《嘎达梅林》对今天人们的启示。

三、课堂小结

再次点题，首尾呼应。“当我们看到祖国的美丽景色，想要去歌颂、去赞美的同时，想到的更多的应该是要保护家园。”

教学反思

1. 达到预期的教学目标。

作品沿着《嘎达梅林》的故事情节这条线索逐渐展开，用给主题加标题的方法，帮助学生记住主题。针对各主题设计学生活动，让学生在活动中探寻音乐要素在营造意境、塑造形象时的作用。学生通过演唱、朗诵、肢体律动等活动，积极主动地参与到教学活动中，并通过自己的表现，达到情感、态度的升华，有效达成了教学目标。

2. 结合教学理念，优化教学行为。

围绕“以音乐审美为核心，以兴趣爱好为动力”的教学理念，我让学生通过聆听音乐来感受诗的意境美，让学生通过视觉、听觉、动觉的参与，感受作品中蕴含的抒情美、冲突美、赞颂美等。在教学过程中，我关注并重视培养学生学习音乐的兴趣，以发展学生学习音乐的兴趣。这既是学生学习的重要基础和根本动力，也是鼓励学生在音乐上持续发展、终身热爱音乐的根本保证。

“强调音乐实践，鼓励音乐创造。”我有意通过各种有效的途径和生动活泼的教学形式，引导学生走进音乐，如让学生通过语言描述、身体律动、演唱、朗诵等方式主动参与音乐活动，感受音乐作品的内容及其所表达的情感，使学生在亲自参与教学活动中喜爱音乐，掌握音乐的基本要素和技能，逐步养成欣赏音乐的良好习惯。

本节课，学生乐于参与教学活动，对交响诗《嘎达梅林》的学习表现出浓厚的兴趣。学生通过自己的主动参与，感受到了音乐所表达的内容及情感，并在再次的参与活动中，表达了自己对作品的理解。

3. 注重学生的参与体验。

教学注重学生的主动探究，通过音乐波形图、猜想作曲家等活动，引导学生主动学习、主动探究；注重学生的音乐审美体验，通过聆听、演唱、朗诵等形式使学生达到情感态度的升华。

4. 教学再设计时应注意的问题。

在提出“有人为了保护草原献出了自己年轻的生命，你们知道这位英雄人物是谁吗?”这一问题后，学生没有回答。这种情况使我意识到，在今后的教学中，要注重学生课前的预习，只有学生对故事情节、人物性格及音乐旋律有了大致的了解，才更有利于达到更好的教学效果。

“嘎达牺牲”主题过后，民歌主题不断响起，学生通过聆听、朗诵、演唱等方式参与其中，逐步升华情感，如果在此基础上，让学生带着自己对民族英雄的敬佩、哀悼之情跟随钢琴伴奏来表现作品，甚至加入自己的创造进行表演，教学效果会更突出。

个人简介

陈煜，中学一级教师，西安市第六十七中学音乐教师，曾获“陕西省首批中小学教学新秀”“西安市教学能手”“陕西省教学能手”等称号。

专家点评

由新中国第一批女作曲家辛沪光创作的《嘎达梅林》是一部运用奏鸣曲式结构创作的交响诗，乐曲全长约20分钟。这种结构复杂、时间较长的欣赏作品往往是教师设计教学的难点。由陈煜老师执教的交响诗《嘎达梅林》欣赏课，教学设计新颖独特，目标设计准确合理，教学环节层层递进，关注了音乐学科的课程性质，在教学中成功地体现了人文性、审美性与实践性。

1. 通过有效的手段让学生自始至终关注音乐。

在第一主题发展对比中，通过音乐波形图的使用，使学生通过听觉、视觉体会音乐情绪的变化。分析音乐要素变化产生的原因时，引导学生主动分析速度、力度、音色在音乐中起到的作用。为“辽阔的草原，幸福的生活”“号召起义”“驰骋草原”几个主题设计肢体动作，让学生参与教学活动，帮助学生记住了主题、体验了音乐所表达的情绪情感。在《嘎达梅林》民歌主题响起时，通过聆听、朗诵、演唱的等方式使学生逐步升华情感，达到情感态度的深度体验。

2. 关注学生对民族音乐家的认识。

用播放描绘战争场景的音乐片段，引导学生猜想作曲家会是怎样一个人(从年龄、性别、生活地域进行猜想)，加深学生对作曲家的印象，帮助学生理解作曲家的创作心理及作曲家所具有的刚毅性格和高尚情操。

3. 对于“交响诗”定义及特点的学习，易于学生理解。

在讲解交响诗的特点时，加入民间叙事长诗《嘎达梅林》的朗诵片段，既帮助学生理解了交响诗是标题交响乐和诗歌紧密联系起来的特点，也为嘎达起义的意义拓展做了铺垫，具有承上启下的作用。

整节课的教学清晰流畅，激发了学生的兴趣，有效达成了教学目标。

陕西省教育科学研究所　王　霞

《森林之歌》教学设计

宝鸡高新中学　刘　霄

教材分析

《森林之歌》是人教版音乐八年级下册第四单元的一首歌曲，是纪录片《绿色的祖国》的插曲，歌曲表达了对绿色森林的无比热爱。

音乐新课标中对本课的要求为，能够在感知力度、速度、音色、节奏、节拍、旋律等音乐表现要素的过程中，根据自己的体验说出音乐要素的表现作用；能够自信地、有感情地演唱歌曲。

《森林之歌》是八年级音乐唱歌课中最具代表性的一首歌曲，是歌唱森林的优秀作品，以弱起、附点、三连音、切分等非常规节奏形态贯穿全曲，感情浓郁、结构清晰、旋律流畅、音域适中，在本册教材中占有非常重要的地位。

学情分析

八年级的学生已经具备了一定的音乐知识和唱歌方法，但基础知识还不够扎实，缺乏良好的学习习惯。他们活泼好动、个性鲜明，喜欢流行音乐，有较强的参与意识，但表达能力不强。因此，需要进一步加强对音乐知识的学习，养成正确科学的唱歌习惯；需要同学间进行有效的分工合作，共同配合完成探究任务；需要积极感受音乐，大胆表现音乐，勇敢尝试音乐创作；需要掌握在变声期保护嗓音的知识、方法。

资源利用

音乐教室、钢琴、多媒体课件、课本。

教学目标

1. 通过歌曲《森林之歌》的学习，丰富学生的情感体验，提高学生的音乐审美能力，培养学生热爱自然、爱护森林的情怀，懂得与大自然和谐相处的道理。

2. 通过聆听、模唱、小组合作、比赛、探究等多种形式的活动，引导学生体验、感受音乐，培养其对音乐的好奇心，增强集体意识、创新意识和合作能力。

3. 通过本课的学习，能够充满感情地演唱《森林之歌》，掌握三连音的节奏，唱好后半拍起唱，唱准上波音并体会“语断意不断”的效果。

教学重难点

重点：能够充满感情地、准确地演唱《森林之歌》。

难点：掌握三连音的节奏，唱准上波音，唱好后半拍起唱。

教学过程

一、课前交流

拍手演唱《啦啦歌》（快乐大本营版）。

【设计意图】用《啦啦歌》与学生互动，拉近师生的距离，同时起到了基本的发声练习作用，让学生以更饱满的精神面貌走进课堂。

二、激趣导入

学生分组，并以树木的名称为自己的小组命名，然后教师导入课题：《森林之歌》（板书课题）。介绍《森林之歌》是纪录片《绿色的祖国》的插曲。

【设计意图】分小组比赛能够极大地激发学生的学习兴趣，调动学生的积极性；以树木名称为小组命名，围绕“森林”主题导入本课。

三、学唱歌曲

1. 叫醒耳朵，用心聆听。

教师范唱，学生带着问题聆听感受，了解歌曲的拍子、情绪、速度以及歌曲表达了怎样的感情。

【设计意图】音乐是听觉的艺术，通过聆听让学生初次感受歌曲，走进歌曲。

2. 模唱感受。

教师范唱，学生模唱、跟唱，亲身感受歌曲。

【设计意图】 第一次听过歌曲之后，学生会有唱歌的欲望，跟着教师模唱，能更好地了解歌曲，发现歌曲的难点节奏，有助于下一步的学习。

3. 节奏模仿秀。

以歌曲中的难点节奏和典型节奏为例，教师用手拍击，学生模仿，小组成员互教互练，最后以小组为单位展示，进而引导学生总结出后半拍起的节奏特点。

【设计意图】 用时尚的名称激起学生的学习兴趣，在模仿游戏中快乐学习；小组合作学习可以培养学生的合作意识，使学生轻松愉快地掌握歌曲的节奏难点。

4. 朗诵大擂台。

学生高位置、有感情地朗诵歌词。

【设计意图】 让学生选择几句自己喜欢的歌词进行朗读，旨在给学生营造一种自由、轻松的氛围，使学生能够更好地熟悉歌曲，理解歌词内涵；高位置朗诵有助于学生找到演唱发声的位置。

5. 超级麦霸。

哼唱旋律：教师带领学生一起轻声哼唱旋律，视唱歌谱，注意后半拍起唱、波音、三连音、同音连线的唱法。

填唱歌词：用高位置朗诵的方法，充满感情地随教师的钢琴伴奏演唱歌词。

【设计意图】 准确哼唱旋律、视唱歌谱，在此基础上填唱歌词，降低了学习难度，循序渐进的教学方法更有利于学生的有效学习。

四、深入探究

以小组竞赛形式探究以下问题。

1. 找出歌曲中的八分休止符，体会唱歌时“语断意不断”的效果。

2. 请学生打出歌曲中三连音的节奏。

3. 找出歌曲中表示上波音的符号，并范唱。

4. 学生听教师唱“我要把青春献给你”（渐强开始，渐弱收尾），说出应该用什么力度记号来表示。

5. 教师引导学生随伴奏再唱歌曲，将八分休止符、三连音、上波音、渐强渐弱等音乐记号唱准确。

【设计意图】 将乐理知识以比赛的形式呈现，深入浅出，让学生在不知不觉中掌握音乐专业知识。

五、拓展延伸

1. 学生设计方案演唱歌曲。

速度：快速、中速、慢速。

情绪：欢快的、深情的、悲伤的。

形式：齐唱、领唱。

2. 学习$\frac{2}{4}$拍的指挥图式，边划拍子边演唱。

3. 推选“小小指挥家”，指挥同学们深情地演唱歌曲。

【设计意图】用不同的速度、情绪和形式演唱歌曲，让学生比较、体会；学习$\frac{2}{4}$拍的指挥手势，既拓展了学生的音乐知识，又帮助学生更准确地唱好歌曲。

六、课堂小结

师：今天，我们一起学唱了《森林之歌》，掌握了一些新的音乐知识，我们还一起设计了多种不同的方式来演唱歌曲，在歌曲中感受到了大森林宽广的胸怀和美丽的景色，让我们用青春为大森林歌唱，用行动去保护大森林吧！

板书设计

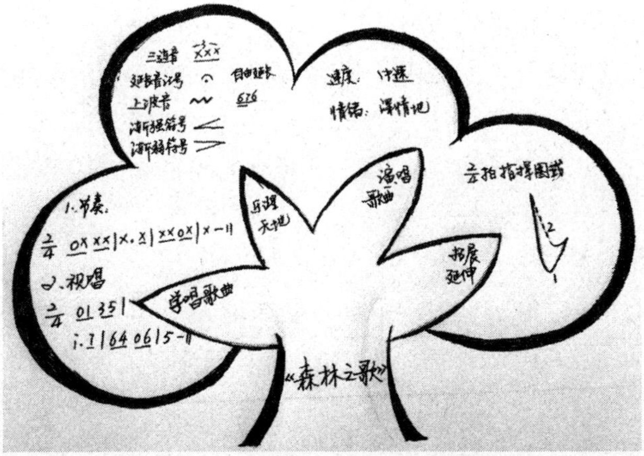

教学反思

本课以歌曲为载体，通过启发、讨论、比赛、交流的方式，引导学生进行了听、唱、说、模仿、创编等多种音乐活动，使学生积累了音乐知识，体验了歌曲的内涵，达到了预期目标。

1. 音乐新课程基本理念贯穿始终。

在本课的教学中，我将新课程基本理念“以音乐审美为核心，以兴趣爱好为动力，面向全体学生，注重个性发展，鼓励音乐创造”贯彻始终，并将其转化为具体教学行为。

如学唱歌曲时，我通过设计“节奏模仿秀”“朗诵大擂台”“超级麦霸”等时尚有趣的环节和形式，极大地激发了学生的兴趣，让每个学生在游戏和表演中完成了学习任务。在拓展环节，我让学生自己设计演唱歌曲的方案，给学生足够的空间去想象、创编；让学生推选的“小小指挥家”指挥同学们深情地演唱歌曲，丰富了学生的知识和体验，提高了学生的音乐素养。

2. 创造性地挖掘和利用教学资源。

第一，导入时，我根据本课歌曲的主题，让学生分组并以树木的名称为小组命名，激发了学生的兴趣，自然地引出课题。

第二，本课的板书，我用简笔画画了一棵粗壮的大树，每个躯干部分出示一个知识点，更加突显了歌曲的主题。

3. 采用了灵活多变的教学模式。

学唱歌曲时，我通过节奏模仿、诵读歌词、视唱乐谱、填唱歌词层层递进的教学环节，引导学生在比赛中学习，在游戏中掌握，有效地降低了教学难度，让学习变得轻松愉快。

在讲授乐理知识时，我改变了传统的教学模式，通过小组比赛抢答的形式，有效地激起了学生学习的主动性，用学生说和教师补充相结合的方式，深入浅出地使学生掌握了乐理知识，顺利地突破了难点，高效地完成了既定的教学目标。

4. 存在的问题与改进策略。

第一，歌曲情感的表现引导不够，应该通过更丰富的语言和深情的范唱来启发学生“以情带声”，使学生自始至终围绕情感去体验音乐、表现音乐。

第二，歌曲的艺术处理还不够细腻，学生没有完全按要求做到，应该多让学生感知音乐要素，关注音乐本身的变化（如力度、节奏、结构等），在会唱的基础上唱“美”。

个人简介

刘霄，中学一级教师，任教于宝鸡高新中学，校教工团支部书记，宝鸡市音乐家协会会员，宝鸡市职工音乐家协会常务理事，获“陕西省教学能手”称号。

专家点评

本节课，刘老师打破了传统的唱歌课的教学模式，以游戏、比赛等方式极大地激发了学生的学习兴趣，让学生在轻松快乐中学会了唱歌、掌握了乐理知识，为我们展示了音乐教学实践中的一些新思路、新做法，值得我们学习和思考。

1. 游戏激趣，调动学生。

本节课，刘老师用比赛和游戏的方式使原本枯燥的乐理知识学习和歌曲学唱变得有趣。比如，组织学生通过“节奏模仿秀”学打节奏，通过“朗诵大擂台”来熟悉歌词，这些新的教学方法和形式都极大地激发了学生的学习兴趣，调动了学生学习的积极性，使学生在愉快轻松的氛围中完成了本课的教学内容。

2. 教学艺术，吸引学生。

教师能否用较高的教学艺术来吸引学生，教师的一言一行能否引起学生的共鸣，是教学成功的关键。本节课中，刘老师用她声情并茂的范唱成功地吸引了学生的注意力，拉近了她和学生之间的距离。她亲切的微笑、激励性的语言为学生营造了宽松的学习氛围，使学生乐学、爱学、会学。

3. 巧妙设计，融化学生。

有效、巧妙的教学设计能让教师在解决音乐课中的教学难点时事半功倍。比如，刘老师用《啦啦歌》（快乐家族版）作为问候歌，既起到了和学生问好的作用，又做了发声练习，为后面的歌唱教学奠定了基础。

又如，讲授歌曲中的乐理知识时，刘老师以小组比赛抢答的方式有效激起了学生学习的主动性，深入浅出地让学生掌握了乐理知识。同时，她引导学生静听并模仿范唱时的独特“语气”，把各个乐理知识运用到歌曲的演唱中，使学生关注旋律的起伏、节奏的张弛、力度的增减等，帮助学生理解音乐的内在表现力，顺利地突破了难点，高效地完成了既定的教学目标。

对于本课教学，我有这样一些教学建议。

第一，在课堂中要始终关注情感，要用恰当优美的语言和深情的范唱来启发学生“以情带声”，引导学生更加有感情地唱歌。

第二，不要过于注重知识技能，多带领学生去感知音乐要素，感受歌曲的力度、节奏、结构的变化，进而用歌声去表现。

第三，给学生更多的空间，培养学生的创造力，鼓励个性化发展。

总之，上好一节音乐课需要教师不断开阔视野、更新教学理念，需要教师在音乐实践中反复验证自己的教学经验，丰富自己的教学体验，在每天的音乐课中收获教学的点滴灵感！

相信只要做个有心人，就一定会在音乐教学的道路上一直向前奔跑！

陕西省教育科学研究所　王　霞

《青春舞曲》教学设计

咸阳市永寿县监军中学　孙艳会

教材分析

《青春舞曲》是人教版音乐八年级上册第一单元中的唱歌内容。这是一首简短的维吾尔族民歌，歌曲以“太阳”“花儿”“鸟儿”等的变化为依托，抒发了维吾尔族青年赞美青春、珍惜青春年华的欢乐情绪。歌曲具有维吾尔族音乐载歌载舞的风格特点，节奏鲜明，旋律优美，富于动感。歌词既通俗易懂又富有哲理，寓意深刻。歌曲为四四拍，e 自然小调，曲调欢快而跳跃，速度为中速稍快。音乐新课标要求学生通过本课学习，正确把握歌曲的情绪，体会歌曲的旋律特点，掌握维吾尔族音乐的节奏特点。

学情分析

八年级学生正值少年期向青春期过渡，对青春充满向往和好奇，生理心理日趋成熟，这一时期是其世界观和人生观形成的关键时期。他们已经没有了小学阶段的稚嫩，有了一定的判断力，知道自己喜欢什么和不喜欢什么，加上变声期的到来、音域的限制以及流行音乐的冲击，使他们对民歌的兴趣不是太浓厚。但通过义务教育阶段七年的学习，学生在歌唱的音准、节奏上已经具备一定的能力，对歌曲的情绪也能正确地体会和表达。针对以上情况，在教学中应正确把握学生的心理，用歌曲独有的魅力和教师的“音乐号召力”，在视觉、听觉上激发学生对民族音乐的学习兴趣，使他们真正领悟经典民歌的艺术价值，并懂得“民族的就是世界的”。

资源利用

具有维吾尔族特色的乐器、服饰，钢琴，多媒体课件。

教学目标

1. 通过学习歌曲，能背唱歌曲，能正确把握歌曲的情绪，体会歌曲的旋律特点，掌握维吾尔族音乐的节奏特点。

2. 通过学习歌曲，了解维吾尔族音乐的风格，并结合维吾尔族服饰、特色乐器、舞蹈的基本动作，体会音乐与舞蹈的结合，掌握维吾尔族相关文化。

3. 通过学习歌唱方法，能自然准确地演唱歌曲，并试着为歌曲创编简单的舞蹈动作。

教学重难点

重点：准确掌握维吾尔族音乐的节奏特点，能背唱歌曲。

难点：学会用自然的声音准确演唱歌曲，为歌曲编排舞蹈动作。

教学过程

一、创设情境，导入新课

课前五分钟播放歌曲《爱我中华》，通过歌词内容引出56个民族，进而引入我们的祖国地大物博，幅员辽阔，各民族因地形地貌、风土人情、地域方言的差别孕育了风格各异的音乐文化。播放民歌《牧歌》《翻身农奴把歌唱》《掀起你的盖头来》，让学生辨别它们分别是哪个民族的民歌？当学生回答出维吾尔族时，点出课题——通过学习一首维吾尔族民歌《青春舞曲》，走进神秘而美丽的新疆！

【设计意图】通过欣赏歌曲渲染课堂气氛，激发学生学习维吾尔族民歌的兴趣。

二、教授新课

1. 初步欣赏歌曲，并让学生谈谈自己对新疆的印象。

教师展示有关维吾尔族的土特产、风味小吃、服饰、民族信仰、乐器等方面的图片，让学生直观地了解新疆，走进新疆，走进新疆维吾尔族民歌——《青春舞曲》。

【设计意图】让学生了解维吾尔族的相关文化，从而深入理解歌曲。

2. 展示《青春舞曲》的歌谱，学生再次聆听，初步了解歌曲。

（1）让学生学会从谱面上找出有关歌曲的调、拍子、速度、体裁、情绪、作者等信息。

《青春舞曲》，e小调，四四拍，速度中等稍快，维吾尔族民歌，情绪是欢快的，由王洛宾编曲。

【设计意图】对歌曲音乐要素的掌握有助于学生准确地演唱歌曲。

（2）介绍作者。

王洛宾（1913—1996），中国20世纪最负盛名的音乐家之一，被誉为“西部歌王”，代表作有《达坂城的姑娘》《掀起你的盖头来》《半个月亮爬上来》《青春舞曲》《在那遥远的地方》等。

【设计意图】拓展学生知识面，让学生了解作者，了解更多优秀的新疆民歌。

3. 学唱歌曲。

（1）再次聆听歌曲，回答下面的问题。

① 歌曲是以什么事物的变化为依托抒发情感的？（太阳、花儿、鸟儿）表达了新疆维吾尔族青年什么样的情感？（赞美青春、珍惜青春的欢乐情感）歌曲的寓意是什么？（珍惜时光）

② 歌曲的音乐风格是什么？（音乐和舞蹈相结合）节奏、力度、旋律的特点是什么？（节奏密集紧凑；力度轻巧有弹性；旋律上下流动，偶有跳跃）维吾尔族音乐的基本节奏型是什么？（教师板书维吾尔族音乐的节奏型）

【设计意图】让学生整体把握音乐，重点学习维吾尔族音乐的特殊节奏，有助于学生更好、更准确地表现音乐。

（2）教师范唱，学生跟学唱。

教师范唱三遍，师生探讨，探讨之后要求学生集体跟琴准确演唱并做到个别准确演唱。

师生探讨：歌曲只有短短七个乐句，它们之间的关系是怎样的？

小结：第一、二句旋律前半部分相同，后半部分不同；第四、五句分别是第一、二句的重复，进一步强调了主题；第三句旋律线出现了明显的变化，是全曲的高潮，也是对歌词中心内容的强调；最后两句用附点节奏和衬词增加了歌曲的活泼性。

【设计意图】训练学生的听、唱能力，让学生当众、自信、准确、有表情地歌唱。

(3) 指导学生优美地歌唱，达到背唱歌曲。

① 指导学生慢速、高位置、有感情地大声朗诵歌词。

② 指导学生用合适的速度跟节奏、高位置、有感情地大声朗诵歌词。

③ 用“在运动中歌唱”的发声方法，用“我多么快乐和我多么痛苦”等填词做发声练习，指导学生学习如何用歌声抒发不同情感。

④ 指导学生先用LU模唱，使学生声音整齐划一、和谐，然后指导学生高位置、轻声、优美、准确地演唱歌曲。

⑤ 指导学生只击强拍歌唱。

⑥ 指导学生只击强拍和次强拍歌唱。

⑦ 指导学生按强、弱、次强、弱击拍歌唱。

⑧ 师生合作，以表演的形式背唱歌曲。

【设计意图】通过各种不同方式的训练，使学生准确、优美地演唱歌曲。

(4) 载歌载舞。

教师强调维吾尔族民歌舞蹈与音乐相结合的特点，借助图片激发学生跳舞的兴趣。让学生做出维吾尔族舞蹈的基本动作，如托帽、耸肩、扭脖子等。教师也试着表演一段新疆舞，然后播放舞蹈《青春舞曲》视频，师生模仿。

【设计意图】让学生亲自参与舞蹈，亲身体会维吾尔族载歌载舞的音乐风格。

(5) 跟唱现代版《青春舞曲》。

播放现代版的《青春舞曲》，学生跟唱。在欢快的音乐声中把课堂推向高潮。

【设计意图】让学生感受民歌的时尚性，改变对民歌的印象，增强学生热爱民族音乐的情感。

三、布置作业

为《青春舞曲》设计一套完整的舞蹈动作。如果课堂上完不成，留给学生课余时间准备。

【设计意图】培养学生的创造能力。

四、课堂小结

同学们！这节课到这里已经结束，大家说说都学到了什么？（学生畅所欲言）大家的收获让老师感到特别高兴。青春是充满活力的，是美好绚丽的，同时，它也是多姿多彩的。我们应该好好把握青春，珍惜时光，热爱我国的民族音乐。真诚地祝愿同学们明天会更好！

板书设计

青春舞曲

四四拍　e小调　欢快跳跃　载歌载舞

教学反思

本课教学始终贯彻教育教学新理念，以学生为主体，以教师为主导，实现了学生自学自会的效果。

1. 本节唱歌教学从民族音乐多元化入手，采取学生自我探究的方法，让学生了解维吾尔族音乐的特点，激发了学生对我国少数民族音乐的兴趣，使学生懂得了珍惜青春时光，达到情感教育的目的。

2. 采用学生听会歌曲而不是教师教会歌曲的办法，让学生自主掌握歌曲的曲调拍子、旋律、节奏、情绪及寓意。让“音乐”本身教会学生基本知识，达到知识教育的目的。

3. 关注学生的主体地位，指导学生轻声、准确地演唱歌曲。通过击拍、打节奏、舞蹈等形式，让学生直接参与音乐、表现音乐、感受音乐、创造音乐，并享受合作的乐趣，达到教师主导、学生主体、师生互动的目的。

4. 多媒体课件的使用使整个课堂洋溢在“美”的氛围中，和着音乐的欢快节奏，整个课堂成为欢乐的海洋，达到愉悦心情、陶冶情操和美育的目的。

5. 教学中还存在一些不足。八年级学生正处于变声期，发声有困难，影响歌唱的效果；学生的舞蹈基础不太好，在创编舞蹈动作环节，学生不够主动；我上课时虽然激情饱满，但情绪过于高涨，以后在教学中要注意语言的美感。

艺无止境，教无止境。纵观整个教学设计，还有待于我继续学习新的教学方法，提高教学水平，努力做到课课成熟，课课完美。

个人简介

孙艳会，中学一级教师，陕西省咸阳市永寿县教研室音乐教研员，获“陕西省教学能手”称号。

专家点评

这是一节以唱歌为主的综合课。本节课教学目标定位准确，教学环节紧凑流畅，充分发挥了多媒体的作用，以“美”充实整个课堂。教学过程中，师生进行了有效互动，学生学习兴趣浓，教学效果显著，是一节较成功的音乐课。

1. 充分调动学生的学习兴趣，发挥学生主动学习的积极性。

教师巧妙地运用音乐自身的魅力吸引学生学习音乐的兴趣。教学之初，教师先播放几首经典的民歌，让音乐先入为主，抓住了学生的注意力，调动了学生学习音乐的兴趣，让音乐这个人类的第二种语言真正发挥了它的魔力。之后让学生通过反复欣赏、感受音乐，并让学生结合谱面的知识点，自学知识，自通情绪，自悟寓意，自会唱歌，充分发挥了学生的主动性。

2. 采用声乐训练方法，指导学生唱好歌曲。

教师从高位置、有感情地朗诵入手，通过有节奏的独白，结合“在运动中歌唱”的发声方法，使学生轻松地达到了演唱这首歌的基本要求。在学生能够较完整地演唱歌曲的基础上，让学生击掌打节拍歌唱。通过击强拍和次强拍，按强、弱、次强、弱等击拍方式，让学生为音乐编配简单的打击乐伴奏。最后用师生表演的方式达成了背唱歌曲的目的。

3. 民歌和时代接轨，让学生重新认识传统和时尚。

教师巧妙地选用本首歌曲的现代版本，用非常时尚的舞蹈音乐和音乐视频，让学生将所学的民歌与自己的审美联系起来，使学生改变了对民歌的认识，对时尚和传统的认识。传统中有时尚，时尚中有传统，激发了学生对我国少数民族音乐的兴趣，培养了学生的爱国情感和民族自豪感。最后在欢乐的舞蹈中，在激情的音乐声中，本节课的学习结束了。

4. 充分发挥多媒体的作用，使整个课堂始终洋溢着“美”。

教师搜集了大量的音像资料和图片资料，给学生展示美丽的图片和美妙的音乐，让学生通过视觉和听觉感受美、体验美、享受美，从而加深了对歌曲的理解，增强了学习歌曲的兴趣，活跃了课堂气氛，达到愉悦心情、陶冶情操的目的。

建议教师在语言表达上美一点，语速慢一点，让学生在感受音乐欢乐情绪的同时，也能感受到教师语言的美感。

这是一堂成功的音乐课，不仅能够吸引学生的注意力，激发学生的学习兴趣，充分调动学生的主动性，还能够为学生终身学习音乐、爱好音乐奠定基础。

陕西省教育科学研究所　王　霞

《大海啊，故乡》教学设计

西安高新第一中学　田庆艳

教材分析

《大海啊，故乡》是人音版音乐八年级下册第三单元中的内容，是影片《大海在呼唤》的主题歌。这首歌曲创作于 1983 年，由王立平填词谱曲。音乐通俗易懂，格调高雅，优美动听，感情真挚，是一首脍炙人口的抒情歌曲，深受人们喜爱。

歌词从“小时候妈妈对我讲”开始，通篇质朴深情，如叙家常。歌曲借助对大海的思念与赞颂，抒发了对哺育我们成长的故乡和祖国的热爱之情。其旋律流畅舒展，平易亲切，节奏严谨。虽然采用三拍子，但不拘泥于这种节拍通常的强弱韵律，而以切分、附点等手法使其变化无穷。

歌曲为 F 大调，$\frac{3}{4}$拍子，小行板速度，结构为单三部曲式。

学情分析

八年级的学生已初步具有感受和理解音乐、表现音乐的能力，但正值变声期，在歌唱教学中要格外重视学生正确歌唱意识的培养和良好歌唱习惯的养成。要善于运用多种教学手段和方法，以热情的鼓励和耐心的指导，使学生积极主动参与到教学活动中来，使学生在活动中体验音乐。八年级的学生不可避免地存在一些盲目性，针对这一问题，教师应积极引导，采取讨论、交流、分析的方法，使学生静心思考、感悟，真正享受音乐的内涵美，并发展学生的创新思维。

资源利用

多媒体课件、《大海啊，故乡》的视频、钢琴、歌谱。

教学目标

1. 能有感情地演唱歌曲《大海啊，故乡》。
2. 能用圆润、自然的声音演唱歌曲。
3. 感受、体验歌曲所表达的情感——对大海、对家乡的热爱。

教学重难点

重点：能自信、有感情地演唱歌曲。
难点：用圆润、自然的声音演唱歌曲，并对歌曲进行艺术处理。

教学过程

一、情感导入

1. 与学生自然对话，引入课题。

2. 初听歌曲《大海啊，故乡》。

教师范唱，学生仔细聆听，听完说说这首歌曲的速度是怎样的？情绪如何？

【设计意图】教师随视频音乐富有感情地演唱歌曲，目的是抓住学生的"心"，激发学生的"情"，点燃学生的"趣"，活跃学生的"思"，给学生以美的熏陶，让学生带着问题聆听，使学生在欣赏时有侧重，有目的。

3. 歌曲简介。

《大海啊，故乡》是影片《大海在呼唤》的主题歌。这首歌曲创作于1983年，由王立平填词谱曲。音乐通俗易懂，格调高雅，优美动听，感情真挚，是一首脍炙人口的抒情歌曲。

二、学唱感悟

1. 找出典型节奏型。

【设计意图】找到典型节奏型，使学生更容易抓住歌曲特点，学习起来比较容易。

2. 指导学生按节奏、高位置朗读歌词。

【设计意图】统一学生发声位置点，引导学生正确地发声，使学生快速掌握正确的歌唱技巧，为学唱歌曲调整好状态。

3. 随钢琴伴奏学唱。

【设计意图】钢琴伴唱，不仅可以激发学生的演唱兴趣，还增加了歌唱的艺术表现力，同时对于学生准确把握演唱情绪起着决定性作用。

4. 划拍演唱，注意三拍子的强弱规律和切分、附点节奏的演唱。

【设计意图】让学生感受切分、附点节奏，体会它们的特点以及在音乐作品中的作用。

5. 感受、体验歌曲的情感。

6. 学唱英文歌词。

先由英文水平较好的学生领读英文歌词，然后随钢琴伴奏唱前四个乐句英文歌词。

【设计意图】抓住唱英文歌曲的机会，提高学生唱英文歌曲的能力。

7. 自信、有感情地演唱歌曲。

【设计意图】让学生充分感受、体验歌曲的情感，注重歌曲感情的处理，提高学生对音乐的理解能力和表现能力。

三、讨论交流

1. 歌曲中出现了几次“大海啊，故乡”，这几句歌词的情绪应该怎样演唱？

【设计意图】充分调动学生的观察分析能力和想象能力，让学生联想歌曲情境，动脑分析，动心感悟。学生亲自参与乐曲的分析，充分体现了“教为主导，学为主体”的教育原则。

2. 启发学生根据歌曲情感使用不同的力度记号，设计不同的演唱形式。

【设计意图】引导学生设计不同的歌曲演唱形式，使学生积极主动地参与到讨论活动中来，充分发挥学生的主观能动性，并发展学生的创新思维。

3. 学生讨论可行的演唱形式并进行演唱。

4. 师生评价。

四、作者简介

王立平，吉林长春人，中国著名音乐家、作曲家，9 岁开始学习钢琴，1954 年考入中央音乐学院少年班主修钢琴，1973 年在中央新闻纪录电影制片厂开始从事专业作曲。代表作有电视连续剧《红楼梦》（1987 年版）音乐、电影《少林寺》音乐等。

王立平的作品题材广泛，格调清新，旋律优美，配器精巧，表现手法丰富，具有浓郁的民族风格和个人特色。

五、课堂小结

1. 学生学习情况反馈。

2. 教师小结。

教学反思

这节课教学中我坚持“以审美为核心”，“以体验、感受为主要手段”，通过语言引导、歌曲范唱、视频欣赏等手段，使学生很快进入我预设的情境中，全方位体验和感受画面之美、声音之美、音乐之美，并与之产生心灵的共鸣，在和音乐亲密接触的过程中引导学生从全新的审美视角诠释音乐。

在教学中我坚持“以人为本”的宗旨，面对学生的个体差异，力求在教学内容和方法上取得突破，找到传统的唱歌教学与新课程理念的最佳契合点。在学唱歌曲时，我先通过声情并茂的范唱打动学生，使之产生学习的原动力和期待心理；然后从音乐本身的学习规律着手，用高位置朗读歌词与发声训练相结合的方法，引导学生由情带声，快速掌握正确的歌唱技巧，并认识到歌曲要素对歌曲表达的作用。在引导学生对歌曲进行艺术处理时，一方面注意到了主导节奏；另一方面注意到了“大海啊，故乡”所表达的情绪的不同层次，引导学生认识到“大海啊，故乡”每重复一次，感情的发展就更进一步（亲切倾诉—抒发情怀—情感深华—怀恋之情），从而更好地表达出对祖国和故乡的深情。

虽然这节课在实践中取得了一定的教学效果，但仍存在一些问题。教学中，我还需把握好各环节，指导更到位。英国心理学家波斯纳提出教师的成长公式：成长＝经验＋反思。一节课是短暂的，但教师的教学生涯是漫长的，只有不断地反思积累，总结并发扬教学中的成功经验，弥补教学中的不足，才能不断超越，创造性地上好每一课。

个人简介

田庆艳，中学高级教师，西安高新第一中学初中校区音乐教师。陕西省音乐家协会会员，陕西省合唱协会理事，中国教育学会音乐教育分会会员，曾获“陕西省优秀教师”“陕西省教学能手”等称号。

专家点评

《大海啊，故乡》是一节以唱歌为主的综合课。本节课教学打破了我们以往学习歌曲的模式，即导课—发声练习—范唱、学谱—唱词—情感处理……呈现在我们面前的这节课已经看不到这些痕迹了。本节课以听觉引领，让学生在音乐实践活动中学会歌并唱好歌，是一节成功的音乐课。

1. 始终把培养学生有感情地歌唱放在首位。

教师引导学生从开口的第一个音开始，读每一个字，唱每一乐句都要有感情地进行，突破了以往待学生唱歌技术成熟之后，才进行歌曲艺术处理的教学模式。教学导入由浅入深，由表及里，由形到声，在学唱歌曲时，教师通过声情并茂的范唱打动学生，借助多媒体图像的配合，使学生不仅有听觉的感受，还有视觉感受，犹如身临其境。这样，拉近了学生与音乐的距离，使学生能更深入地理解歌曲，更深一层地挖掘歌曲的内涵：无论走到哪里，都不要忘记我们的祖国——妈妈，大海啊，就是我故乡。

2. 让学生唱会歌、唱好歌、会唱歌。

教师采用按节奏、高位置朗读歌词的方法引导学生练习发声，使学生学会在歌曲中表达感情，展示音乐风格。可见教师对唱歌教学的重要性有了新的认识和理解，对唱歌教学的内容和方法进行了针对性的实践探索。同时，教师引导学生在学唱、练唱、有感情地唱，以及对歌曲情感的讨论中用心体验，和音乐对话，使学生能够真正享受音乐的内涵美。

3. 引导学生发现美、感受美、表现美。

这节课中，教师充分挖掘歌曲蕴含的音乐美，用自己对音乐的感悟激发学生的情感共鸣，用自己的歌声、琴声、语言，将音乐的美传达给学生，最后使学生的演唱在艺术的氛围中获得审美的愉悦，做到了以美感人，以美育人，有效地提高了学生的音乐审美能力。教师以必要的引导提示激活了学生的思维，从而使师生间思维互动，形成课堂的“动态生成”——对音乐较新颖合理地诠释，潜移默化中指导学生掌握感受、欣赏音乐的方法，从而提高了学生的音乐鉴赏能力及表现力。

总之，田老师的教学使学生学得既扎实又灵活，既轻松又深入，给学生一种艺术的享受和难忘的幸福回忆，并给学生的人生带来有益的影响。

陕西省教育科学研究所　王　霞

美术学科

“纸板的创想——坐椅设计”教学设计

西安市第六十八中学　史美霞

教材分析

“纸板的创想——坐椅设计”是人美版美术八年级上册的教学内容，共一课时。

本课属于“设计·应用”学习领域，与以“家居”为主题的单元课在内容上有着紧密的联系。依据《义务教育美术课程标准（2011年版）》（以下简称美术新课标）中“课程内容”对第四学段“设计·应用”学习领域的有关要求，本课以椅子为造型载体，引导学生学习用纸材进行由平面到立体造型的设计与制作，并能较为清楚地表达设计意图，强调趣味性，从而关注生活中的坐椅设计，以增强学生对美术设计与生活之间的联系的认识，形成初步的设计意识。

学情分析

八年级的学生对立体几何已经有了初步的认知，并具有一定的空间思维能力，个性意识较强，对新事物有较强的好奇心，动手能力也较七年级有了提高。这节课是利用我们熟悉的纸材对生活中常见的坐椅进行设计，所以更容易引起学生的学习兴趣。本课的教学难点在于设计构思，因此我在充分利用学生兴趣的基础上，将问题分解为一个个紧密联系的环节，鼓励学生大胆想象，反复实践，勇于创新，对于纸板椅子的立体设计由浅入深，由局部到整体，循序渐进地展开学习活动。

资源利用

多媒体课件、课本、纸板坐椅教具4～5个、卡纸若干、微型展示台。

教学目标

1. 初步了解我国椅子的起源及演变；明确椅子的基本结构，能够利用学到的纸板椅子设计基本知识和方法，对纸板进行折叠、卷曲、切割、插接、粘贴等，尝试设计并制作出 1～2 把造型较为美观的椅子。

2. 能够通过欣赏、观察分析、实验实践等方法，了解平面纸板到立体椅子的构思过程，掌握用纸进行立体造型的基本方法。

3. 能较为清楚地表达自己的设计创意，并能对自己或同学的坐椅设计进行评价，提出至少一点设计亮点或需要修改的建议。

4. 通过学习活动，学生能在生活中设计，敢于想象，勇于实践。

教学重难点

重点：在平面纸材上进行折叠、卷曲、切割、插接、粘贴等，学习设计、制作坐椅。

难点：能大胆构思，勇于实践，设计的椅子具有一定的创意美感。

教学过程

一、导入

1. 师生问好。

2. 课件出示唐代诗人李白的图片，教师提问：家喻户晓的《静夜思》中，“床前明月光”一句中的“床”指什么？（学生思考作答）

教师揭示：其实此“床”并非我们睡觉的床，北京观复博物馆馆长、著名收藏家马未都指出，这里的“床”实际上是指一种叫作“胡床”的坐具。

3. 课件展示唐代李寿石椁上发现的手持“胡床”仕女线描图、宋代交椅图、明代圈椅图。学生欣赏，了解。

4. 教师小结：我国椅子最早源于东汉末年从北方游牧民族传入的类似现代马扎的“胡床”，逐步演变为有靠背、扶手的椅子。椅子的名称始见于唐代，南宋时出现了“交椅”，明代则是中国古代家具发展的成熟高峰期。

5. 由椅子导入本课教学。

【设计意图】对《静夜思》中“床”的新解，极易引起学生兴趣，帮助学生从历史、文学的角度，对椅子的起源演变有了简单的认识，加强学科之间的联系。将人文情境与美术学习融合并渗透到课堂教学中，激发学生下一步围绕纸板椅子进行设计制作的欲望。

二、新课展开

1. 回忆——身边的椅子。

教师引导学生回忆生活中在哪里可以见到坐椅。

学生快速思考，积极回答。（如家里、教室、广场、街上、公园等）

【设计意图】此环节很快将学生的注意力吸引到与我们生活息息相关的坐椅上来，引发学生关注身边生活。

2. 欣赏——优秀椅子设计范例。

（1）教师用图片展示古今中外坐椅的优秀设计范例，引导学生感受其设计风格与艺术魅力。

（2）在欣赏的过程中，教师结合具体的椅子范例，引导学生观察其造型、色彩、材料上的设计创意，同时引导学生关注椅子的设计要与功能、环境相协调。

（3）教师小结，帮助学生明确坐椅设计的造型、材料、色彩虽然千变万化，但始终体现着以人为本的设计理念，体现着人们对美的不断追求。

【设计意图】此环节意在帮助学生在欣赏古今中外经典的椅子设计范例时，展开动态思维，即在教师有针对性的问题引导下，理解坐椅的变化在于造型、色彩、材料的变化，设计的重点在于创意，设计的原则是以人为本。加强学生对知识点的渗透和理解，为下面的设计环节打好基础。

3. 思考——平面纸板如何变为立体造型。

（1）课件展示纸板椅子，教师引导学生观察其用纸材制作的特点。

（2）教师继续引导提问：平面纸板怎样才能变成立体纸板椅子呢？

（3）教师手拿一张纸和一个纸板椅子教具，引导提问：纸板和纸板椅子最大的区别是什么？

学生观察，回答：一个是平面的，一个是立体的。

（4）教师将关键点引到“怎样让纸‘站起来’”，鼓励学生大胆想象，勇于尝试。个别学生尝试。（如下图）

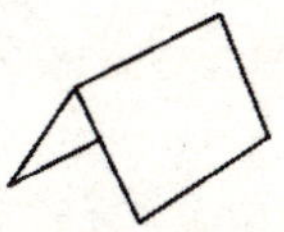

教师肯定并继续鼓励学生用其他方法尝试。

（5）学生用卷、折等方法生继续尝试。（如下图）

(6) 教师补充示范。(如下图)

(7) 教师肯定学生的尝试并小结：折、卷、切割等方法可以使纸板“立”起来。

【设计意图】此环节是解决教学难点的关键，折和卷等技法并不难，主要是引导学生敢于想象，敢于探索和尝试，为进一步设计坐椅打好基础。

4. 明确——平面纸板立体成型的基本技法。

课件展示平面纸板立体成型的基本技法，折、卷、切割等。

学生仔细观察体会，明确技法，拓展思维。

【设计意图】此环节意在帮助学生在了解平面纸板立体成型的最基本技法后，继续拓展思维，发散思考，了解更多的技法变化，帮助学生打开创新的思维。

5. 分析——如何结合立体造型设计坐椅。

(1) 立体纸板怎样设计成椅子。

① 教师引导提问：立体纸板怎样才可以进一步设计成坐椅呢?

② 教师引导学生了解椅子的结构。(课件展示椅子图片) 可以把椅子看成三个部分：椅背、椅面、椅腿。

③ 教师继续引导：结合立体纸板造型，假如把它设计成一把椅子的话，它现在有椅子的哪些部分了，还缺少哪些部分?

④ 学生仔细观察、思考，在教师启发下回答。(有椅腿、椅背，没有椅面)

教师引导：怎样在它的基础上利用刚才的技法快速设计制作出一个坐板或靠背呢?

学生思考，尝试。

学生甲尝试。(如下图)

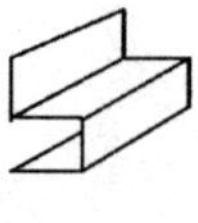

学生乙尝试。(如下图)

⑤ 教师小结，并注意引导学生在设计时注意比例和椅子的稳定性。

⑥ 教师示范补充。（如下图）

【设计意图】此环节意在帮助学生在了解了最基本的技法后，继续拓展和发散思维，理解即使是同一种造型，构思不同，也可以有多种变化，帮助学生打开创新的思路。

（2）分析纸板椅子范例的成型方法和思路。

① 课件展示纸板椅子范例，引导学生观察它是怎样设计制作的。

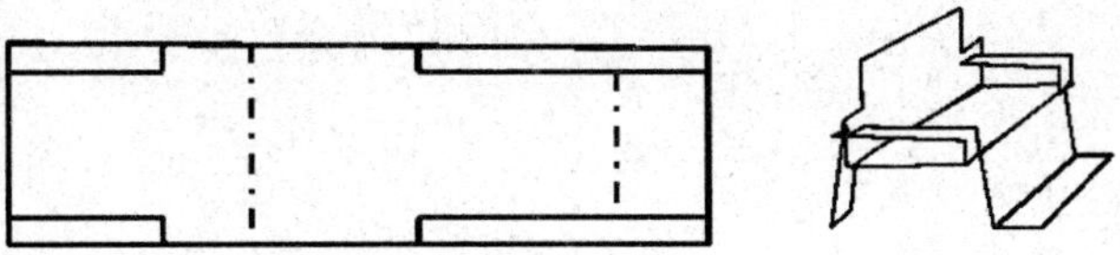

学生仔细观察，尝试分析。

② 教师演示纸板椅子设计制作成型过程。

教师将纸板椅子拆开，引导学生感知其成型方法，要求学生设计时要量好尺寸，尤其是要保持椅腿的对称。为了解决平衡的问题，可在椅背中间刻出小纸条，向下插在底座上。

学生观看演示，加深理解。

【设计意图】采用学生尝试、教师演示、观察分析的方法，循序渐进地帮助学生感知纸板坐椅的设计过程，了解设计制作中要注意的事项，同时帮助学生缓解设计中的畏难情绪，突破教学重难点。

三、实践练习

1. 教师展示纸板立体造型，要求学生在其基础上继续设计并制作椅子。

2. 教师出示带有不同背景的微型展台，鼓励学生根据环境和纸板材料，结合基本成型技法设计制作1～2把椅子。

3. 教师巡视指导。

例如，你这把椅子不够稳定，怎样在此基础上通过剪、刻、穿插等技法，使它保持稳定呢？

又如，你的椅子为什么要这样设计呢？现在这样设计没有椅腿，可以从椅面上裁切一部分做成椅腿吗？

教师在巡视时注意引导学生保持卫生，注意安全，并留心发现有代表性的作品，收集反馈。

【设计意图】本环节主要帮助学生在设计的过程中进行思维创造，学会应用纸板立体构成技法，帮助学生树立设计意识，进一步突破教学重难点。

四、展示评价

1. 学生上台自主选择不同的背景板，展示坐椅并展开评价。学生互相推荐或自荐椅子作品，教师展示收集的典型作品。

2. 教师进行引导性提问和辅助性评价。例如：

你对自己的坐椅设计满意吗？哪里最满意？哪里还需要改进？

你对谁的坐椅设计感兴趣？为什么？

你设计坐椅时遇到了什么问题？你是怎样解决的？

小组同伴给予你帮助了吗？

这节课你有什么收获？

【设计意图】本环节意在让学生感受成功的乐趣，明确其所设计的作品的长处和不足，培养学生的评价意识，使学生学会归纳、总结经验，深化学习体验。

五、拓展小结

1. 教师小结：今天，我们通过自己的双手进行了纸板的创想——坐椅设计，虽然个别同学没有做完，有的同学还意犹未尽，但只要你们掌握了方法，拥有了大胆的创意，一定可以做得比老师更好！

2. 课件展示成套的纸板立体造型设计以及坐椅创意作品。

提示：只要我们有创意，生活就会充满精彩！让我们从身边做起，多观察，多实践，多创新，使我们的生活更加富有情趣。

【设计意图】本环节旨在帮助学生进一步明确创意可以使我们的生活更加富有情趣，促进学生继续开展课外学习，在生活中培养自己的创新意识。

板书设计

纸板的创想——坐椅设计

起源及演变——“胡床”（东汉末年）——椅子名称（唐代）——交椅（南宋）——成熟期（明代）

纸板创想 → 设计——以人为本
结构——椅背、椅面、椅腿
技法——折叠、卷曲、切割、插接、粘贴 → 多观察
多实践

教学反思

在这节课中，绝大部分学生能够用纸材进行由平面到立体的构成设计，制作完成1～2把椅子，并且使作品具有一定的创意和美感，可以说达到了预期的教学效果，顺利实现了教学目标。

美术新课标中关于“追求人文性”“激发学生学习兴趣”“关注文化与生活”等教学理念，在我的教学中均有体现。本课教材以椅子为造型设计载体，于是我就在此基础上增加了和椅子相关的一些历史文化知识。在导课环节，我以古诗中词语的新解切入，从而引出椅子的起源与简要演变史的介绍，不但吸引了学生的注意力，激发了学生的学习欲望，更重要的是加强了美术与历史学科相关知识的联系。在欣赏范例时，我注重引导学生关注椅子的设计与生活之间的密切关系。

美术新课标中关于“凸显视觉性”“具有实践性”“注重创新精神”的表述，在我的教学中也有所体现。在教学中，我引导学生欣赏大量精美的椅子设计图片，以及我的示范演示，极大地凸显了美术学科的“视觉性”；在学习重点知识和练习的过程中，我引导学生反复动手实践和实验，鼓励学生大胆创新，勇于实践。

这节课最大的一个亮点，就是我将平面纸板到立体椅子的设计制作及其中包含的创意构思这一难点，分解为一个个环环相扣的小环节，引导学生在轻松、有趣、不断解决问题的过程中掌握了学习内容，并利用贯穿其中的一个个精心设置的问题和课堂中生成的问题，潜移默化地培养了学生勤于思考、善于发现、勇于探究的学习习惯。

在评价环节中，我利用小展台，配合不同场景的背景板，帮助学生进一步明确椅子设计要与环境协调。之后，我利用微型纸板椅子这个小礼物，很好地激发了学生的学习兴趣，极大地促进了教学目标的顺利实现。

当然，这节课还存在一些不足之处。每个环节之间的衔接不够流畅，问题的设计应再细腻、精准些。课堂时间的分配不太合理，特别是在欣赏环节。在指导学生评价时应引导学生尽量使用美术规范用语，引导学生尽可能结合本课知识点进行评价活动。

我将继续努力钻研美术新课标，不断实践、反思、实验，不断提升自身的业务水平，保证课堂教学效果。

个人简介

史美霞，陕西省西安市第六十八中学美术教师，先后荣获“陕西省教学能手”“陕西省优秀教师”“西安市学科带头人”“西安市模范教师”“西安市骨干教师”等称号。

专家点评

史美霞老师的这节课，教学思路清晰，设计合理，注重学生的主体地位，通过创设问题并层层深入进行研究的教学手段，引导学生进行探究性学习，帮助学生突破了教学重难点，明确了用纸材进行由平面到立体的构成设计与制作的基本技法和要点，同时有效地增强了学生的设计意识，促进了学生创新思维的发展。

这节课的教学设计体现了以下几个特点。

1. 关注文化与生活，增加美术课堂“厚度”。

这是一堂实践性很强的课，史老师进行了精心设计。教师在教学导入环节结合本课教学内容巧妙地融入了历史、文学等文化知识，在欣赏坐椅设计时不但从美术造型要素进行引导，还紧密联系生活实际，联系学生的生活体验。无论从教学理念还是从教学方式上看，这节课都在很大程度上区别于传统教学，这使得这堂美术课并没有成为一节纯粹的技法课、手工课，而是有效地增加了美术课堂的“厚度”，使学生在掌握基本技法、开发创新思维的同时，深切感受到美术与生活、文化、人文知识之间的联系。

2. 合理运用教学方法，有效提升教学效果。

根据美术新课标的要求，史老师将这节课的教学重难点确定为“在平面纸材上进行折叠、卷曲、切割、插接、粘贴等基本技法的运用，学习设计制作坐椅”“能大胆构思，勇于实践，设计的椅子具有一定的创意美感”。在突破教学重难点时，她运用了欣赏观察、对比分析、展示演示、问题引导的教学方法，将问题化整为零，层层突破，先解决平面纸板如何变为立体的技法问题，再解决在立体纸板基础上如何大胆创意，进一步设计完成椅子整体造型的问题，最后解决如何使纸板椅子具有一定的美感的问题。这样一来，将复杂问题简单化，使学生在不知不觉中轻松地完成了学习任务，有效提升了教学效果。

3. 培养学生的探究精神，增强学生的学习能力。

史老师在这节课中非常注重培养学生的自主探究精神，在整个教学过程中不断抛出大量问题，既有预设的，也有随机生成的，再通过启发、鼓励，引导学生自主进行观察、分析、实践，从而解决问题，使学生始终保持较强的学习欲望。这种教学效果要远远优于教师直接告知学生结果，也有助于培养学生勤于探究、勤于反思的学习能力。

另外，这节课教学中还有很多可圈可点的地方，都体现了史老师对美术新课标的准确理解与把握，对教材的合理运用，以及对课堂、学生的深入研究。

在此，我也给史老师提一点教学建议。教师应适当加强教学重点的板书呈现，进一步细化、精化教学重点环节，最后的评价环节可以结合教学目标再深入一些。

陕西省教育科学研究所　王　霞

陕西省中小学教学能手优秀教学设计集

信息技术学科

梅

罗浮山下梅花
玉雪为骨冰为魂

“广告与实物——信息特征的深入理解”教学设计

陕西省教育科学研究所　白　珍

教材分析

“广告与实物——信息特征的深入理解”是西安交通大学出版社出版的信息技术七年级上册中的内容。信息与信息的特征，既是信息技术的理论基础，也是信息应用的行为指导。信息特征不是人们凭空想象或刻意构造出来的，而是对客观事物中信息属性的正确认识和科学归纳。依据《综合实践活动指导纲要》及《中小学信息技术课程指导纲要（试行）》的要求，教材对信息及其特征进行了明确而清晰的说明。虽然所用实例取自生活，但这些实例主要用于对概念的解释和说明，缺少与现实问题的深层次联系，不具备分析和探究的意义，无法充分体现理论的实践性。本节课在建立相关知识结构的基础上，对教材进行延伸和拓展，以现实生活中的事实为应用背景，突出理论与实践的统一，强化信息的科学性和实用性。

学情分析

信息在生活中普遍存在，七年级学生能够将自身的阅历、经验、常识与课本知识相联系，构成一定的学习基础；现实社会中复杂问题所具有的矛盾和冲突，又让学生在解决问题的过程中产生了探究的动力。经过前面课程的学习，学生知道了信息的含义及信息的特征，但要将生活常识提升为科学知识，能够运用知识解决问题，还需要更紧密地联系社会，进行深入学习和实践。同时，在信息技术课上，学生往往偏重技术操作而轻视理论学习，缺乏全面、客观认识问题并运用知识解决问题的能力。

资源利用

计算机、文字处理软件、互联网或局域网、与教学内容相关的网络资源。

教学目标

1. 知道信息是如何通过信息特征来体现应用效果的；能够从复杂的问题中梳理、分解出不同的特征成分，理解它们在信息中的表现和作用；学会在理论指导下认识问题、分析问题、解决问题的思路和方法。

2. 在知道概念的基础上，以事实为应用背景，通过观察、分析、讨论、抽象、归纳、听讲和实践活动，深入理解信息特征的表现；初步掌握使用信息的科学方法。

3. 从生活事物中体验并领悟信息的存在形式与实用价值，形成全面、深入、客观、稳定地分析并处理问题的意识和行为，产生利用课本知识解决实际问题的愿望和动力。

教学重难点

重点：信息特征与信息应用效果的关系。

难点：从一个事实所具有的信息中，梳理、分解出不同的特征成分。

教学过程

一、准备与提示

1. 教师行为。

呈现：给出生活中的事实。

广告与实物的差异，一直是人们关注和争论的话题。下图是某品牌方便面的广告图与实物图，从中可以看出两者有显著不同。

消费者认为，这是在误导消费者，涉嫌虚假宣传，违反了《广告法》。

广告商认为，这属于适度夸张，是广告宣传的常用手法，是合理合法的商业行为。

提问：在上例中，广告与实物之间存在哪些差异？

2. 学生行为。

观察：对图片进行辨识和分析，查找广告与实物之间的差异。

回答：举手发言，说出自己的观点，与教师共同探讨。（广告中食物的成分、质量、数量、形状等，与实物明显不同）

【设计意图】本环节给出现实生活中的一个事实，将教学内容与实际生活相联系。学生通过已有的知识和经验，对事实进行辨识和分析。

二、比较与抽象

1. 教师行为。

提问：在生活中还有哪些类似现象，请举出具体事实。

提问：这些现象有哪些共同之处？它们的作用是什么？

提问：在现实生活中，大多数消费者是如何对待此类现象的？

讨论：与学生共同讨论，随机发言。

2. 学生行为。

思考：回顾生活中的事实，进行分析、思考，与相邻的同学讨论交流，形成自己的观点。

回答：举手发言，讲述自己在生活中遇到的相似事实。（如将保健食品当作药品进行宣传等）

回答：举手发言，与同学和教师进行探讨。（如紧扣消费者心理，抓住某个关键信息进行夸大宣传，以扩大产品销量）

回答：举手发言，回顾自己和周围人群对这种现象的态度。（如忽略、漠视、容忍、因怕麻烦而放弃申诉、不再信任和购买此类产品等）

【设计意图】本环节意在将上述事实与现实中的其他类似事实相比较，抽象出它们的共同点。

三、概括原理

1. 教师行为。

回顾：与学生共同复习有关信息特征的知识。

板书：书写信息特征的主要条目。

讨论：前面的广告体现了信息的哪些特征？这些特征对广告效果产生了怎样的作用？

概括：根据讨论结果，梳理并分析这些广告体现的信息特征及其作用。

广告运用了信息的共享性、价值相对性、真伪性和时效性等特征，借助广泛传播、适度夸张、推陈出新等手段，最大限度地吸引消费者，提高商品销量。

广告的发布和传播，是利用信息共享引起人们对产品的关注。

方便面的分量、价格、口味、品质等信息，对于不同的人有不同的重要性。比如价格，有的人认为它是决定自己是否购买的主要因素，而有的人却认为它无关紧要，这是信息的价值相对性。

广告商会选择大多数人认为价值最高的信息作为广告的关键信息。比如，相对于分量和价格而言，大多数人更关注方便面的口味和品质，口味和品质是广告中需要突出表达的关键信息，因此选择“一流口味，品质超群”作为广告的核心内容。

出于这种目的，广告商往往采用夸张、似是而非的表达方式，有意模糊信息的真伪界限。比如，混淆“牛肉粒”与“牛肉块”的区别，只说“蔬菜”而不注明是新鲜的还是脱水的，在包装上标明“图案仅供参考”的字样以躲避商业纠纷。

许多人因为想换口味而经常变换方便面的品牌，使得广告信息的时效越来越短，这就迫使生产企业必须不断推出新产品，以“新口味，新品质”赢得更多的消费者。

由于方便面是一种价格低廉的食品，因此，对于广告的过度夸张，人们常常采取无视、忽略、见多不怪的态度，缺乏维护合法权益的意识和行动。

板书：广告中信息特征的表现和作用。

归纳：对学生的讨论结果进行归纳。（可以看出，信息的应用效果是依靠信息特征来体现的）

2. 学生行为。

回顾：回顾上节课所学的知识。

讨论：结合事实，梳理、分析广告中信息特征的表现与作用，形成观点，举手发言。

听讲：听取教师的讲解，理解其含义。

记忆：记忆知识点及教师的板书内容。

【设计意图】本环节意在将抽象出的共同点转换为知识理论，以讲解、启发、讨论、归纳等方法，为学生建立知识体系。

四、实践应用

1. 教师行为。

提问：我们应该如何看待此类现象？

讲解：全面、客观看待问题的基本方法。

客观、公正是我们认识和评价事物的正确态度，我们要抛弃先入为主的观念，着眼于大局，不以个人利益为评价标准。不但要关注消费者的利益，同时也要保护生产企业和广告商的合法权益，促进市场经济的健康发展。

活动：场景模拟，角色扮演。

假设有消费者以“虚假广告”的名义将生产企业告到工商管理机构，该如何解决？

将学生分为三组，一组代表生产企业，一组代表消费者，一组代表工商管理机构。

活动过程：

(1) 通过互联网检索有关文献和资料，了解相关内容。给出供参考的相关法则：《中华人民共和国广告法》和《中华人民共和国广告法实施细则》。

(2) 小组内进行讨论，形成本组观点。

(3) 由代表工商管理机构的小组主持，代表生产企业和消费者的小组分别阐述各自的观点和理由。

(4) 由代表工商管理机构的小组进行仲裁。

归纳：根据活动结果，给出教师的个人看法，供学生参考。(如下)

“适度夸张”还是“虚假宣传”？

第一，广告商的观点。

“口味”和“品质”是方便面广告中最有价值的关键信息，“夸张”是突出表达关键信息的重要手法。在信息的真伪上，对于适度夸张和过度夸张，法律法规并无明确的界定。同时，由于消费者常常变换品牌，使得广告的时效越来越短，因此，快餐业必须不断推出新产品，不断加大广告宣传力度，以诱人的话语和精美的图片争取消费者，赢得市场竞争。

第二，消费者的态度。

适度夸张是可以理解和接受的。但是，广告与实物的差异越来越大，明显超越了“适度”的范围，给人们带来了不小的误导，已经涉嫌虚假宣传。长期以来，人们对这种现象的容忍、对自己合法权益的淡漠，使得广告商变本加厉，有意模糊真伪界限，无视《中华人民共和国广告法》的相关规定，损害了消费者的利益。

第三，我个人的看法。

相对于消费者，广告商对信息的运用更为成熟，这也证明必要的信息素养已经成为人们生存的基本条件。广告的适度夸张，对吸引消费者、促进商业竞争、推动市场繁荣有一定的作用，如果对此进行过多的限制或干涉，会影响生产企业的发展。但是，诚信是企业的生存准则，违背了这个准则，无论广告做得如何好，其产品最终也会被消费者抛弃。同时，消费者对广告宣传应该有清醒的认识，不要盲目听信，而要看重实质，并以此来辨识生产厂家是否诚信，拒绝购买过度夸张的商品，保护自己的正当利益，以自己的行动维护市场经济的健康发展。

2. 学生行为。

检索：利用搜索引擎或教师给出的网址，检索或下载有关法规的文献和资料。

讨论：参加本组讨论，表达自己的观点。

活动：按要求参与活动，扮演分配给自己的角色。

听讲：听取并理解教师归纳出的最终结论。

【设计意图】本环节通过场景模拟和角色扮演，讨论如何正确认识和对待此类现象，使学生形成全面、客观看待问题的态度，掌握解决问题的有效方法。

五、总结评价

1. 教师行为。

(1) 对知识内容进行总结。

信息的应用效果是通过信息特征来体现的，对于一个事实所具有的信息来说，不同的特征有不同的表现和作用。

(2) 对学习方法进行总结。

本课利用现实生活中的事实，采用观察、思考、讨论、听讲和活动等方法，完成了学习任务。将课本的理论知识与实际问题相结合，引导学生观察、发现、认识和抽象归纳，使学生在解决问题的过程中加深对知识的理解，这不但是掌握知识的有效途径，还是重要的学习方法。这种学习方法也适用于其他学科，应该加以巩固。

(4) 对学生的学习态度和效果进行总结。

评价：根据教学现场的实际情况，选择适当的方法进行评价。

交流：让学生利用网络工具，发表对本节课的感受，内容不限。

作业：布置课后作业，明确上交期限、上交方法和要求。

用文字处理软件写一篇文稿，将快餐业的广告与耐用消费品的广告（如家用电器、家具等）进行对比，从信息的价值性、真伪性和时效性等方面分析它们的区别及原因。

要求：观点明确，符合实际，语言简洁，格式规范，条理清晰，表达准确。

2. 学生行为。

回顾：回顾知识内容和这节课的学习经历。

总结：归纳知识点，总结学习方法。

评价：对自己的学习态度和学习行为进行自我评价。

表达：书写自己对本节课的感受，发布到个人微博或班级讨论群上。

交流：阅读其他同学发布的内容，利用网络工具进行交流。

【设计意图】本环节对知识内容和学习方法进行总结，对学生的学习状态和效果进行评价。

教学反思

1. 理念是课程的基础。

工作多年，我常常想，学生从信息技术课上学到的那些东西，能用到实际生活中吗？

“信息素养”听起来是个很抽象的名词，其实它很具体，既不复杂，也不晦涩，而是简单、质朴的——用信息技术解决生活中的实际问题。因此，信息素养不是从课本上学来的，而是在实际应用中得到提升的。

学生在课堂上通过认真思考、积极讨论，较好地完成了学习任务。他们有了新的体验：原来理论并不遥远，它就实实在在存在于我们身边。

理论知识要通过实践应用，才能真正被领会和理解。对于信息及其特征，我们不能将其看作是单纯的理论知识，相对于某个软件的使用，它反而是更重要、更具体、更能体现信息素养的应用。

当我们只盯着一个个菜单和按钮，以“操作技术”为教学目标时，课程就会远离实际，失去它的存在价值；当我们只会罗列理论的条条框框而没有与实践相结合时，课程就不能体现科学性和知识性，进而会削弱它在基础教育中的学科地位。

观察本节课学生的课堂表现和学习效果，我得出如下结论：课程的核心是应用，应用既是教学的起点，也是教学的终点。

2. 实例是课程的依托。

教学以什么为出发点？是“根据操作找实例”，还是“根据实例定操作”？

实例会直接影响学生的学习兴趣。对于那些简单、虚假，或缺乏科学性、知识性、可讨论性、可探究性的“儿童化”实例，学生往往采取轻视和应付的态度，便不会产生学习的兴趣和动力。

在生活中，广告与实物的差异现象随处可见，学生对此有着亲身经历和实际体验，“感同身受”使他们具备对问题进行深度分析、获得有效结论的条件和能力。当学生意识到利用信息技术能够解决身边的具体问题时，自然就会产生学习的兴趣和动力。

从教学的实际效果来看，这个实例有些复杂，学生分析起来有一定难度。因此，本课教学的前提条件，一是要在前面的课程中，扎实地讲好有关信息与信息特征的概念和含义；二是要有效引导学生梳理、分析问题，帮助他们思考。

3. 方法是课程的保证。

我时常在想，对于理论课，什么方法才是好的教学方法？

新的名词很诱人，但真正有效的往往是简单、质朴的基本方法，比如讲解法。

上课不是表演，不是展示自己，而是与学生平等对话、和谐交流，重要的是课程内涵而不是课堂形式。追求“热闹”和“花哨”并不难，难的是保持沉静和质朴。

教学方法不应是“追时尚”“赶潮流”，而应是扎实、沉稳、有内涵、有实效，因内容而异，因学生而异，因教师而异。

因此，平和顺畅、简洁高效，是最有效的教学方法；轻松、随和、自然、专注，充满阳光般亲和力的课堂，是最好的教学环境。

从上课的实际情况可以看出，学生之所以感到问题有难度，与我提问的内容和表达方式有直接关系。本节课中的提问不够严谨，引导不够具体，直接影响了教学效果，我在提问的科学性和实践性上，还需要深入地学习。

个人简介

白珍，中学高级教师，陕西省教育科学研究所教研员，曾获得“陕西省教学能手”“陕西省中小学学科带头人”等称号。

专家点评

重技术、轻理论，是当前信息技术教学中的常见现象，而将理论与实践紧密结合，用理论指导实践，更是信息技术教学中的薄弱环节。

我们常说的“实例决定成败”，是指教师选择的教学实例是影响教学效果的直接因素。在以往的教学中，我们往往利用生活中的一些现象来说明信息特征的含义，如“天气预报”“新闻播报”等，虽然这些实例对概念的解释有一定的作用，但比较浅显、直白，一目了然，没有分析和探究的必要，当然也就失去了实践的意义。可以看出，作为信息技术课程，首先，应该确立“技术在于应用，理论在于实践”的教学理念；其次，要选择有现实意义，有分析难度，有探究深度，真实、可信，与课本知识高度相关的教学实例。本节课的教学设计，较好地体现了以上两点。

首先，对于信息及其特征，教师并没有止步于知识讲授，而是强调“理论要应用于实践”。只有在实际应用中，学生才能深入理解和巩固其概念，课本知识才会有实用价值。

其次，选择的教学实例有独特的现实意义。“广告与实物”充满了矛盾与冲突，而正是这个原因，使得问题有了分析的基础和探究的必要。由于学生对这种社会现象非常熟悉，因此，对问题的认识和讨论会更加深入、更加有效。

在教学目标的设立上，并没有出现所谓的“高层次”内容，而是实实在在、客观真实、具体而细致的，符合学生的认知水平。教学重难点，都是从教学目标中抽取出来的，做到了“目标中有重点，重点中有难点”，符合学生的认知规律。

从教学环节上看，整个教学过程顺畅自然，所用到的教学方法都是简洁、质朴且有成效的。由于教学案例具有很强的可探究性和可研讨性，所以课堂上充满了提问、思考、分析、讨论、归纳等行为，教师的作用主要为“提出问题—引导思考—参与讨论—归纳总结”，较好地体现了“以学生为主体，以教师为主导”的教学思想。

“讲解”和“板书”在课堂教学中具有重要作用，教师并没有忽略这些传统且有效的教学手段，而是精心设计，适时、适地、适度地加以运用。

教师所提出的问题简洁明确，层次分明，易于学生思考和回答，有利于提高课堂效率。

在教学中，教师安排了一个“场景模拟，角色扮演”的活动，这个活动的目的，除了使学生掌握和巩固必要的知识外，更重要的是让学生学会站在不同的角度，全面、客观地认识问题和解决问题。由于本案例具有开放性，结论并不是唯一的，所以教师最终给出的是仅供学生参考的个人想法，旨在倡导学生独立思考，促进学生的个性发展。

在总结与评价环节，除了必要的知识点总结外，教师还强调了学习方法的总结，有利于学生调整学习状态，巩固学习方法。

可以看出，上好这节课需要学生具有良好的学习习惯、思考能力和充足的知识储备，教师也要具备较高的个人素养。同时，个别信息特征的应用不够清晰，如价值相对性等，还需要在今后的教学实践中深入探讨。另外，在引导学生分析问题方面，还需要更具体、更有效一些。

总之，正确的理念、合适的实例，加上简洁、质朴、有效的教学方法，白珍老师让我们看到了一节不同寻常的信息技术课。

西安电子科技大学附属中学　邵钧铭

综合实践活动学科

“中学生服饰研究”教学设计

陕西省教育科学研究所　吴积军

教材分析

本节活动内容属于三秦出版社出版的综合实践八年级上册第一单元第一课时的内容。《综合实践活动指导纲要》明确指出，综合实践活动是基于学生的直接经验，密切联系学生自身生活和社会生活，注重对知识技能的综合运用，体现经验和生活对学生发展价值的实践性课程。该课程要求从学生生活实际出发，尊重学生兴趣、爱好和需要，突出学生的主体地位和作用，注重学生的实践性体验与感受，为学生提供开放的个性发展空间，培养学生的创新精神与实践能力。

随着年龄的增长，八年级学生开始追求时尚潮流，越来越多的中学生的穿着打扮趋向于个性化，各种“奇装异服”在校园里形成了一派“百花争艳”的景象，服装已经成为当代中学生表达自我、张扬个性的一个载体。如何科学地引导中学生，使他们对服饰有一个正确的认识与选择至关重要，所以活动指南把“中学生服饰研究”确定为活动主题。

学情分析

八年级学生对服饰的选择已经有了独立的心理倾向，他们具备了一定自主探究、合作学习的能力。但是他们在中学生服饰的主题范围内发现问题、提出问题、对问题进行归纳分析，并且制订出具有可行性的问题探究方案方面，还有待于提高；学生的动手实践能力和合作学习的积极性、主动性也需要进一步加强。

资源利用

不同学校的中学生服饰的视频、展示台。

教学目标

1. 学会在中学生服饰主题范围内，提出自己感兴趣的问题，并能转化成可研究的主题，体验中学生服饰研究的探究过程。

2. 提高合作学习能力，学会主动与同学分享信息、思想与成果；养成主动探究问题的习惯，形成积极向上的审美观和正确的生活态度。

教学重难点

重点：掌握中学生服饰问题探究的基本研究方法。

难点：在主题范围内能够提出有价值的问题。

教学过程

本节课是实践活动的第一课时，其任务是让学生提出问题并把问题转化成可研究的主题。

一、创设情境，引入课题

视频播放不同的中学生服饰，关注中学生对服饰选择的基本态度，引出学生感兴趣的话题。

【设计意图】联系学生生活实际，从学生最感兴趣、最想探究的问题入手，激发学生学习和探究的欲望。

二、自主探究，提出问题

1. 比赛1：提出问题。

教师讲述提出问题的方法：是什么？为什么？怎么样？问题必须具有科学性、创新性。

学生根据自己的理解，每个人在纸上写下一个自己最想问的问题，看谁写得快。

2. 比赛2：筛选问题。

用课件出示问题筛选基本原则：

（1）合并法：把内容相近或相似的问题合并成一个问题。

（2）剔除法：把没有意义、没有探究价值或因答案非常明了而没有探究必要的问题剔除。

（3）比较法：通过比较分析，只保留几个最有价值、最值得探究的问题。

小组交流，每个小组只保留两个最有价值的问题（不能重复），写在纸上并张贴在黑板上，看哪个小组最早完成。

教师引导学生对问题进行筛选，保留与学习小组数目相等的问题。

【设计意图】让每个学生在思考中产生问题意识，提出自己感兴趣的问题。引导学生在活动中学会分析问题、筛选问题，培养学生的合作学习能力和交流能力。

三、交流学习，确定主题

让学生查找、确定一个科学规范的研究主题，然后以此为例引导学生分析。教师指导学生把问题转化为活动主题，并张贴于黑板上，逐一分析纠正。

（1）主题确定原则。

科学性原则、可行性原则、创新性原则。

（2）主题表述结构。

研究对象、研究内容、研究方法。

（3）主题表述形式。

① 关于……的研究。

② 有关……的调查和思考。

③ ……的调查与分析。

④ ……的调查研究。

⑤ ……的实践探索。

（4）主题表述要求。

语言表述要简洁明了，研究内容要明确具体，研究范围要切实可行。

（5）教师出示几个具有典型错误的课题。

① 世界各国中学生服饰的比较研究（违背了可行性原则）

② 中学生服饰价格的调查研究（违背了科学性原则）

③ 我校校服样式探究（违背了创新性原则）

④ 我校学生服饰选择标准的调查研究（正确的、标准的表述）

【设计意图】通过引导分析，让学生学会如何把问题转化成主题，并在实际转化中学习具体方法，掌握主题的基本格式和内容。整个教学环节中，教师始终处于主导地位，学生在小组合作中学习，在互动交流中掌握方法。

四、回顾总结

1. 让学生谈谈这节课的收获。

2. 教师总结：我们的服饰多种多样，其中蕴含着丰富的知识，需要我们从生活中去发现，去学习，希望同学们在以后的活动中积极参与，大胆发言，合作探究，不断增长自己的实践能力。

【设计意图】 留下悬念，为下节课活动的顺利开展埋下伏笔。

教学反思

从学生生活实际出发，尊重学生兴趣、爱好和需要，突出学生的主体地位和作用，注重学生的实践性体验与感受，为学生提供开放的个性发展空间，培养学生的创新精神与实践能力，是本节课的目标与任务。据此，我设计了以下教学环节：从学生的服饰入手创设问题情境，导入新课；开展竞赛活动，让每一个学生积极主动地提出问题；小组合作研究问题，筛选保留有价值的问题。整个教学环节中，学生始终处于自觉、自愿、自动状态，积极性高，参与性强，合作意识浓。我引导学生学习主题确定的基本方法，并举例，然后以比赛的形式，让学生通过小组合作提出问题，并把确定的问题转化成主题，集中展示结果。教师引导分析，学生自我纠正。整个教学充分利用了学生在生活中获得的直接经验，并密切联系学生的自身生活和社会生活，体现了对知识的综合运用，启发性大，诱导性强，学生兴趣浓厚，学习积极主动，活动的参与度比较高，是一节比较成功的课。但课堂教学秩序及个人语言的严谨性有待进一步提高，对学生的生成性问题应作出积极评价。

个人简介

吴积军，中学高级教师，陕西省校本研修指导专家，曾获“陕西省教学能手”“陕西省校本教研先进个人”等称号。

专家点评

在整个活动过程中，教师自始至终是引导者、合作者和支持者，以关怀、尊重、接纳的心态，平等地参与学生的学习活动，与学生互为主体。整个教学活动是一个互动、对话的过程，没有纯粹的知识传授，而是为学生不断地创设学习时间、学习空间、学习机会。教师在活动中能够把握时机，积极引导学生，及时生成主题。在问题提出阶段，教师尊重学生兴趣，从学生实际出发，以日常生活为基点，充分发挥了学生的主观能动性，培养学生的问题意识。教师始终以一个“局外人”的角色关注学生的学习状态，保证教学活动的有序开展。在主题确定阶段，教师采用诱思探究的策略，循序善诱，把握学生的已有经验与需要，睿智地主导活动过程，引导学生将感性的经验整合成系统化知识，并抓住关键知识进行提升，突出了小组合作学习、知识综合应用、培养创新思维等活动课程的基本理念。在今后的教学中，希望教师能时刻关注学生的表现与反映，及时以适当的方式回应，开展合作探究式师生互动的实践活动。

中国教育学会综合实践活动分会　唐兰凤